O MANIFESTO DO HERÓI COTIDIANO

ROBIN SHARMA

O MANIFESTO DO HERÓI COTIDIANO

Tradução
Sandra Martha Dolinsky

1ª edição

Rio de Janeiro | 2025

Título original
Everyday Hero Manifesto

Designer de capa original
Chelsea Hamre

Tradução
Sandra Martha Dolinsky

CIP-BRASIL. CATALOGAÇÃO NA PUBLICAÇÃO
SINDICATO NACIONAL DOS EDITORES DE LIVROS, RJ

S541m Sharma, Robin S. (Robin Shilp), 1964-
Manifesto do herói cotidiano / Robin Sharma ; tradução Sandra Martha Dolinsky.- 1. ed. - Rio de Janeiro : BestSeller, 2025.

Tradução de: The everyday hero manifesto
ISBN 978-65-5712-454-3

1. Autorrealização (Psicologia). 2. Sucesso - Aspectos psicológicos. 3. Técnicas de autoajuda. I. Dolinsky, Sandra Martha. II. Título.

CDD: 158.1
24-94563 CDU: 159.947.5

Meri Gleice Rodrigues de Souza - Bibliotecária - CRB-7/6439

Direitos exclusivos de publicação em língua portuguesa para o Brasil
adquiridos pela
Editora Best Seller Ltda.
Rua Argentina, 171, parte, São Cristóvão
Rio de Janeiro, RJ — 20921-380
que se reserva a propriedade literária desta tradução.

Impresso no Brasil

ISBN
978-65-5712-454-3

Seja um leitor preferencial Record.
Cadastre-se e receba informações sobre nossos lançamentos
e nossas promoções.

Atendimento e venda direta ao leitor:
sac@record.com.br

Uma mensagem pessoal de Robin Sharma

O livro que você tem em mãos fala sobre a genialidade, a modéstia e o heroísmo que habitam cada coração que pulsa no nosso planeta hoje.

Escrever estas páginas para você foi instigante, assustador, inspirador e exaustivo.

O manifesto do herói cotidiano me revelou coisas de meu ofício, meu caráter e minha missão que até então me eram desconhecidas. Quando terminei o manuscrito, me senti um homem diferente.

Nas páginas que se seguem, você acessará uma filosofia calibrada para desbloquear os seus melhores talentos, uma metodologia revolucionária para produzir obras-primas e um fluxo constante de insights para levar uma vida de beleza deslumbrante, alegria duradoura e liberdade espiritual.

Compartilho mais de mim aqui do que já fiz em qualquer outro dos meus livros. Expor minha vulnerabilidade foi um processo assustador, mas, em última análise, gratificante. Reconhecer os próprios defeitos nos ajuda a transformá-los em sabedoria, não é? E aceitar nossa dor nos permite convertê-la em força.

Minha esperança sincera é que, ao ler tudo pelo que passei, você aprenda quais perigos evitar, como transformar problemas em oportunidades e como as maravilhas da vida sempre se colocam a nosso favor, mesmo quando não parece.

O manifesto do herói cotidiano foi feito sob medida para você, como se fosse minha obra definitiva. Espero escrever muitos outros e peço a Deus por isso, mas a vida humana é uma viagem frágil e nenhum de nós sabe o dia de amanhã. Portanto, ofereço a você o melhor que tenho neste manual para uma produtividade extraordinária, uma performance de alto nível, uma felicidade duradoura e uma contribuição inestimável à sociedade.

Meu mais profundo e genuíno desejo é que o conhecimento que você está prestes a adquirir ilumine seus dons adormecidos, alimente sua chama interior para criar uma obra-prima e o ajude a trazer à tona sua magia pessoal para que você leve a vida que deseja. Tudo isso ao mesmo tempo que tornamos o mundo um lugar melhor.

Com amor e respeito,

Robin

P.S.: Para acessar todos os mapas mentais, os templates de execução e todas as planilhas táticas mencionados neste livro, além de vídeos didáticos para aprofundar seu crescimento, acesse TheEverydayHeroManifesto.com [site em inglês].

Milhares de gênios vivem e morrem sem serem descobertos — por si mesmos ou por outros.

— Mark Twain

Somente aqueles que se dedicam a uma causa com toda a força e a alma podem ser verdadeiros mestres. Por isso, a maestria exige tudo de uma pessoa.

— Albert Einstein

As pessoas sempre dizem que não cedi meu lugar porque estava cansada, mas isso não é verdade. Eu estava cansada era de ceder.

— Rosa Parks

É fácil quebrar e destruir. Heróis são aqueles que instauram a paz e constroem.

— Nelson Mandela

Sumário

1.

Manifesto para o herói cotidiano que há em você

"Se ainda não descobriu algo pelo qual morreria", disse Martin Luther King Jr., "você não está apto para viver."

Eu morreria facilmente lutando pela ideia de que você é ótimo.

Eu levaria um tiro pelo ideal de que seu destino é fazer coisas maravilhosas, vivenciar eventos majestosos e conhecer o universo secreto da maestria, povoado pelas almas avançadas que aqui estiveram antes de nós.

Como cidadão da Terra, o seu chamado é aproveitar do poder primordial de fazer coisas incríveis, de evoluir de forma surpreendente e de edificar a vida de seus irmãos e suas irmãs para, juntos, cuidarem do planeta.

Acredito mesmo que tudo isso é verdade. Não importa onde a natureza o tenha colocado, seu passado não precisa determinar seu futuro. O amanhã pode sempre ser transformado em algo melhor que o hoje. Você é humano, e é isso que os humanos são capazes de fazer.

Sim, aparecemos em cores, tamanhos, gêneros, religiões, nacionalidades e modos de ser diferentes. Nelson Mandela, Harriet Tubman, Mahatma Gandhi, Florence Nightingale e Oskar Schindler são heróis do mais alto nível. Mas aqueles que levam uma vida mais tranquila — que lecionam em escolas ou trabalham em restaurantes, escrevem poesia ou abrem start-ups, exercem seu ofício em padarias ou cuidam de seus filhos em casa; aqueles que ajudam nas comunidades como socorristas, bombeiros e trabalhadores humanitários — também podem ser considerados heróis. Muitas dessas boas almas realizam trabalhos difíceis, com a nobre resolução de realizá-los bem. Trabalham com um sorriso no rosto e graça no coração.

Sinto-me humilde quando minha vida se cruza com esses seres humanos. De verdade. Aprendo com eles, sinto-me edificado e, de alguma forma, me transformo ao conhecê-los.

São heróis do cotidiano, as chamadas "pessoas comuns" que se comportam de maneira virtuosa e honrada.

E assim, com respeito genuíno por todas as possibilidades que há dentro de você e que desejam se expressar, ao iniciar nossa jornada juntos, estas palavras fluem como um incentivo de minha parte:

> A partir de hoje, declare sua devoção à lembrança da alma sublime, do bravo guerreiro e do criador invencível que sua sabedoria natural o chama para ser.
>
> As provações de seu passado serviram com maestria para reinventá-lo e torná-lo mais resistente, mais consciente dos poderes que o tornam especial e mais grato pelas bênçãos ordinárias de uma vida lindamente vivida — saúde maravilhosa, uma família feliz, um trabalho que faz com que você se sinta realizado e um coração cheio de esperança. As aparentes dificuldades são, na verdade, um trampolim para suas vitórias presentes e futuras.
>
> Os limites passados que o acorrentaram e os "fracassos" que o feriram foram cruciais para o seu aperfeiçoamento. Tudo coopera para seu benefício. Você realmente é privilegiado.
>
> Ah, sim, quer aceite ou não, você é um leão, e não uma ovelha. Um líder, nunca uma vítima. Uma pessoa digna de realizações excepcionais, aventuras edificantes, contentamento impecável e respeito próprio que, com o tempo, se transforma em um reservatório de amor-próprio que ninguém nem nada poderá derrubar.
>
> Você é uma poderosa força da natureza e um realizador dinâmico, não uma vítima adormecida pega despreparada por um mundo de mediocridade degradante, queixas, conformidade e prerrogativas desumanizantes.

Com compromisso e esforço constantes, você evoluirá para um idealista, um artista incomum e um poderoso excepcionalista. Um verdadeiro transformador do mundo, de sua maneira mais honesta e excelente.

Portanto, não seja cínico, crítico e pessimista. Pois os que duvidam são sonhadores degenerados. A média é absolutamente indigna de você.

Hoje e em cada dia de sua vida gloriosa, seja livre para moldar seu futuro e alcançar seus objetivos sempre tendo em vista seus maiores sonhos e interesses.

Blinde sua alegria, aprimore sua coragem e inspire todas as testemunhas que tiveram a sorte de observar seu bom exemplo de como um grande ser humano pode se comportar.

Vamos observar seu crescimento, aplaudir seus talentos, reconhecer seu valor e admirar sua eventual imortalidade.

Enquanto você permanece no coração de muita gente.

2.

Ser fiel a seus ideais é um multiplicador de forças

Quando ninguém acredita em você é quando você mais precisa acreditar.

Pessoas comprometidas com a expressão mais completa de seu talento nato sabem que ter fé em si mesmas e ser fiel a si mesmas corresponde à sua poderosa missão — sobretudo diante do ridículo e da incerteza, dos ataques e da adversidade — é a porta de entrada para o excepcional e um caminho para a imortalidade. Porque seu nobre exemplo viverá muito depois que você se for.

A jornada rumo à sua vida mais heroica será colorida, inspiradora, confusa, maravilhosa, tumultuada e, definitivamente, gloriosa. Dedicar-se a habitar sua grandeza, gerar uma vasta enxurrada de belos resultados e fazer sua parte na construção de um mundo promissor será a melhor e mais sábia jornada que você fará. Isso eu lhe prometo. Entrar no imenso esplendor de seu eu mais criativo, poderoso e compassivo energizará todas as pessoas a seu redor para que despertem para seus dons, tornando nosso planeta um lugar mais amigável.

Se me permitir, gostaria de compartilhar um pouco sobre a minha história, para que você me conheça melhor. Porque estamos prestes a passar bastante tempo juntos nestas páginas.

Não sou uma pessoa especial, ou algum tipo de guru. Não fui feito de um tecido peculiar que você não possa usar.

Tenho meus talentos, como você tem os seus, tenho defeitos muito humanos (não temos todos?) e, às vezes, me sinto inseguro, indigno e com medo, mas também corajoso, produtivo e esperançoso.

Fui criado em uma cidade manufatureira com cerca de cinco mil habitantes, perto do mar. Vivia em uma casa pequena, era filho de imigrantes de muito bom coração. Eu definitivamente não nasci em berço de ouro.

Cheio de entusiasmo, aos 4 anos

Brincando na neve em frente à minha casa

Sim, esse sou eu em uma peça da escola. E em nosso jardim durante um inverno muito frio. Como pode ver, não há nenhuma Ferrari na garagem. Nada de adornos luxuosos e coisas desnecessárias. Tudo muito básico. A melhor maneira de ser.

Na escola, nunca me encaixei no grupo dos descolados. Sempre adorei estar na própria cabeça, tendo sonhos fascinantes, marchando no meu ritmo. Cuidando da própria vida, sabe?

Certa vez, um diretor disse à minha amada mãe que eu não tinha um futuro promissor e que era improvável que me formasse no ensino médio. Outros professores, discretamente, alertaram meus pais sobre meu baixo potencial. Alguns previram que eu acabaria como um vagabundo ou mendigo. A maioria das pessoas debochava de mim.

Exceto uma.

Cora Greenaway, minha professora de História do quinto ano.

Ela acreditava no meu potencial, o que *me* ajudou a também acreditar em mim mesmo.

A sra. Greenaway me ensinou que *todo* ser humano nasce com algum tipo de dom. Explicou que cada um de nós pode ser surpreendentemente bom em alguma coisa, nascer com forças especiais, capacidades notáveis e virtudes dignas. Ela me dizia que se eu me lembrasse disso, se me esforçasse muito e permanecesse fiel a mim mesmo, coisas boas aconteceriam e grandes bênçãos viriam.

Essa professora gentil viu o melhor em mim, encorajou-me e me mostrou uma forma de decência muito necessária em uma sociedade que muitas vezes rebaixa nossas capacidades e degrada nossa maestria. Às vezes, basta uma conversa com uma pessoa extraordinária para redirecionar o restante de nossa vida a um lugar totalmente novo, não é?

Há alguns anos, pesquisei o nome Cora Greenaway na internet. O que descobri realmente me comoveu.

Quando jovem, ela fez parte da Resistência Holandesa, atravessou as linhas inimigas na Segunda Guerra Mundial para resgatar crianças que enfrentavam o extermínio nos campos de concentração nazistas. Ela arriscou a vida para salvar crianças e honrou suas convicções. Da mesma forma que me salvou.

A sra. Greenaway veio a óbito no mesmo ano em que descobri seu passado. Agradeço ao cavalheiro de Amsterdã que tão generosamente cuidou dela até o fim e que me manteve informado sobre essa mentora de suma importância para mim.

Cora Greenaway foi o que chamo de "heroína cotidiana". Calma e humilde, poderosa e vulnerável, ética e influente, sábia e amorosa. Melhorando nossa civilização com uma boa ação por vez.

Ela me inspirou a transcender as expectativas limitadas que muitos depositaram em minha vida e a concluir o ensino médio. E depois, a terminar a faculdade, me formando em Biologia e em Inglês. Mais tarde, consegui cursar Direito. E então, ganhei uma bolsa integral para fazer mestrado nesse mesmo campo.

Cora Greenaway aos 101 anos

Não confie naqueles que o difamam. Não dê atenção a quem o diminui. Ignore aqueles que o desencorajam. *Eles não conhecem as maravilhas que há dentro de você.*

Acabei me tornando um advogado bem-sucedido. Ganhava bem, mas me sentia vazio; motivado, mas criativamente insatisfeito; disciplinado, mas desconectado da minha essência. Eu levantava todos os dias, me olhava no espelho do banheiro e não gostava do homem que me olhava de volta. Não tinha muita esperança. Não tinha intimidade com esse heroísmo nato que, certo dia, aprendi ser um dos principais benefícios do ser humano.

Sucesso sem respeito próprio é uma vitória vazia, não é?

Então, decidi me refazer, conhecer uma versão mais verdadeira, mais feliz, mais tranquila e melhor da pessoa que eu era. Dei início a uma campanha de enorme crescimento pessoal, de profunda cura emocional e progresso espiritual.

Você também tem esse poder de fazer mudanças tectônicas. Evolução, elevação e até transformação total fazem parte do hardware de fábrica que faz de você a pessoa que é. Quanto mais essa força inerente que há em seu interior for exercitada, mais forte ela se tornará.

Recriar-se como uma versão mais criativa, produtiva, inventiva e invencível de si mesmo — com mais alegria, coragem e serenidade — não é um dom inalcançável reservado para Os Deuses do Talento Sublime e Os Anjos da Excelência Incomum.

Não. *Talento tem muito menos a ver com genética e muito mais com hábitos.* Tornar-se a pessoa que você sempre imaginou que poderia ser é resultado de prática, disponível para qualquer um disposto a se abrir, a arregaçar as mangas e executar aquilo que torna a magia uma realidade.

Naquele período de minha vida, decidi reconstruir, religar e recriar a pessoa que eu era e me tornar um ser humano que extraía seu poder de um sistema interno de navegação, e não de atrativos externos como posição social, bens materiais e prestígio. Uma pessoa que não hesitava em falar a verdade (mesmo quando tinha que enfrentar a impopularidade), alguém que se mantinha firme em seus ideais, cujo emprego nunca parecia um trabalho, e sim uma vocação, que não precisava comprar coisas para ter uma experiência rica de prazer e que usava seus dias para tornar a vida dos outros mais feliz.

É muito mais fácil passar uma existência inteira escalando uma série de montanhas e, no fim, perceber que escalamos as montanhas erradas...

Ocupados em estar ocupados.

Viciados em distrações e seduzidos por diversões que nos dão uma falsa sensação de progresso, mas que, pelo contrário, roubam as horas mais valiosas dos nossos dias mais preciosos.

Presos ao fascínio hipnótico de preencher nossa vida com itens e atividades que nossa cultura vende como verdadeiros medidores de sucesso quando, na verdade, são tão espiritualmente satisfatórios como uma volta rápida pelo shopping mais próximo.

Minha dedicação a mudar quem eu era e ter uma vida mais expressiva quando estava com trinta e poucos anos fez com que eu pensasse nas palavras do poeta Charles Bukowski:

> Todos nós vamos morrer, todos, que circo! Só isso já deveria nos fazer amar uns aos outros, mas não. Vivemos aterrorizados e arrasados por trivialidades, somos devorados por nada.

Durante um período de três longos anos, enquanto minha família dormia, eu me levantava cedo e experimentava coisas que poderiam reduzir minhas fraquezas, purificar meus poderes e me alinhar mais plenamente com meu destino.

Lia livros sobre os grandes homens e as grandes mulheres da história — talentos artísticos, guerreiros destemidos, cientistas pioneiros, titãs dos negócios e agentes humanitários incansáveis —, aprendia sobre as crenças centrais, as emoções dominantes, as rotinas diárias e os rituais rígidos que geraram a vida luminosa de cada um. Compartilharei tudo o que descobri nas páginas seguintes.

Participei de conferências sobre crescimento pessoal e investi em cursos de autodesenvolvimento.

Aprendi a meditar e visualizar, a registrar e contemplar, a jejuar e orar.

Recorri a treinadores de alta performance, acupunturistas, hipnoterapeutas, curadores emocionais e conselheiros espirituais, tomei banhos frios, suei em saunas quentes e investi em massagens terapêuticas semanais.

Olhando para trás, já um homem bem mais velho, vejo que foi muita coisa.

Devo dizer que, algumas vezes, o processo foi confuso, desconfortável e assustador. Porém, também eletrizante, fascinante, gratificante e muitas vezes de uma beleza de tirar o fôlego. Uma mudança pessoal relevante costuma ser dolorosa porque é muito transformadora. Não podemos alcançar todo o nosso potencial sem deixar para trás quem já fomos. Seu eu mais fraco precisa experimentar essa espécie de morte para que a sua versão mais forte possa renascer. Se evoluir não for difícil, não será evolução, não é?

À medida que fui fazendo, com constância, meu trabalho interior todas as manhãs, enquanto o mundo ao meu redor ainda dormia, fui reestruturando completamente a maneira como eu me via, como me comportava e o próprio sistema operacional de minha vida. Trabalhando com a equipe de instrutores dos meus sonhos, muitos dos meus maiores medos desapareceram; muitas das minhas preocupações diárias e comportamentos de autossabotagem simplesmente sumiram. Grande parte de minha necessidade de agradar, de ser querido e de seguir o rebanho — traindo a mim mesmo — se dissolveu.

Fui ficando mais leal a meus valores mais profundos, muito mais saudável, criativo, alegre e pacífico. Eu passava menos tempo vivendo em minha cabeça e muito mais intimamente conectado com meu coração. Isso fez minha inspiração aumentar, minha produtividade acelerar e minha confiança crescer. Comecei a conhecer uma magia que está disponível para qualquer ser humano que de fato esteja interessado nela.

Perto do fim daqueles três anos de cura quase interminável e crescimento consistente, eu sabia que estava pronto para iniciar uma nova fase da aventura em direção à maestria pessoal e à liderança, na qual ainda me encontro até hoje. Meu instinto sussurrou que eu deveria escrever um livro sobre a minha experiência e as lições que aprendi. Assim, outras pessoas também poderiam crescer.

E assim surgiu *O monge que vendeu sua Ferrari*.

Algumas pessoas riram da minha escolha do título e disseram que ninguém leria um livro de autoajuda escrito por um advogado. Outras murmuraram que a vida de escritor era difícil, por isso, seria melhor eu desistir antes mesmo de começar. Eu me recusei a reforçar a visão limitada delas e, com muito entusiasmo, escrevi uma fábula sobre o longo caminho de uma existência vivida pela metade rumo a uma vida cheia de admiração, bravura e pura possibilidade. O processo de escrita daquele livro foi encantador.

Eu não sabia quase nada sobre a publicação de livros e não vinha de uma família empreendedora. (Minha mãe era professora, e meu pai, médico de família.) Mas eu sabia que o autodidatismo era o caminho para transformar fantasias vividamente imaginadas em realidade facilmente observável. Aquilo que eu não soubesse, poderia aprender. As habilidades que me faltavam, eu poderia desenvolver. Os resultados alcançados por outra pessoa, eu também poderia alcançar, com foco, muito esforço, excelentes informações e bons professores. Então, eu me matriculei em um curso de uma noite em uma organização chamada The Learning Annex.

Lá, aprendi sobre manuscritos e editores, editoras e gráficas, distribuidores e livreiros. O curso foi incrível, fiquei todo animado para realizar meu sonho. Quando a aula terminou, voltei para casa naquela noite fria de inverno, sob a neve, cheio de esperança. E extraordinariamente comprometido com a divulgação de meu livro ao mundo.

Decidi publicar o livro de forma independente. Minha maravilhosa mãe revisou o manuscrito, debruçando-se sobre cada linha até tarde da noite.

Alguns bons amigos foram meus primeiros leitores. Mandei imprimi-lo em uma loja com uma copiadora 24 horas. Ainda me lembro de meu pai me levar até lá às quatro da manhã para que eu pudesse avançar em minha missão antes de ir para o escritório de advocacia às oito. Abençoado seja por sua disponibilidade incondicional e apoio quando mais precisei.

Por conta de minha inexperiência, não percebi que escrever um livro em papel tamanho carta espremeria o texto. Portanto, a primeira edição foi difícil de ler. Mas tudo bem, eu havia feito o meu melhor e comecei a compartilhar a mensagem de *O monge que vendeu sua Ferrari* em entidades de minha comunidade. Meu primeiro seminário (coincidentemente dirigido pela The Learning Annex) teve 23 participantes. Vinte e um eram familiares. Não estou brincando.

Lao-tsé tinha razão sobre aquela coisa de "a viagem de mil quilômetros começa com um só passo". Praticamente comecei como escritor do zero. (Se esperar que as condições sejam perfeitas antes de realizar seu sonho mais distante, você nunca começará.)

Um escritor famoso concordou em se encontrar comigo, pois eu achava que precisava de mais orientação e queria aprender a alcançar um público maior para impactar mais pessoas de forma positiva. Encontrar um mentor sábio realmente não tem preço quando você começa a investir em uma vida mais heroica. Vesti um terno, peguei um exemplar de meu livro autopublicado e fiquei sentado em uma cadeira de couro surrada em frente à enorme mesa de carvalho dele, dando-lhe toda a minha atenção. "Robin", disse ele, "este é um ramo difícil. Poucos conseguem." E acrescentou: "Você tem um bom trabalho como advogado. Deveria se ater a ele e não se arriscar em algo tão incerto."

Suas palavras me fizeram murchar, desanimar, foi uma decepção. Achei que, talvez, minha ambição de colocar *O monge que vendeu sua Ferrari* nas mãos de leitores que se beneficiariam com ele fosse tola. Talvez eu houvesse calculado mal minhas habilidades. Eu nunca havia escrito um livro, era um desconhecido. Era um mercado difícil. Talvez aquele escritor importante tivesse razão: eu deveria escolher a opção mais segura e continuar com minha carreira de advogado.

Então, um vislumbre ofuscante do óbvio apareceu. A opinião dele era apenas uma opinião. Por que lhe dar mais valor? A avaliação do cavalheiro não tinha nada a ver comigo, na verdade. Alguém escreveria o próximo best-seller; por que não poderia ser eu? Todo profissional começa como amador. Achei que não deveria permitir que aquele conselho sufocasse minha paixão e influenciasse minha aspiração. Todos os dias, sentado em meu escritório, eu pensava: "Cada hora que passo aqui é uma hora que não estou investindo no que realmente quero fazer. E no que sei que devo fazer."

Acho que minha fé era maior que meus medos, e minha ousadia superou minhas dúvidas.

Rezo para que você sempre confie em sua intuição e não no raciocínio frio e prático de seu intelecto. Suas possibilidades, sua maestria e seus talentos não residem aí. As pessoas dizem, agora, que fui corajoso em perseverar diante da divergência e do desafio. Não foi coragem. Para ser sincero — como sempre quis ser e com certeza serei durante este nosso tempo juntos —, eu achava que não tinha escolha a não ser ir aonde meu entusiasmo estava me levando.

"As pessoas que vivem profundamente não têm medo de morrer", escreveu Anaïs Nin. Norman Cousins observou que "a grande tragédia da vida não é a morte, e sim aquilo que permitimos que morra dentro de nós enquanto vivemos". Compartilho essas citações para lembrar a você a brevidade e fragilidade da vida. Muita gente adia a hora de fazer as coisas que dão vida à sua alma até chegar o momento ideal imaginário. Mas isso nunca acontece; não há melhor momento que o agora para se tornar o ser humano que você sabe que pode ser e criar a vida de seus desejos mais exuberantes. O mundo pode mudar completamente amanhã. A história já mostrou que isso é verdade. Não viva seus melhores momentos na sala de espera da vida, por favor.

É mais sensato arriscar e correr o risco de parecer tolo (mas saber que tentou) que perder a oportunidade e acabar vazio, com o coração partido, em seu último dia de vida.

Então, levei *O monge que vendeu sua Ferrari* a um editor respeitado com a intenção de aprimorá-lo. Estava ansioso para receber o feedback de um especialista e tinha certeza de que ele me diria que eu havia produzido algo especial de verdade.

Mas, em vez disso, a carta que recebi dele era uma ladainha de críticas. Começava assim: "Há grandes problemas em *O monge que vendeu sua Ferrari*, Robin. Não adianta eu tentar medir as palavras."

E quanto aos meus personagens?

"Seus personagens não fogem muito do estereótipo. Por exemplo, Mantle é bem-sucedido, rico, brilhante, carismático, durão, extremamente engraçado etc., mas quanto mais coisas você lhe atribui, mais clichê ele fica..."

Ele concluiu dizendo: "Tenho certeza de que minha reação à sua obra o decepcionou, mas espero que minhas sugestões sejam úteis. Uma boa escrita exige muito, muito trabalho. Infelizmente, parece fácil; mas não é." Terminei de ler a carta e fiquei sentado no carro, quase sem me mexer, o coração disparado e as palmas das mãos suadas, em frente à casa de tijolinhos vermelhos com cercas-vivas bem aparadas do editor. Meu manuscrito estava no banco ao meu lado, com elásticos em volta. Ainda recordo a cena com detalhes, e me lembro de como me senti.

Envergonhado, rejeitado, deprimido. Ele partiu meu coração naquele dia ensolarado.

No entanto, o instinto é de fato mais sábio que o intelecto. E todo verdadeiro progresso provém de sonhadores que ouviram dos ditos "especialistas" que sua grande ideia era bobeira, e seu trabalho criativo, indigno. Por favor, cultive o respeito por si mesmo e por seu talento artístico e não deixe que pessoas ditas mestres da teoria, mas criadores de nada e suas falas alimentadas pelo medo e cheias de impossibilidades que parem você.

Uma voz, força ou sabedoria dentro de mim, que provinha de um lugar muito superior à lógica, disse: "Não dê ouvidos a ele. Assim como o famoso escritor que não incentivou você, essa carta é só a opinião desse editor. Persista. A honra e o amor-próprio dependem de sua determinação e lealdade à missão."

Então, eu persisti. Assim como espero de verdade que você persista quando a vida lhe der uma rasteira e você se vir um pouco — ou muito — surrado e machucado. Os contratempos são apenas uma maneira de a vida testar o quanto você deseja seus sonhos, não é?

Como disse Theodore Roosevelt em um discurso intitulado "Cidadania em uma República", proferido na Sorbonne, em Paris, em 23 de abril de 1910:

> Não é o crítico que importa, nem aquele que mostra como o homem forte tropeça, ou onde o realizador das proezas poderia ter feito melhor. Todo o crédito pertence ao homem que está de fato na arena; cuja face está arruinada pela poeira e pelo suor e pelo sangue; aquele que luta com valentia; aquele que erra e tenta de novo e de novo; aquele que conhece o grande entusiasmo, a grande devoção e se consome em uma causa justa; aquele que ao menos conhece, ao fim, o triunfo de sua realização; e aquele que, na pior das hipóteses, se falhar, ao menos falhará agindo excepcionalmente, de modo que seu lugar não seja nunca junto àquelas almas frias e tímidas que não conhecem nem vitória nem derrota.

A vida realmente favorece os obcecados. A grande fortuna de fato brilha para os hipnotizados com suas ambições deslumbrantes. O universo, definitivamente, dá apoio ao ser humano que não está disposto a se render às forças do medo, da rejeição e da dúvida.

Poucos meses depois de publicar o livro, eu estava em uma livraria com o meu filho, que na época tinha 4 anos. Muito crédito se deve a ele, porque foi seu amor por martelos, fitas métricas e outras ferramentas de carpintaria (ele usava camisa xadrez, capacete de plástico amarelo e cinto de ferramentas de couro falso em quase todas as refeições à nossa mesa de jantar) que nos levou até a loja de ferragens ao lado da livraria. Era uma noite chuvosa, com uma suntuosa lua cheia, um bom presságio pairando no ar. Eu me lembro bem.

Assim que entramos na livraria, fomos logo à seção onde meu livro estava exposto. Eu havia deixado seis exemplares em consignação — o que significa que, se eles não fossem vendidos, me seriam devolvidos. Outro escritor autopublicado havia me dado um conselho crucial: uma vez que um livro é autografado pelo autor, o livreiro tem de ficar com ele. Então, eu tinha o hábito de visitar todos os lugares que vendiam *O monge que vendeu sua Ferrari* e autografar todo e cada exemplar que encontrava.

Peguei os seis exemplares da estante e fui em direção ao balcão da frente, onde pedi permissão para autografar meu livro. O caixa concordou e, com meu filho sentado no balcão de madeira, usei um braço para segurá-lo e o outro para assinar minha obra totalmente desconhecida.

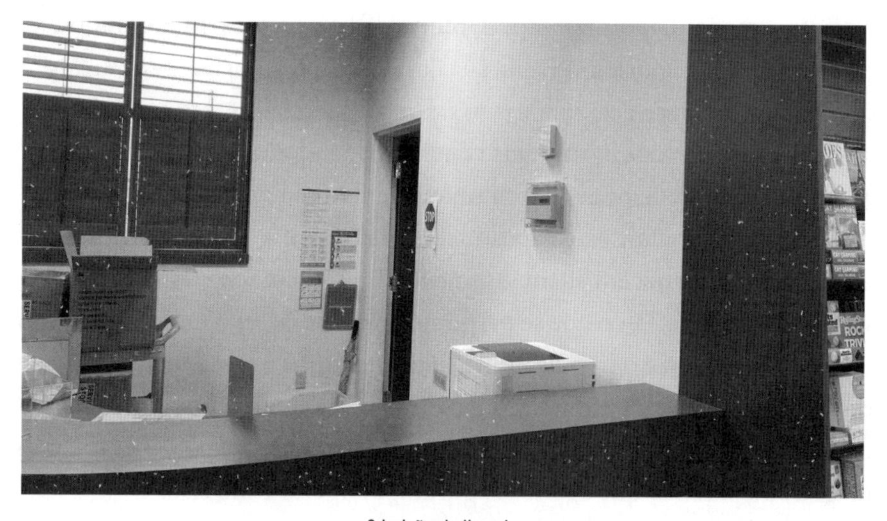

O balcão da livraria

Enquanto assinava, notei um observador de sobretudo verde ainda molhado da chuva, parado ao lado. Ele prestava atenção em cada movimento meu.

Depois de alguns minutos, o homem se aproximou de mim e disse, com muita precisão: "*O monge que vendeu sua Ferrari*. É um ótimo título. Fale-me sobre você."

Expliquei que eu era advogado, que fiquei frustrado e infeliz uns anos antes porque vivia a vida de outra pessoa. Contei que havia descoberto maneiras valiosas de viver mais feliz, com mais confiança, de forma mais produtiva e de ter muito mais vitalidade. Disse que tinha um grande desejo de levar meu livro ao maior número de seres humanos e de servir à sociedade da melhor maneira possível. Acrescentei que havia imprimido o livro em uma loja com uma copiadora 24 horas e que tinha sido ridicularizado, criticado e diminuído enquanto prosseguia com meu projeto.

Ele me olhou e me estudou. Ficou calado por um tempo, que pareceu longo demais.

Então, o homem tirou a carteira do bolso e me entregou seu cartão de visita. Nele estavam estas palavras: *Edward Carson. Presidente. HarperCollins Publishers.*

A coincidência é o jeito de o destino ficar na dele, não é?

Três semanas depois, a HarperCollins US comprou os direitos mundiais de *O monge que vendeu sua Ferrari.*

Por 7.500 dólares.

Tornou-se um dos livros mais vendidos de todos os tempos, atendendo a muitos milhões de bons seres humanos em nosso precioso mundo.

Assim, ao concluir este capítulo, encorajo você a analisar as ambições éticas que permanecem silenciosamente em seu coração, esperando para virarem realidade. Peço que se pergunte como pode ser a Cora Greenaway da vida de alguém e o tipo de humano que torna as pessoas mais corajosas quando estão em sua presença. Convido você a ir até o limiar dos medos que o acorrentam, a explorar os limites que o prendem e perceber todas as mágoas do passado que agora o seguram, e superar tudo isso.

Pois este dia representa seu novo nascimento, e nosso mundo aguarda o seu heroísmo cotidiano.

3.

As horas finais de seu eu derrotável

Estou bebendo café. Uma música trip hop está tocando. Um inverno rigoroso finalmente deu lugar a uma primavera mais acolhedora.

Estou sentado em minha sala de escrita, um lugar aonde vou quando estou determinado a trabalhar. Vou compartilhar a cena, para criarmos uma intimidade maior:

Um dos meus espaços favoritos para criatividade em casa

Estou um tanto reflexivo hoje. Quase sempre estou, pois sou introvertido.

Penso nas pessoas que conheci ao longo das quase três décadas na área da liderança e da maestria pessoal. Em palestras privadas para empresas da Fortune 100 ou nas ruas de cidades distantes, ou em grandes estádios em países fascinantes por todo este mundo digno de salvação.

Pessoas decentes. Intenções magníficas. Mas há muitos que partilham comigo em alto e bom som, durante nossas conversas, que anseiam por tanto mais...

Por saberem o que significa expressar abertamente o talento criativo, desfrutar dos tesouros da vida e contribuir para a construção de uma cultura na qual o incentivo, e não a crítica; a liderança, e não a vitimização; as ideias, e não a fofoca; e o amor, e não o ódio, prevaleçam.

Por serem mais otimistas, mais ousados e conhecerem um propósito maior, e ao mesmo tempo entenderem o que de fato significa sentir-se extremamente inspirado, viver o momento, em vez de se sentir emocionalmente machucados pelo passado ou ter medo do futuro.

Por reivindicarem um relacionamento com suas virtudes mais verdadeiras, maior potencial e ambições mais vívidas.

E por passarem cada dia com a leveza necessária para vivenciar os prazeres mais simples da vida, sem o peso das preocupações.

Você é sábio. (Talvez até mais do que imagina neste instante em que estamos juntos.)

Entende que o potencial não expresso se transforma em dor.

Sabe que o que a sociedade lhe vende como sucesso são promessas vazias que servem apenas para distraí-lo da cruzada rumo à sua vida mais cheia de coragem.

Compreende que, quanto mais perto chegar de sua fortuna, mais alto seus medos falarão.

Está ciente de que o projeto que sua outra face mais evita é justamente o empreendimento que seu eu mais nobre busca realizar.

Entende que as pessoas de Classe A estão lá não por causa de sua genética, mas sim devido a seus hábitos. E que todos os realizadores de peso trabalham muito, muito duro.

Sabe que o tempo está passando e que maestria adiada é talento negado.

Tem consciência de que não pode esperar nem mais um dia para se tornar o herói que sempre imaginou ser.

Então, eu respeitosamente sugiro que você...

Comece *hoje.*

Desenvolva coragem para explorar o limite das suas capacidades. Porque, à medida que você testar seus limites, eles se expandem.

Ative o seu lado infantil, que era extremamente curioso e estava em constante aprendizado — antes de lhe ensinarem a correr menos riscos e o treinarem para pensar como todo mundo —, para que supere sempre a pessoa que você é.

Avalie suas vitórias pelo nível de seu progresso, e nunca pelos objetos em seus armários.

Lidere sem título, influencie sem posição e crie a obra-prima que exemplifica a promessa que a natureza depositou em você.

E lembre-se de que o caminho mais fácil geralmente é o menos gratificante.

E de que toda ação adiada é um potencial traído.

4.

Tudo bem não estar bem

Nossa civilização nos vende a ideia de que, se não estivermos sorridentes e felizes o tempo todo, vivendo em um mar de perfeição, há algo de errado conosco.

Mas o que aprendi foi: viver intensamente exige ousadia, assumir vários riscos, seguir vários caminhos, levar muitas rasteiras e encarar águas turbulentas mais do que o considerado lógico. Estas palavras do dramaturgo irlandês George Bernard Shaw me inspiram em dias difíceis: "O homem racional se adapta ao mundo; o irracional persiste em tentar adaptar o mundo a si mesmo. Portanto, todo progresso depende do homem irracional."

Também percebi que é *por causa* dos tempos difíceis e tumultuados que todos enfrentamos que conseguimos de fato experimentar plenamente os prazeres dos momentos bons, quando eles surgem. E *sempre* surgirão, mesmo quando pareça que não.

"Nunca aprenderíamos a ser corajosos e pacientes se só houvesse alegria no mundo", Helen Keller nos ensinou.

Tenho que admitir que eu não gosto quando as coisas não acontecem de acordo com os meus planos. Passo a rir menos e me preocupar mais. Fico com menos energia e criatividade. Não tenho a mesma exuberância produtiva e não consigo sentir o mesmo senso de ambição.

No entanto, aprendi que está tudo bem se não me sentir totalmente bem. Quando não experimentamos o tipo de produtividade mundana valorizada pela maioria, muito provavelmente estamos aumentando nossa produtividade espiritual. Um dia difícil para o ego é um dia maravilhoso para a alma. E os reveses, a luta e os momentos de confusão fazem parte do ser humano e nunca devem ser considerados "ruins" ou "errados". É só uma parada que temos de vivenciar durante essa jornada que chamamos de vida.

Descobri que tudo pelo que eu passo durante um momento desconfortável serve para aumentar minha sabedoria, criando uma força inestimável e desmascarando os poderes humanos nas brasas da crise. A dor me ajudou a ser mais humilde e amoroso, sem dúvida, degradando meu ego e fortalecendo meu heroísmo pessoal. É apenas uma aula na grade curricular da Escola da Terra; um capítulo na vida de um homem que quer alcançar os céus e faz de tudo para levar outros com ele.

Prefiro ficar confuso, um pouco (ou muito) magoado e saber que estou vivendo todo o meu potencial a passar meus melhores anos assistindo à televisão ou comprando coisas de que não preciso para impressionar pessoas que não conheço em uma loja na qual não quero estar. Esse não sou eu. Não é o que quero representar.

Então, meu incentivo sincero e verdadeiro é dizer a você, uma pessoa muito real, dedicada (e destinada) a levar uma vida linda, produtiva e de alto impacto, que carregue suas feridas com orgulho. Proteja as cicatrizes que se intensificaram, desenvolveram e refinaram sua pessoa. Veja os cortes que o machucaram como medalhas valiosas ganhas mediante a sua coragem enquanto se esforçava para alcançar seus objetivos profundos e ideais elevados.

E por fim, lembre-se: tudo bem não estar bem.

5.

O paradoxo do garimpeiro

É uma história antiga, mas verdadeira. Há milhares de anos, na Tailândia, construíram uma imponente estátua de Buda, toda de ouro. Os monges rezavam diante dela, as pessoas contemplavam sua beleza. Todos os passantes reverenciavam a notável obra-prima. Então, espalhou-se a notícia de uma iminente e grande invasão estrangeira, e especulou-se que o ídolo poderia ser roubado.

Então, os monges bolaram um plano para escondê-lo, cobrindo o Buda de ouro com várias camadas de terra, até ficar irreconhecível.

Para o alívio dos monges, os invasores passaram direto pela estátua.

Séculos depois, um visitante detectou a nuance de um brilho dourado em uma pequena montanha de terra. À medida que mais pessoas escavavam, mais ouro aparecia. Até que descobriram que era a estátua de Buda, feita inteiramente daquele metal precioso.

Você é exatamente como essa estátua.

Quanto mais avançar — camada a camada — nos tesouros de seus dons interiores, mais será recompensado em sua realidade externa de maneiras inesperadas. É um grande paradoxo, não é? Saber que a porta de entrada para o sucesso e a importância em sua vida pública exigem que faça uma viagem interior, até as profundezas do próprio mundo, para que você possa assumir tudo o que realmente é.

Quanto mais você trabalhar em si mesmo, e mergulhar nessa jornada de autoconhecimento, mais do ouro que você cobriu para se proteger das adversidades e dos problemas da vida voltará a brilhar. Com mais prática diária para explorar seus dons, refinar seus talentos e revelar sua excelência, tudo aquilo para o qual nasceu se mostrará quando você estiver no mundo.

Quando fui a Bangkok para uma apresentação sobre liderança em uma empresa em rápido crescimento, fui ver o deslumbrante Buda de ouro. Eis aqui a foto de meu arquivo pessoal:

Em Bangkok, com o Buda de ouro

O que estou tentando dizer é que, talvez, a busca de qualquer pessoa por materializar sua magnificência, viver sem medo (e de um jeito belo) e alcançar feitos que melhorem nossa família global não signifique se tornar alguém diferente de quem é agora.

Talvez o verdadeiro esforço seja simplesmente *lembrar* o que você já foi um dia, antes que uma cultura fria o incentivasse a cobrir sua luz com a armadura da dúvida, da descrença e de falsas razões pelas quais não consegue expressar seu talento primordial, e fazer de sua vida um monumento à maestria, à produtividade e ao serviço sincero à humanidade.

6.

O salto de vítima a herói

Uma das principais mensagens que espero que este trabalho instaure em você, em nível biológico, é esta: todos os dias, cada um de nós se vê diante de uma enorme oportunidade de passar de qualquer forma de vitimização ao heroísmo cotidiano. Portanto, quase todos os movimentos que você faz ao longo do tempo são um voto à plena realização de sua grandeza pessoal.

Para materializar sua maestria e viver a melhor versão de sua vida, convido você a dar os cinco saltos seguintes:

Salto 1: Da mentalidade do "não é possível" à do "é possível, sim"

Vítimas são prisioneiras do *não é possível*. Dizem incansavelmente por que *não é possível* que um ideal dê certo, por que *não é possível* que uma empresa seja bem-sucedida e por que tal ambição *não é possível*. Por trás do *não é possível* se esconde o medo. Medo de falhar, de não ser bom o bastante, de não merecer a vitória, de ser criticado, de se machucar e das imaginadas responsabilidades do sucesso. Todas as pessoas que constroem o mundo e são líderes da mudança são especialistas na utilização da linguagem da esperança, do vocabulário da execução e do dialeto da liberdade. *Elas evitam ser infectadas pelo* não é possível.

Elas entendem que as palavras que usamos são a verbalização dos nossos pensamentos, e que criar uma obra-prima, iniciar um movimento ou projetar uma vida maravilhosa requer a energia positiva do *é possível, sim*. Quem duvida e quem tem pensamentos derrotistas nunca faz história.

O SALTO DE VÍTIMA A HERÓI

1. A VÍTIMA MENTALIDADE DO "NÃO É POSSÍVEL"	O HERÓI MENTALIDADE DO "É POSSÍVEL, SIM"
2. A VÍTIMA DÁ DESCULPAS	O HERÓI ENTREGA RESULTADOS
3. A VÍTIMA VIVE NO PASSADO	O HERÓI FAZ COM QUE SEU FUTURO SEJA BRILHANTE
4. A VÍTIMA VIVE OCUPADO ESTANDO OCUPADO	O HERÓI É PRODUTIVO
5. A VÍTIMA TOMA DO MUNDO	O HERÓI DÁ AO MUNDO

Um dos meus filmes favoritos é *O destino de uma nação,* sobre a ascensão de Winston Churchill até a figura de líder lendário em tempos de guerra. Na cena final, ele faz um discurso espirituoso que encanta ambos os lados do Parlamento.

Lord Halifax, inimigo de Churchill, fica surpreso com a magia vocal do primeiro-ministro e pergunta ao colega sentado a seu lado: "O que aconteceu?" A resposta: "Ele mobilizou a língua inglesa. E a mandou para a batalha."

Sim, as palavras que você usa são as sementes que vai colher. Elas são poderosas. Já foram usadas para inspirar e libertar nações inteiras. Quando as usamos com más intenções, podem influenciar massas a serem soldados do ódio.

Quando você ouve alguém falar com base em uma filosofia de mediocridade, nota um "discurso de vítima" um tanto negativo que se utiliza de justificativas por não conseguirem ser o herói nas principais áreas da vida. Explicam por que *não é possível* serem graciosos em tempos difíceis, otimizar seu desempenho independentemente das condições, ser um grande exemplo para os outros, estar em ótima forma, construir sua fortuna e deixar sua marca. *Não é possível* é uma torre na qual as vítimas se trancam, rezando para que as proteja do perigo ou dos riscos. No entanto, ao fazê-lo, evitam todas as abundantes recompensas que inevitavelmente advêm quando corremos riscos calculados (e não imprudentes).

Um dia desses, vi um homem na televisão se queixar de que o governo não fazia o suficiente para apoiá-lo, para garantir que seu pequeno negócio prosperasse e para facilitar sua vida. "*Não* vejo uma solução para esta situação e *não é possível* sobreviver neste ambiente turbulento", resmungou.

Hummm...

Não quero julgar (de forma alguma), mas me parece que essa boa alma esperava um poder que não o dele para transformar suas aspirações em realidade. Pelo que sei, não é assim que o universo funciona. Ele não recompensa aqueles que culpam as circunstâncias quando as coisas não dão certo e esperam passivamente ajuda externa.

Não. Ele celebra as pessoas que demonstram atitude diante das dificuldades e que transformam os problemas em vitórias.

A vida ama os heróis do cotidiano que entendem que detêm habilidades, capacidades e força para moldar todos os acontecimentos que o destino cuidadosamente coloca em seu caminho.

As palavras que você fala são cercadas por grandes campos de força e atraem resultados que ressoam com elas, da mesma maneira que os ímãs atraem ferro para si. Saiba, também, que as palavras que usamos todos os dias revelam nossas crenças mais arraigadas, mesmo que não nos sirvam. (Podem até ser puras mentiras que alguém em quem confiávamos nos ensinou ainda cedo em nossa vida.) Eu costumo usar a técnica da autossugestão para reorganizar meu vocabulário para que fique mais positivo e criativo. De manhã bem cedo, enquanto meu inconsciente está mais livre para receber instruções, recito mantras como "Hoje eu viverei o dia com entusiasmo, excelência e gentileza" ou "Estou muito grato pelo dia que está por vir e por toda a sua beleza, as suas alegrias e emoções". Durante o dia, se minha mente e meu coração desviarem para uma mágoa do passado ou alguma conversa interna negativa que desonre o que tenho de melhor, sussurro: "Não fazemos mais isso" ou "Não vamos entrar nessa". Entendo que isso pode parecer estranho, mas como meu objetivo é de fato ajudar você, compartilho esta prática pessoal que funciona tão bem para mim.

Portanto, dê o salto para pôr maior consciência na linguagem que você usa junto aos pensamentos que tem. Então, com essa consciência elevada, comece o processo de limpeza de todos os *não é possível* e reprograme-se no poder do *é possível, sim*. Mudar o seu vocabulário para palavras que indiquem liderança e excepcionalismo é uma das maneiras mais simples, porém mais potentes, de aumentar sua confiança, seu desempenho e seu impacto no mundo.

Salto 2: De dar desculpas a entregar resultados

Você pode dar desculpas ou pode mudar nosso mundo; não é possível fazer os dois. Conseguimos identificar uma vítima notando que ela tem uma justificativa quase que instantânea para explicar por que a vida não dá certo (e nunca tem a ver com ela).

Essas pessoas já recitaram essas desculpas tantas vezes que acabaram fazendo uma lavagem cerebral em si mesmas para acreditar que eram verdadeiras. Colocaram seus pensamentos em prática tão bem que se tornaram especialistas em oferecer explicações para sua mediocridade. Nossa experiência muda assim que compreendemos plenamente que culpar as condições, os eventos e outros seres humanos por qualquer falta em nossa realidade dá nosso poder à condição, ao evento ou à pessoa que retratamos como causa de nosso descontentamento. Crescemos logo que assumimos a *responsabilidade pessoal absoluta* por nossos resultados. Então, recuperamos nossa soberania para realizar o progresso que procuramos. Cada vez que você se abstém de usar uma desculpa e, em vez disso, vê a si mesmo como o agente de sua vida, recebe um aumento correspondente de força. Faça isso diariamente e você se tornará um indivíduo de caráter extraordinário, com autodisciplina, produtividade e liberdade espiritual.

Salto 3: De viver no passado a fazer seu futuro brilhante

Vítimas têm um talento fabuloso para viver no passado. Só que você não pode abraçar seu futuro fantástico com um pé em algo do passado. *Veja sua história como uma escola da vida que pode lhe ensinar algo, e não como uma prisão à qual permanecer acorrentado.* Empregue a amnésia seletiva para lembrar apenas o bem que você teve a bênção de desfrutar. Deixe de lado os ressentimentos e as decepções antigos enquanto explora o extraordinário crescimento que os acontecimentos difíceis lhe propiciaram e que o transformaram num realizador mais ousado e numa pessoa melhor.

Em todo o meu trabalho de mentoria com os gigantes da indústria, ícones do esporte e verdadeiros construtores de mundos, cada um deles desenvolveu a habilidade de usar tudo o que lhes aconteceu para incentivá-los a irem mais longe. Cada uma dessas personalidades deu o salto crítico para a realização de uma missão, que é deixar de ruminar o passado para otimizar o tipo de presente de nível Classe A que precede um futuro do nível de maestria.

Salto 4: De estar ocupado estando ocupado a se tornar produtivo

Por favor, não confunda estar ocupado com ser produtivo. Não acredite que movimento é o mesmo que progresso. Uma agenda lotada não significa que você está realizando coisas maravilhosas. Muitos artistas bons e potencialmente lendários caem na armadilha de fazer um falso trabalho em vez de um real. Essas coisas não são iguais.

Para a vítima, a ocupação é a droga de escolha, uma fuga que preenche suas horas com superficialidade e trivialidade, em um esforço inconsciente de evitar o desconforto que advém da realização de um trabalho imponente que respeite o talento humano. É muito mais fácil enganar-se pensando que tem muita coisa a fazer — e, depois, justificar a falta de vitória artística e triunfo produtivo com um mundo difícil e cruel que exige sua atenção — do que assumir as rédeas da própria vida bloqueando todas as distrações digitais e interrupções desnecessárias e honrando seu brilho inato fazendo um trabalho que fascina a todos que o testemunhem.

Salto 5: De tomar do mundo para dar ao mundo

Não dê ouvidos à sabedoria do *status quo*, que diz que o sucesso significa "o vencedor leva tudo". Em vez de tomar do mundo, tenha como objetivo dar ao mundo seu entusiasmo consistente e comporte-se de uma forma que contribua ao desenvolvimento da sociedade.

Quem faz parte da maioria vive principalmente na escassez. (Medo de que não haja o suficiente para que *todos* sejam felizes.) São sobreviventes, estancados em um sequestro límbico, movidos por um cérebro antiquado e não pela grande sabedoria do pensamento elevado. Para ter as recompensas que essa possibilidade lhe reserva, continue reforçando o mantra que diz: "Ganha quem enriquece mais gente." Deixe a generosidade, além da virtude do serviço contínuo a muitos, guiar o restante de sua vida.

A estadista Golda Meir escreveu certa vez: "Confie em si mesmo. Seja o tipo de pessoa com quem você gostaria de viver a vida toda. Faça o máximo de si alimentando as pequenas centelhas internas de possibilidades e transformando-as em chamas de realizações maiores."

* * *

Ao aplicar os cinco elementos do Salto de Vítima a Herói, sua autoconfiança aumentará, a intimidade com seus talentos especiais e suas melhores conquistas será ampliada e você restaurará o relacionamento com um lado seu que tem certeza de sua capacidade de traduzir seus desejos atuais em sucesso colossal — pessoal, profissional, financeira e espiritualmente.

Sim, concordo que o processo nem sempre será fácil. (Por que nossa sociedade celebra o que é fácil?)

Mas lembre-se de que atividades que não o desafiam nunca o farão progredir.

As atividades mais difíceis de realizar são geralmente as mais valiosas.

O medo sempre grita mais alto quando a magia está próxima.

Portanto, prossiga com a poderosa sabedoria de que coisas boas acontecem às pessoas que fazem coisas boas, enquanto compartilha seus tesouros com todos nós.

7.

Quando meus diários me foram tirados

Pulando os detalhes sórdidos e tendo o cuidado de proteger a dignidade dos envolvidos (que estavam agindo como achavam ser melhor), gostaria de contar a vocês sobre a época em que "pegaram emprestado" o equivalente a nove anos dos meus diários.

Todos os meus gráficos de sonhos e todas as minhas planilhas de aprendizagem que registravam o conhecimento que havia adquirido estavam neles. Todo o processamento emocional profundo e toda a cura substancial de desgostos, tempos difíceis e outras decepções estavam documentados naqueles diários. Todas as colagens de minha vida ideal, das minhas introspecções pessoais mais vulneráveis e as constantes contemplações sobre meu desenvolvimento mais necessário — tudo foi levado. Todas as minhas observações criativas gerais, anotações de minhas viagens pelo mundo, anotações das conversas do meu Mastermind e dezenas de milhares de microlições obtidas em dias vividos da melhor maneira que pude simplesmente desapareceram.

Em um dia. Em uma única manhã, para ser mais preciso. O universo tem um senso de humor hilário, não acha?

Então, quando as pessoas me perguntam: "Robin, eu amo a sua metodologia de registrar as coisas em um diário para aumentar o otimismo, a autenticidade, a gratidão, a experiência e a liberdade espiritual, mas, e se alguém ler o que escrevo?", eu respondo de um lugar de *extrema* experiência.

Digo: "Que importância tem isso? Quem ler verá um ser humano vivendo. Com esperanças e medos. Fantástico e com defeitos. Certo de si, mas também confuso. Trabalhando em si mesmo para se tornar uma versão mais próxima de sua visão mais elevada. Que corajoso, que glorioso!"

Essa perda esplêndida me ensinou a deixar pra lá — uma das habilidades mais valiosas que alguém pode aprender durante esta caminhada pela Terra em que você e eu estamos. Essa traição aumentou minha capacidade de aceitar as coisas como são e de fazer as pazes com *tudo o que acontece*. Ajudou-me a aprender a desapegar e largar o controle sobre *tudo o que acontece*. Desidentificar-me com o que os outros possam pensar de mim se lerem sobre meus medos e defeitos, bem como sobre minhas orações, aspirações e meus bens.

Na melhor das hipóteses, qualquer pessoa que leia minhas reflexões pessoais verá um homem em uma jornada. Alguém que trabalha mais consigo mesmo que qualquer pessoa em qualquer lugar em que eu esteja. Um ser humano que deseja com todas as suas forças evoluir, tornar-se mais honrado, decente, prestativo e compassivo. E, quem sabe um dia, até nobre.

Na pior das hipóteses, um observador saberá dos meus erros, lerá minhas frustrações, espiará minhas feridas e me julgará destruído, quebrado.

Mas adivinhe só: em minha filosofia, isso me torna real. Desperto, vivo.

Sei de muitas celebridades, muitos líderes renomados e os chamados "gurus" que, quando as luzes do palco se apagam, não são nem um pouco como aparentam ser. É tudo ilusão, marketing, um excelente trabalho de vendas.

Escrever minha intimidade em um diário quase todos os dias me ajudou a melhorar, refinou minha autocompreensão, ampliou consideravelmente minha criatividade, melhorou minha fluência emocional, incutiu em mim um sentimento quase constante de gratidão e removeu muitos dos defeitos que estavam em minha alma.

Para ser sincero, esse hábito basicamente salvou a minha vida.

O que escrevi naquelas páginas, entre aquelas capas de couro preto, detalha o meu processo de purificação; o meu treinamento para forjar um caráter mais forte e me tornar um verdadeiro líder servidor; as minhas tentativas de liberar, em vez de suprimir, toda a negatividade e toxicidade presas dentro de mim. Todos os meus diários são um arquivo da aventura de meu eu maior, triunfando silenciosa e gradativamente sobre meu lado inseguro e medroso.

Se um irmão ou uma irmã de nossa grande família que habita este pequeno planeta quiser me condenar, zombar de mim ou me rebaixar ao saber de minhas fragilidades e meus defeitos, para mim tudo bem. Na verdade, como se comportam é responsabilidade deles, não tem nada a ver comigo. Não é problema meu.

Minha frase favorita do filme *Shoot the Messenger* é: "Olhe para a vida de qualquer pessoa e você verá um circo com três picadeiros."

Um circo com três picadeiros. Ao olhar dentro da vida de *qualquer pessoa.*

Cheio de cores e comédia, surpresas e acrobacias, alguns passos na corda bamba nas temporadas perigosas, além de muita admiração e muito maravilhamento nos dias de sol.

8.

Instrução de mentores pesos-pesados

Rezo para que esta mensagem que escrevo em um voo atravessando o Atlântico chegue em um momento em que você esteja focado no trabalho, na busca obstinada de seus cumes de excelência e em constante prontidão para deixar sua marca no mundo, enquanto esculpe uma vida de felicidade, sofisticação, serenidade e utilidade da qual se orgulhará no fim.

Eu tive a sorte de ter excelentes mentores em minha vida.

Como advogado, com vinte e poucos anos, trabalhei para um importante juiz de enorme integridade, rara disciplina e inesquecível humildade. Ele era venerado na área; formado em Harvard, brilhante e um verdadeiro modelo de maestria. No entanto, sua vida foi bastante austera. O carro que ele dirigia, por exemplo, era simples, comum e tinha muitos anos de uso. Esse homem optara por não investir em coisas triviais, porque ele era um peso-pesado.

Mantivemos o contato depois que ele se aposentou. Ele me mandava cartas escritas à mão pelo correio, agradecendo-me os vários livros que eu lhe enviara. Sempre valorizava meu progresso e me parabenizava por meus avanços como escritor e conselheiro de liderança. Sua graciosidade sempre fez com que me sentisse mais do que eu era e melhor do que sou. Sua decência me deixava ainda mais esperançoso. Tal era a grandeza desse homem.

Eu ficava ansioso por essas cartas, com meu nome e endereço grafados na parte externa do envelope com todo o cuidado de sua antiga caneta-tinteiro.

Minha última visita a um dos meus maiores mentores, o chefe de Justiça Lorne O. Clarke

Quando ele estava nos seus 80 anos — durante um período de minha vida em que eu estava sobrecarregado com palestras internacionais, prazos de livros e compromissos familiares —, decidi deixar tudo de lado por um tempo e pegar um avião para visitar esse homem que tanto me influenciou. Não queria perder a chance de vê-lo novamente.

Tomando xícaras de um chá forte, relembramos nosso tempo juntos, gargalhamos e conversamos sobre uma ampla gama de assuntos que eram de grande interesse para nós dois.

Antes de ir, eu perguntei a meu velho mentor: "Qual é o conselho mais importante que você tem para mim em minha jornada, juiz Clarke?"

Ele pensou por um momento, e então respondeu suavemente: "Seja sempre gentil, Robin. Ah, isso é tão importante! *Seja sempre gentil.*"

Então, ele fez algo que nunca havia feito em tantos anos de convívio: inclinou-se e me deu um abraço, acrescentando: "Amo você, Robin."

Dois meses depois, esse gigante do Direito e um verdadeiro grande servidor público faleceu.

Steve Wozniak, cofundador da Apple, também foi um mentor extremamente influente para mim. Eu o conheci em Zurique quando ele era membro de minha equipe no The Titan Summit, um evento ao vivo para líderes globais e empreendedores de elite que organizei durante muitos anos.

Embora fosse um ícone, Woz chegou ao evento sozinho e foi impecavelmente educado e acessível como um amigo querido. Durante nossa entrevista no palco, ele revelou sua fórmula vencedora de visionário e especialista em tecnologia, compartilhou informações pouco conhecidas sobre a verdadeira fonte da maestria de Steve Jobs e convidou todos nós não só a nos comprometer a ser os melhores do mundo naquilo que fazemos, mas também a tratar cada pessoa que encontramos com uma cortesia excepcional e um respeito extraordinário.

Mantivemos contato por muitos anos e passei a considerá-lo não apenas um guia, mas também um amigo muito valioso.

Nos bastidores do Titan Summit, em Zurique, com o cofundador da Apple, Steve Wozniak

Embora eu tenha tido a honra de ser mentor de muitos bilionários conhecidos, muitas lendas do esporte da NBA, NFL e MLB e de equipes de liderança de organizações como Nike, FedEx, Oracle, Starbucks, Unilever e Microsoft, se me perguntar quem foi minha principal influência na vida, eu direi: "Essa é fácil: meu pai."

Meu pai nasceu em uma família simples em Jammu na Caxemira, teve um pregador como pai e uma santa como mãe. Aluno talentoso, segundo meu tio (seu irmão), meu pai teve de vencer cerca de dez mil concorrentes para garantir uma vaga na Faculdade de Medicina em Agra, na Índia, cidade do Taj Mahal.

Quando chegou a hora de começar os estudos, ele e o irmão mais velho caminharam um dia inteiro e depois viajaram de trem durante três dias para chegar à faculdade. E então, foram informados pelas autoridades de que a vaga dele havia sido cedida a outra pessoa.

Abatidos, mas não derrotados, eles imploraram ao diretor da universidade que o admitissem, dado o excelente histórico acadêmico de meu pai. (Ele *nunca* diria isso, pois era extremamente humilde, mas meu tio uma vez confirmou que ele era "absolutamente brilhante".)

Depois de muita discussão, meu pai finalmente conseguiu sua vaga. O que o levou a...

Terminar o curso de medicina e se mudar para o continente africano, onde conheceu minha mãe (e eu fui concebido).

Trabalhar para o governo de Uganda como médico de combate. (Um dia, ele esbarrou com o ditador Idi Amin na selva. Minha mãe conta que salvou a vida de meu pai naquele dia. Mas isso é outra história, talvez para um livro futuro.)

Formar uma família saudável. (Meu irmão é um cirurgião oftalmologista muito respeitado.)

Meu pai (e minha sábia mãe) são muito importantes para mim.

Durante 54 anos, meu pai contribuiu para a comunidade como médico de família.

Década após década, ajudou os necessitados, inclusive pagando ele mesmo pelos remédios quando o paciente não tinha como arcar com as despesas.

E ano após ano ele me ofereceu uma filosofia de peso que me moldou profundamente.

Eu e meus pais no jardim

Na esperança de ser útil, gostaria de compartilhar a *melhor* lição que aprendi com meu pai. É simplesmente profunda e profundamente simples. (Como todas as grandes verdades.)

"Sirva aos outros."

Muita gente, em nossa era incerta, age de maneira egoísta, mimada e indigna, o que prejudica nossa sociedade e degrada nosso planeta.

Muitos esquecem que pertencemos a uma única família, de uma esfera muito insignificante, de um universo com duzentos bilhões de galáxias e dois trilhões de estrelas.

São muitas as pessoas que medem a vitória por meio da acumulação, não sabem o significado de suficiente e manobram pela vida como se fossem aprendizes de Maquiavel.

Muita gente sofreu uma lavagem cerebral para acreditar que quem recebe mais tem o melhor.

Será mesmo?

E quanto às riquezas que fluem à medida que você incrementa o valor que dá aos outros, aumenta seu compromisso com a ajuda e eleva dramaticamente sua contribuição para qualquer pessoa necessitada, seja um parente ou um amigo, um cliente ou fornecedor, um vizinho ou um completo estranho? Recompensas generosas — como a mais pura felicidade, serenidade duradoura e aumento do amor-próprio — provêm de saber que está vivendo sua vida para cumprir uma missão muito maior que você mesmo.

"Sirva aos outros", dizia meu pai a mim e a meu irmão. Com certa frequência. E, às vezes, com as pilhas de textos médicos ao lado, sentado em sua poltrona favorita de nossa sala de estar, ele acrescentava: "Esse é o segredo para uma vida boa, meninos."

Para reforçar essa ideia, meu pai escreveu o seguinte poema de Rabindranath Tagore no papel de trás de seu receituário e o colou na porta da geladeira de nossa cozinha para que a gente o visse todos os dias antes de sair para a escola:

A primavera já passou.
O verão já acabou.
E o inverno chegou.
E a canção que eu pretendia cantar ainda não cantei.
Pois passei meus dias pondo e tirando as cordas de meu instrumento.

Para mim, esse verso nos recorda que a vida é curta demais para não apostarmos tudo; que cada um de nós tem uma canção dentro de si e não deve ser sufocada; que se ocupar apenas por se ocupar e permitir que nossas horas sejam consumidas por atividades sem importância é um desrespeito violento ao nosso talento natural.

Essas palavras também me fazem pensar no dever de servir que cada um de nós carrega dentro de si. Falam da obrigação de ajudar os outros em uma civilização que muitas vezes destrói as pessoas. Destacam nossa responsabilidade coletiva de empregar nossos dias de uma maneira que reduza a injustiça, os maus-tratos e o ódio em nossa cultura atual e os substitua pela boa vontade para com todos. Além de muito mais honra.

Meu pai — meu maior mentor — escreveu uma carta para mim quando eu era um jovem advogado. Guardei em meu coração algumas palavras que li, e preciso compartilhá-las com você:

> Quando nasceu, você chorava enquanto o mundo se alegrava. Viva sua vida de tal maneira que, quando você morrer, o mundo chore enquanto você se alegra.

9.

A alegria de ser ridicularizado

Este é um capítulo curto, destinado aos visionários, sonhadores e desajustados.

À medida que você realizar suas ambições e materializar as aspirações que anteviu, os trolls vão começar a aparecer.

Conforme for viver sua verdade e revelar plenamente seu talento, os críticos começarão a murmurar e os cínicos a reclamar.

Quando trouxer seus impérios de produtividade, prosperidade e impacto, antes dormentes, à realidade plena, os pessimistas começarão a rir de você e tentarão impedi-lo.

No entanto, todas as pessoas que fizeram história foram ridicularizadas antes de serem reverenciadas.

A própria natureza de um ideal corajoso e da esperança ardente de fazê-lo acontecer implica que você se destacará da multidão, será chamado de estranho e fará com que a maioria da sociedade se sinta ameaçada por seu poder criativo. Isso se manifestará como inveja, zombaria e, às vezes, até ataques cruéis.

Lembre-se (por favor) de que aqueles que tentam impedir seus sonhos estão revelando as limitações *deles*, não as suas. Portanto, continue a todo custo. Não se renda diante das inseguranças e da "estagnação" deles.

Pois seu fracasso em realizar a ação correta significa o triunfo dos mal-intencionados, dos mesquinhos e daqueles que preferem ver o mundo nas trevas a vê-lo brilhar intensamente.

10.

O memorando de Orson Welles

Orson Welles é considerado um dos cineastas mais inovadores de todos os tempos.

Ele dirigiu *Cidadão Kane.*

Ele dirigiu e narrou a extraordinária adaptação para o rádio do livro de H. G. Wells, *A guerra dos mundos,* que gerou histeria generalizada porque os ouvintes, acreditando que a Terra estava realmente sob ataque de extraterrestres, saíram correndo para se proteger.

Ele reinventou a maneira de fazer filmes usando ângulos incomuns de câmera, técnicas de som ecléticas e longas tomadas que se tornaram sua marca registrada.

Porém, o que mais admiro em Orson Welles é sua integridade artística e sua dedicação à perfeição como líder criativo.

Depois de três meses na sala de edição para garantir que seu filme *A marca da maldade* fosse um *tour de force,* Welles foi impedido pelo estúdio de continuar trabalhando no projeto. (Ele sempre foi visto como esquisito pelo *establishment* de Hollywood e costumava enfrentar dificuldades para gravar seus filmes.)

Welles entendia a frustração que as pessoas sentiam devido a seu perfeccionismo e dizia: "Eu poderia trabalhar para sempre na edição de um filme. Não sei por que demoro tanto, mas isso tem o efeito de despertar a ira dos produtores, que acabam tirando o filme de minhas mãos."

Poucos meses depois de ser afastado, Welles viu a edição de *A marca da maldade* feita pelo estúdio. Ficou muito angustiado, porque a qualidade do filme não refletia seus padrões de excelência, e, mesmo não estando mais envolvido no projeto (nem sendo pago), escreveu um memorando para o chefe de produção, detalhando, com precisão monumental, as edições que seriam necessárias.

O documento tinha 58 páginas.

Eu o li. É impressionante.

A perícia técnica que revela, a atenção que demonstra aos pontos aparentemente insignificantes e o respeito e zelo por seu bom nome são *surpreendentes*. É uma grande inspiração para qualquer pessoa séria que queira criar uma obra duradoura.

As sugestões foram descartadas pelo produtor e *A marca da maldade* foi lançado como estava.

Esteve no mercado nessa versão durante dezoito anos, até que o memorando foi descoberto e publicado na *Film Quarterly,* chamando a atenção de um diretor que idolatrava Orson Welles. Ele fez uma reedição para que o filme fosse mais fiel à visão original do pioneiro por trás da obra.

Os críticos adoraram.

Mas para mim, a verdadeira vitória não está no relançamento do filme, e sim na redação daquele memorando.

O que confirma que a realização de uma obra-prima tem muito mais a ver com o caráter do criador do que dinheiro a ser ganho.

11.

Nada é perfeito

Eu estava em San José, na Costa Rica, hospedado em um luxuoso hotel boutique que ficava perto de um lindo canal.

No check-out, a jovem da recepção perguntou educadamente: "Como foi sua estada? Perfeita, espero."

Mas antes que eu pudesse responder, ela mesma disse: "*Nada é perfeito,* claro."

Hummm.

"Nada é perfeito." Que visão sábia!

Na natureza, nenhum banco de areia, nenhum jardim, nenhum riacho tortuoso, nenhuma flor perfumada e nenhuma floresta exuberante são perfeitos.

O mesmo vale para a vida, porque ela é governada pelas mesmas leis naturais. Você não encontrará nada que seja absolutamente perfeito. Nunca.

Depois de aceitar isso, verá que as coisas são muito mais fáceis de administrar. Existirá com muito mais alegria, tranquilidade e mais capacidade de procurar o sentido da vida.

Nada que você fizer será perfeito, mesmo que seja sua obra-prima. Tenho certeza de que Michelangelo, em retrospectiva, teria mudado alguns traços do afresco do teto da Capela Sistina, e que Leon Tolstói teria estruturado *Guerra e paz* de uma maneira um pouco diferente se tivesse uma segunda chance; e que Marie Curie, em uma reflexão mais aprofundada, teria reimaginado várias inovações científicas suas.

Nenhum negócio será perfeito, mesmo que seu produto seja magnífico e você tenha recrutado artistas épicos para sua equipe.

Nenhum jantar em um restaurante será perfeito, mesmo que seja a refeição mais requintada que você já comeu.

Nenhum par de sapatos, bolo de confeitaria, filme a que assista na TV e nenhuma partida esportiva entre os melhores jogadores será perfeito.

Assim como nenhum relacionamento pessoal. Porque eu ainda não conheci a pessoa perfeita.

Mas veja uma coisa maravilhosa...

Conforme você aceita a imperfeição de todas as coisas, mais começa a enxergar, quase que automaticamente, a magia no meio da bagunça.

Passa a ver a química, a alquimia total em objetos, experiências e humanos que apresentam defeitos. Aprende a confiar que tudo é perfeito *por causa* de sua imperfeição.

No Japão, as peças de cerâmica quebradas são coladas com ouro puro, uma prática de quatrocentos anos chamada *kintsugi*. Acho imensamente fascinante que a peça antes danificada se torne mais forte nos lugares em que se quebrou. Ainda mais importante é que o método celebra a verdade de que uma coisa com defeito pode ser concebida de novo como algo ainda mais valioso.

E não seria isso algo perfeito?

12.

A doutrina do vendedor de castanha

Certa noite, em uma famosa cidade europeia, eu caminhava sozinho pelas ruas de paralelepípedos.

Fiquei observando os turistas que saíam de restaurantes chiques, estudei os manequins cuidadosamente dispostos nas vitrines das lojas luxuosas e me maravilhei com a maneira como a lua iluminava os telhados das etéreas catedrais.

Um homem solitário estava sentado em uma praça.

Ele estava debruçado sobre um forno, aquecendo castanhas. Fazia seu trabalho como se fosse o mais importante do mundo. Um sorriso gentil irradiava de seu rosto enrugado, embora o relógio marcasse quase meia-noite.

Parei, comprei um saco de castanhas e lhe pedi que me contasse sua história. Em seguida, fiz algumas perguntas sobre sua família. Perguntei sobre as batalhas que enfrentara e o que o havia levado àquela praça.

"Está tarde e frio. As ruas estão pouco movimentadas agora. Por que ainda está aqui sentado, vendendo castanha?", perguntei ao homem de meia-idade que usava um gorro de lã azul.

Ele me olhou um tempo em silêncio. "Eu era um empresário muito bem-sucedido em meu país", respondeu. "Aí fiquei doente e perdi tudo. Minha empresa, minha casa e meu dinheiro. Mas ainda posso trabalhar, graças a Deus. Ainda posso tornar minha vida melhor. Ainda consigo fazer as pessoas felizes com essas castanhas que asso com muito amor. Ainda estou vivo, então, ainda posso sonhar."

"Ainda estou vivo, então, ainda posso sonhar", repetiu o vendedor de castanhas.

O vendedor de castanha que não dava desculpas

"Já tive sonhos e já tive pesadelos, mas venci meus pesadelos por causa dos meus sonhos", disse Jonas Salk, o icônico cientista e desenvolvedor da vacina contra a poliomielite.

Todo ser humano com pulso nas veias e coração batendo tem um poder fascinante dentro de si: a capacidade de transformar ideais em resultados, reveses em sucessos e promessas em proezas. Infelizmente, a maioria das pessoas aprendeu a renegar essa força com tanta frequência que esqueceu que a possui.

Ali estava aquele homem. Ele sobrevivera a uma tragédia. A vida havia passado uma rasteira daquelas nele. No entanto, em vez de reclamar, condenar e fazer pouco com sua capacidade, como uma vítima impotente lambendo as feridas de seu passado e chafurdando na autopiedade, ali estava ele: sorrindo, trabalhando, ajudando e fazendo sua parte para melhorar sua realidade. Lindo. Heroico, na verdade.

Se ele continuar com tanta determinação e paixão por sua profissão, não tenho dúvida de que, em breve, contratará outros para que o ajudem a expandir seu empreendimento em vários locais e, caso se mantenha fiel à oportunidade que aproveitou, poderá, com o tempo, até comprar uma fazenda de castanhas e construir uma série de fábricas de processamento desses frutos, empregar muita gente e talvez, finalmente, aposentar-se para se dedicar à filantropia. Quem sabe? Claro, a Fortuna tem seu próprio roteiro e muito do que vivemos foi escrito pelo guardião do destino. *Mas,* como seres humanos, fomos abençoados com imensos dons e um poder impressionante para moldar nosso futuro.

Minha experiência com o vendedor de castanhas de carácter robusto me faz pensar no que chamo de "O conto de dois restaurantes".

Em uma romântica cidade europeia preferida pelos amantes, existem dois restaurantes. Ficam em lados opostos da mesma rua. Servem o mesmo tipo de comida e, à primeira vista, parecem bastante semelhantes. No entanto, há sempre uma longa fila na frente de um deles. Todas as noites. E o outro? A maioria das mesas vazia.

Interessante, não é?

Aposto que o dono do restaurante vazio tem mil justificativas sedutoras e um milhão de desculpas convincentes para explicar por que seu restaurante não faz sucesso. Meu palpite é que "Eles têm sorte", "Eles têm uma localização melhor", "Não consigo encontrar um chef bom", "É difícil encontrar bons funcionários" ou "Com essa economia, é impossível eu ser bem-sucedido" estariam no topo de sua lista. Nenhuma dessas desculpas seria uma declaração da verdade. Apenas fazem com que o proprietário se sinta melhor diante das mesas vazias.

A realidade é que o restaurante de sucesso *encontrou uma maneira de brilhar.* Mas abrir mão do poder é muito mais fácil. Somar um pequeno comprometimento à experiência, uma ética de trabalho fraca e nenhum entusiasmo para criar algo especial é mais fácil. Culpar os astros por qualquer pobreza de maestria e circunstâncias medíocres só faz com que o ser humano se sinta mais seguro. Porque assumir a responsabilidade pessoal e absoluta sobre nossas ações e suas consequências exige que façamos guerra contra nossos medos e lutemos contra nossos demônios. Isso requer extrema coragem e profunda sabedoria, uma que poucos estão dispostos a desenvolver.

Mas para obter os resultados que poucos têm, você deve fazer coisas que poucos fazem.

Nós não "temos" sorte na vida. Nós criamos *sorte*. Basta agir da maneira correta.

Sugiro que, hoje, você prometa a si mesmo que deixará o virtuosismo ser sua luz, a diligência ser sua estrela-guia, a integridade ser seu farol, e a busca pela grandeza ao longo da vida, sua bússola.

Quando sentir vontade de desistir e precisar de uma inspiração, lembre-se de meu amigo vendedor de castanha. Aquele com o gorro de lã.

13.

O princípio PGP para positividade acelerada

O seu ecossistema molda a sua energia, e o ambiente ao seu redor influencia seu desempenho. Drasticamente.

Tudo que é externo afeta profundamente a maneira como você pensa, sente, cria e executa. Tudo.

Seu ecossistema pessoal inclui as pessoas com quem você conversa, os influenciadores que segue, a mídia que consome, os livros que lê, a comida que come, as ferramentas que usa, o transporte que utiliza, o lugar onde mora e os espaços que visita. Tudo funciona em conjunto para levá-lo ao nível lendário ou reduzi-lo ao ordinário.

O que me leva ao princípio PGP: *positividade gera positividade*.

Você não pode passar horas, todos os dias, assistindo ao noticiário (que tem como objetivo assustá-lo e fazê-lo assistir mais, em vez de mostrar o imenso bem que se desenrola no mundo neste exato momento), seguir celebridades superficiais e exibicionistas, estar com pessoas que o fazem se sentir mal e passam o tempo em ambientes físicos tóxicos e, ainda assim, ter esperança de explorar a magia que amplifica seus talentos originais, respeita seu excelente caráter e faz com que você libere seu encanto na sociedade.

Para aumentar sua inspiração, você precisa fazer coisas que aumentem a sua inspiração. Eu sei que parece óbvio, mas não vemos muito isso na prática. Proteger ativamente sua positividade para gerar criatividade de elite e produtividade máxima não costuma ser comum em uma cultura que incentiva a medicação por meio da distração digital e o escapismo por meio do sensacionalismo superficial. Para obter as recompensas que apenas 5% da população consegue, é necessário consolidar os hábitos e instalar formas de ser que 95% da população não está disposta a adotar.

Minha sugestão é que você construa um fosso em torno de sua mentalidade mais esperançosa e um muro em torno da exuberância de suas aspirações mais exaltadas. Permita que só as influências que alimentem seu entusiasmo, otimizem seu talento inerente, maximizem seu desempenho e glorifiquem seus dons passem. Proteja os pensamentos encorajadores pelos quais você tanto trabalhou, crie uma fortaleza invisível que não permitirá a entrada de ninguém nem de qualquer coisa que ameace sua alteza. Porque você nunca criará seu empreendimento visionário e expressará totalmente sua magia se seu tanque de inspiração estiver vazio. Ou se estiver cheio de negatividade. Ah, não se esqueça de tomar o cuidado de preencher sua mente (e seu coração) com ambições gigantescas para que não haja espaço para preocupações mesquinhas.

Os melhores artistas trabalham em ambientes positivos, bonitos e tranquilos por uma razão: isso ativa o "estado de fluxo", aquele fluxo de brilho que cada um de nós tem à nossa disposição quando estruturamos nosso espaço de trabalho e configuramos nossa vida privada de uma forma que permita que atuemos no auge de nossos poderes.

O pintor Andrew Wyeth, ao se tornar um dos artistas mais célebres da história, deixou Nova York e passou o restante de sua carreira trabalhando em um estúdio em uma fazenda em Chadds Ford, na Pensilvânia, e em uma casa à beira-mar em Cushing, no Maine. Ficar perto do incrível esplendor da natureza é um hábito de todos os grandes mestres para permanecer inspirados, focados e alegres em uma era de mudanças tectônicas e grandes agitações. (Eles também ficam muito tempo sozinhos, porque a ascensão ao maior estado criativo só ocorre isoladamente.)

J. D. Salinger, depois que *O apanhador no campo de centeio* se tornou um dos livros mais vendidos do planeta, retirou-se da atenção do público em seu trigésimo quarto aniversário, passando os 57 anos restantes de vida escrevendo diariamente em um pequeno estúdio conectado à sua casa na zona rural de Cornish, em New Hampshire, por meio de um túnel subterrâneo. Ele podia ir a seu estúdio sem ser visto pelos fotógrafos e fãs que aguardavam do lado de fora.

O criador de James Bond, Ian Fleming, comprou um retiro na Jamaica que ele batizou de GoldenEye, situado sobre uma praia encantadora, para lhe proporcionar as epifanias e o combustível artístico que aumentariam sua produção. (Acho fascinante que ele tenha instruído seus jardineiros a não passar pela janela de seu estúdio, pois isso quebrava seu transe artístico.)

Quando era primeiro-ministro do Reino Unido, Winston Churchill, para atenuar as pressões de ser o líder que enfrentara o regime nazista, passava os fins de semana em Chequers, a casa de campo oficial do chefe do governo britânico, ou em Chartwell, sua residência à beira do lago no sudeste da Inglaterra. Nesses locais, planejava a estratégia militar, escrevia seus discursos hipnotizantes com todo o cuidado, pintava paisagens e fumava charutos nos jardins verdejantes.

Os construtores do mundo, bem como os heróis do cotidiano empenhados em honrar suas promessas, compreendem o princípio PGP. Reconhecem que o fortalecimento da positividade, da inspiração e de grandes esperanças em um momento de negatividade geral é a missão principal de sua campanha de produzir um trabalho sublime e de levar uma vida que brota com felicidade, serenidade e liberdade espiritual.

14.

Pare de dizer que seu talento é uma merda

Aonde quer que você vá, ouvirá pessoas boas usando palavras de conotação originalmente ruim para se referir a grandes coisas.

O caminho para a iluminação é "ligar o foda-se".

Use tênis estilosos e você será aplaudido por seus pisantes "irados".

Aprenda a meditar, visualizar, manter um diário e orar para se livrar de traumas antigos, banir a timidez e aumentar a confiança, e seus amigos o celebrarão por ser um "fodão"

Mostre o desempenho mais espetacular de sua vida (até o momento) e lhe dirão que você "arrasou".

Melhore suas habilidades para crescer e alcançar seu potencial e seus colegas exclamarão: "Tudo o que você faz é foda!"

Sério? *As palavras significam aquilo que dizem.*

E as palavras que usa enviam mensagens poderosas a seu inconsciente sobre quem você é, o que é capaz de alcançar e a qualidade do que poderá produzir.

Há algum tempo, dei uma palestra sobre liderança em um evento com a presença da diretoria de um dos gigantes globais do setor de mídia.

Dois jovens (muito simpáticos) levaram a mim e a meu colega de equipe, que viaja comigo, ao aeroporto.

Conversamos sobre comidas fantásticas, músicas interessantes e a importância de ir em busca da nossa felicidade.

Então, perguntei quais eram as ambições do condutor.

Ele revelou um desejo secreto de se mudar para o Canadá.

Compartilhou que adorava a beleza natural do país, a civilidade do povo e a eficiência da infraestrutura de lá.

"Mas eu sei que é *impossível*", disse ele várias vezes. (Reforçando, assim, o circuito neural associado à impossibilidade, porque, como qualquer bom neurocientista dirá, as células cerebrais que disparam juntas se conectam.)

As pessoas revelam suas crenças mais profundas por meio de seus comportamentos diários, e as feridas que as sabotam por meio das palavras que pronunciam.

Os medos daquele jovem o estavam enganando, desvirtuando-o de seus desejos. Suas dúvidas desleais sequestraram seus sonhos confiáveis.

As suposições, as barreiras e a visão de mundo falsas que ele havia absorvido de pessoas que o cercavam o ensinaram a falar como uma vítima impotente; a ver as grades da prisão inexistente, como quando tiramos uma cerca invisível da frente de um cachorro, mas, mesmo assim, ele não passa.

O jovem imaginava uma parede onde, na verdade, existia uma porta. "Não é o que não sabemos que nos causa problemas, é o que 'sabemos' estando equivocados", disse o artista e humorista Will Rogers com astúcia.

Presto muita atenção nas palavras que falo. Nem chamo o outono de *fall* [outono, em inglês] porque essa palavra tem implicações negativas em minha filosofia. Eu amo o outono, mas não tenho interesse em "queda" [também escrito e pronunciado *fall* em inglês]. Essas coisas doem. Às vezes muito.

Lembro que li a mensagem de um leitor que disse que gostaria de ter participado de um evento ao vivo que eu liderava, mas não pôde "porque teria que atravessar o oceano".

Será que ele achava que a única maneira de chegar seria nadando no mar durante um mês?

Ou que ele acreditava que, hoje em dia, a travessia dos oceanos ainda é feita em frágeis barcos a remo?

Será que ele superestimou que chegar ao evento exigia que ele tivesse a audácia de Sir Edmund Hillary e a coragem de Joana D'Arc?

A obsessão daquele jovem com a palavra "impossível" (ele ficava repetindo isso) mostrava sua mentalidade rígida e nada saudável. Então, infelizmente, sua psicologia restrita se tornou uma profecia autorrealizável. Se não acreditarmos que algo é possível, não nos esforçaremos, não aplicaremos a consistência e não exercitaremos a paciência necessária para tornar o sonho realidade. E, assim, não acontece. Então, o impossível se confirma.

Aproveitando o tema de escolha atenta das palavras como um meio de maximizar a criatividade, a produtividade e a prosperidade, nem em um bilhão de anos eu rotularia de "merda" o trabalho que alimenta meu espírito, expressa meu talento, fornece o oxigênio de minha vida e me permite servir a outros seres humanos.

Eu nunca elogiaria uma pessoa dizendo que ela está "irada".

Jamais menosprezaria o sucesso de alguém, conquistado com dificuldade, dizendo que suas grandes conquistas são "doideiras".

E quando se saísse muito bem em algo, eu jamais diria que essa pessoa "arrasou".

Porque merda, ira, loucura e arraso são palavras com conotações ruins. Não são coisas boas. Pelo menos é o que eu acho.

A linguagem esplêndida tem carisma. Portanto, exercite bem a sua.

15.

O que J. K. Rowling me ensinou sobre implacabilidade

Os fatos:

A autora da série Harry Potter vendeu mais de 500 milhões de livros.

Essa titã literária é a primeira escritora a se tornar bilionária.

A escritora que saiu da pobreza e da obscuridade para a riqueza e a fama é uma importante filantropa agora.

O pai dela era engenheiro aeronáutico em uma fábrica da Rolls-Royce e a mãe trabalhava no Departamento de Química da escola em que Rowling estudou.

Quando criança, ela "vivia para os livros", descrevendo-se como "uma leitora ávida básica, comum, com sardas e óculos do Serviço Nacional de Saúde".

Esse luminar escreveu seu primeiro livro aos 6 anos de idade e seu primeiro romance aos 11. (Era sobre sete diamantes amaldiçoados; quem dera eu fosse tão criativo assim.)

Harry Potter surgiu para J. K. Rowling enquanto ela estava em um trem — atrasado — que ia de Manchester à estação King's Cross, em Londres.

Na verdade, as ideias para todos os sete livros surgiram naquela única viagem, assim como a trama principal do primeiro, *Harry Potter e a Pedra Filosofal*. De uma maneira extremamente intuitiva, o conceito surgiu para ela em uma única frase: "Garoto que não sabe que é bruxo vai para escola de bruxaria."

Ela escrevia à mão em pedaços de papel que carregava consigo dentro de uma maleta. (Sim, uma maleta.)

Grande parte do primeiro livro de Harry Potter foi escrita no café Nicolson's e na Elephant House, em Edimburgo, enquanto Rowling era uma mãe solo que dependia da assistência social.

Durante o processo de escrita, a querida mãe da autora morreu, levando-a a uma longa depressão. Rowling continuou criando, usando as trevas emocionais como terreno para tornar suas personagens mais ricas e memoráveis. (A dificuldade pode ser uma companheira confiável para a vitória criativa.)

Quando concluiu o livro, ela mandou três capítulos a vários agentes literários importantes. Só um respondeu. Rowling disse: "Foi a melhor carta que recebi em minha vida."

Ela recebeu incontáveis rejeições de editoras que disseram que o livro não teria sucesso comercial nem seria interessante para o público jovem. A Bloomsbury finalmente concordou em publicar *Harry Potter e a Pedra Filosofal,* mas pediu a Joan Rowling (como era conhecida na época) que adicionasse um "K" após sua primeira inicial, pois acreditavam que um nome claramente feminino afastaria o público-alvo, que eram garotos. (O "K" é de Kathleen, primeiro nome de sua avó.)

Mesmo depois de se tornar uma das escritoras mais vendidas de todos os tempos, ela disse que não andava por aí pensando que era "o máximo". Seu principal objetivo como trabalhadora artística era "escrever melhor que ontem".

Ela publicou uma série de livros policiais sob o pseudônimo de Robert Galbraith. Sem revelar quem era, enviou o livro às editoras para análise. Uma das muitas cartas de rejeição que recebeu sugeria que "um grupo de escritores ou um curso de redação pode ajudar". (Lembra-se do que eu disse antes? A opinião de alguém é apenas a opinião de alguém. Não acredite se não servir para sua ascensão.)

Um provérbio japonês ensina: "Caia sete vezes, levante-se oito."

J. K. Rowling se aproveitou dessa sabedoria, e isso fez com que ela se tornasse ótima.

16.

Proteja a boa saúde como um atleta profissional

Teremos um capítulo um pouco mais longo aqui, mas prometo que a viagem valerá a pena. Então, vamos começar.

O historiador Thomas Fuller escreveu certa vez: "A saúde não é valorizada até que a doença chegue."

Hummm. A mais pura verdade, não é?

Um ouvinte me abordou depois de uma apresentação que eu havia acabado de fazer no Qatar para os CEOs mais importantes da região e me entregou um bilhete amassado, pedindo que o lesse quando tivesse tempo. Naquela noite, em meu quarto de hotel, passei os olhos por estas palavras rabiscadas no papel:

> A saúde é a coroa na cabeça da pessoa saudável que só a pessoa doente pode ver.

"Quem não reserva tempo para fazer exercícios acaba tendo que arranjar tempo para a doença", lembra-nos Edward Stanley, o estadista britânico.

Poucos hábitos terão mais impacto no seu desempenho e aumentarão sua alegria que otimizar o que chamo de "Healthset" no currículo que ensino aos meus clientes de mentoria avançada em meu Programa IconX e no curso de coaching online The Circle of Legends.

Muitos especialistas da área de desenvolvimento pessoal falam de "mindset" e evangelizam o mantra "o mindset é tudo". Com imenso respeito por todos esses educadores, adoto uma abordagem contrária à equação da automaestria.

Sim, calibrar seu mindset para fixar o pensamento e a programação mental de grandeza é essencial para um desempenho magistral em sua área. Seu comportamento diário sem dúvida reflete suas crenças mais profundas. Sua renda e influência nunca ultrapassam sua identidade própria e sua história intelectual. Portanto, o mindset é importante. Com certeza. No entanto, *não* é tudo.

Como seres humanos, somos muito mais que nossa psicologia.

Também temos uma segunda dimensão que chamo de Heartset, que aqui chamaremos de *coração*, que fala da realidade de que, além de nossa psicologia, cada um de nós também tem emoção. Não somos capazes somente de pensar; também temos uma preciosa capacidade de sentir. Não há como alcançar seu conhecimento mais elevado, chegar à intimidade com seus poderes ocultos, conquistar resultados fascinantes e experimentar gratidão, admiração e fascínio sustentados se viver apenas em sua cabeça.

Sim, calibre sua mentalidade, mas, *por favor*, também reserve um tempo de purificação do seu coração para que fique livre das emoções tóxicas reprimidas de medo, raiva, tristeza, decepção, ressentimento, vergonha e culpa que todo ser humano acumula à medida que avança na vida e tem que suportar infortúnios. Pare de ficar o tempo todo curando esse "Campo de Ferida" que se esconde em seu inconsciente e você descobrirá que o pico de sua energia, criatividade e produtividade estará sempre bloqueado. (Isso é de extrema importância que você entenda.) Em um dos capítulo seguintes, apresentarei alguns métodos dinâmicos e algumas táticas transformacionais para acabarmos com essa bagagem invisível. Por enquanto, esteja ciente de que fazer o trabalho necessário para desapegar de velhas feridas emocionais é essencial para um melhor desempenho. Caso contrário, suas excelentes intenções intelectuais serão sempre sabotadas por suas sombras secretas alojadas nas profundezas de seu Healthset.

Trabalhar a mentalidade enquanto negligencia-se o coração também é a principal razão de a maior parte do aprendizado — seja por meio de livros, cursos digitais ou conferências ao vivo — não durar. Obtemos a informação no âmbito cognitivo, mas não a integramos como um *conhecimento* emocional no corpo. Então, a adesão não ocorre. Isso significa que nossos hábitos mais fracos e comportamentos limitantes continuam existindo devido à nossa incapacidade de abraçar as ideias como uma verdade sentida, por causa dos bloqueios que estão dentro de nosso coração.

Tudo bem. Como seres humanos, temos os impérios internos da mentalidade e do coração. Ambos precisam ser consistentemente atendidos e cultivados para desfrutar dos impérios externos de criatividade sensacional, produtividade rara, prosperidade incomum e forte serviço à sociedade.

No entanto, esse não é o fim da equação da maestria pessoal. Existem mais dois universos internos em meu currículo de mentoria que, quando também elevados, completam o algoritmo da autoliderança. São o Healthset e o Soulset. Vamos dar uma olhada na estrutura visual abaixo:

OS 4 IMPÉRIOS INTERNOS

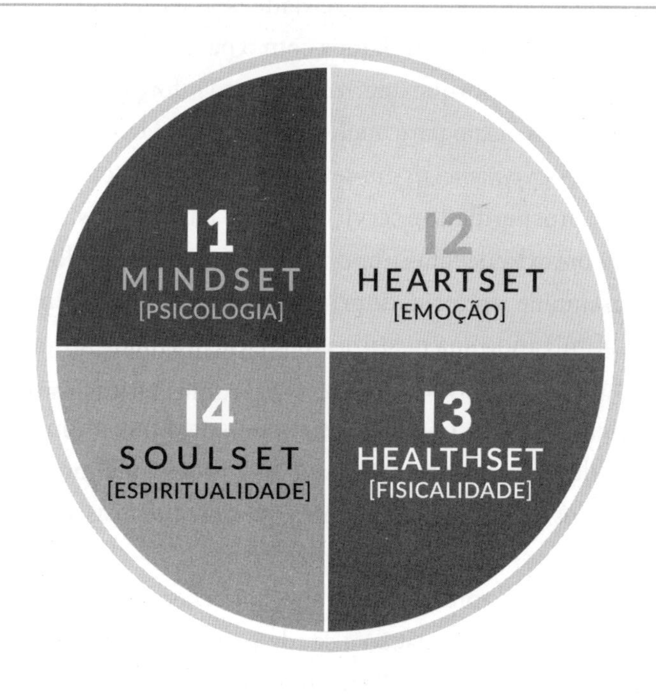

Somente quando *todas essas quatro* dinastias humanas estiverem despertadas e, depois, aprimoradas é que você revelará seu talento, exibirá sua alteza, liderará em seu campo e experimentará uma vida de positividade, vitalidade, admiração e liberdade espiritual raras. A principal razão — e isso é muito importante — de a maioria das tentativas de conhecer seu eu soberano fracassar é porque essa abordagem contrária não é considerada nem aplicada.

Então, depois da mente e do coração, vem o império interno número três. A saúde é sua fisicalidade. Você não mudará o mundo se estiver doente. Ou morto. Otimizar sua saúde — na qual me centrarei durante a maior parte deste capítulo — implica melhorar sua energia, aumentar sua imunidade e reduzir a inflamação para vencer doenças e prolongar significativamente sua expectativa de vida.

Finalmente, a alma fala sobre sua espiritualidade, o relacionamento com aquela parte eterna que é perfeitamente sábia, inquebrável, unida a todos os outros humanos do planeta e ilimitada. A prática de cuidar da alma visa reduzir o ruído de seu ego para que você possa ouvir os sussurros do herói primordial, que é quem você é de verdade, sob as camadas de dúvida e descrença que todos nós acumulamos com o passar dos anos.

Preciso repetir isso porque quero esse ponto reforçado: apenas quando você fizer o trabalho diário para melhorar os *4 impérios internos* é que experimentará ganhos *exponenciais* em seus impérios externos de criatividade, produtividade, prosperidade e serviço público para muitos.

Com esse contexto deveras importante e pouco discutido já abordado, vamos, agora, ampliar a prioridade principal, que é blindar sua melhor saúde em batalha, otimizando sua postura em relação à saúde.

Ao aprimorar sua dimensão física, você vai construir um cérebro ainda melhor, aumentar seu foco, ativar uma resistência incomum, multiplicar a quantidade de força de vontade à sua disposição, melhorar seu humor, reduzir os perigos da inflamação crônica que gera doenças, dormir melhor e viver mais.

Um dos modelos de aprendizagem que meus clientes consideram valioso para mudar a postura em relação à saúde e ter a boa forma de um atleta profissional é *A trindade da vitalidade radiante*.

A TRINDADE DA VITALIDADE RADIANTE

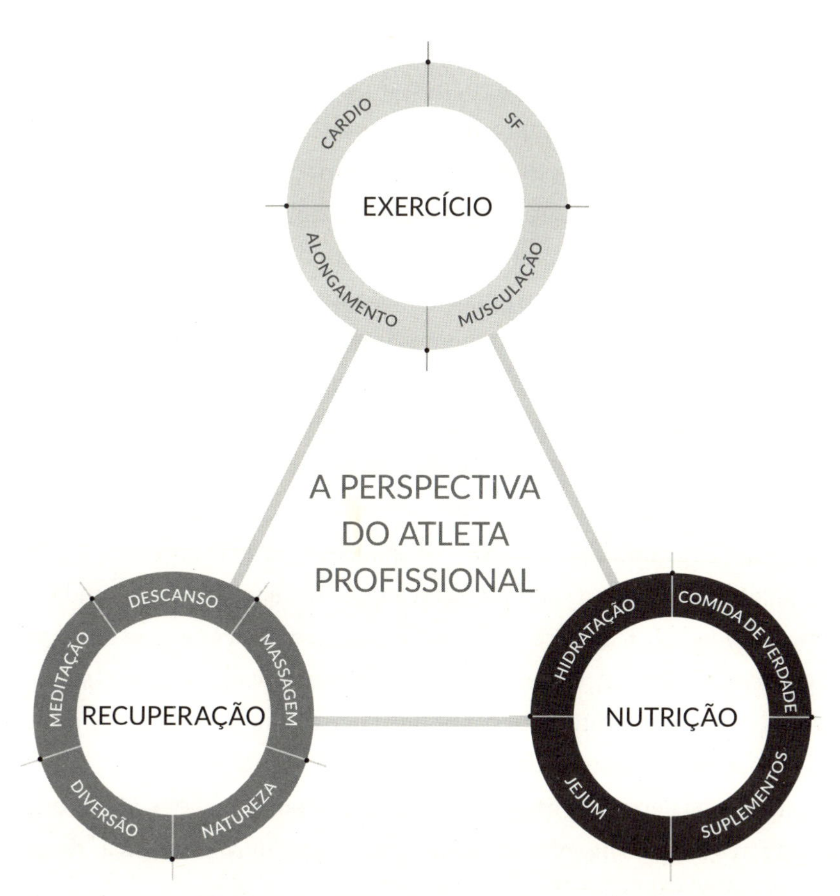

O primeiro elemento da trindade da vitalidade radiante, como vemos, é um incentivo a se exercitar (de preferência todas as manhãs). Para atingir seu melhor, você deve ser uma MMP: Máquina de Movimento Perpétuo (exceto quando for hora de RRD: Renovar, Recuperar e Descansar). A prática de exercícios libera a dopamina neuroquímica, que produzirá fortes ganhos na inspiração que você sentirá no restante do dia. Quanto esse fator vale para você, por si só, em termos de influência, ganhos financeiros, impacto e bem-estar?

Suar logo depois de acordar ao correr em uma esteira, pulando corda ou pedalando (apenas alguns exemplos) também libera BDNF (fator neurotrópico derivado do cérebro), que promove a neurogênese (geração de novas células cerebrais) e repara células cerebrais danificadas pelo estresse do dia anterior. O BDNF também aumenta a velocidade de processamento de informações no cérebro, ampliando as conexões entre suas vias neurais, dando-lhe uma enorme vantagem neste novo mundo em que vivemos.

O exercício matinal produz ainda a norepinefrina, que ajuda na alta concentração nesta era de avassaladora distração digital, bem como serotonina, que regula a ansiedade, maximiza a memória e deixa você relaxado. Exercitar-se também aumentará sua taxa metabólica, dando-lhe mais energia. O simples ritual de se movimentar vigorosamente pela manhã vai transformar a excelência de seus dias. Dar uma boa suada antes do nascer do sol é um dos meus principais hábitos. Espero de verdade que você se conecte com isso, pois será totalmente revolucionário para todas as outras áreas de sua vida.

Também recomendo uma rotina de fim de tarde ou início de noite que chamo de "Segundo Fôlego" (SF), na qual você reserva um tempo depois do trabalho para fazer o segundo exercício do dia e se beneficiar ainda mais com a atividade física. Se realmente acha que o exercício é uma ferramenta magnífica para estabelecer produtividade incomparável, resultados superpoderosos e otimismo automático, por que você treinaria só uma vez por dia?

Depois de passar um dia inteiro escrevendo, por exemplo, adoro ir à floresta que há perto de minha casa e caminhar por uma hora. Os japoneses são mestres do *shinrin-yoku*. A primeira palavra, *shinrin*, significa "floresta" em japonês e *yoku* significa "banho". O banho de floresta, seja por uma caminhada ou um passeio de mountain bike, tem muitas vantagens como a redução do hormônio do estresse, o cortisol, um aumento significativo nas células NK (Natural Killers) — agentes de combate a doenças do corpo —, a melhora da função cognitiva e um crescimento de confiança. Em minhas caminhadas ou em meus passeios na floresta durante meu SF, muitas vezes ouço um audiolivro ou um podcast para ter mais uma ou duas horas de aprendizado. A educação é uma vacina contra a irrelevância. Portanto, levo o crescimento diário muito a sério.

Para aperfeiçoar seu Healthset, também recomendo que combine a atividade cardiovascular com musculação para aumentar sua força e alongamento diários, por questões de mobilidade. Você não vai querer que uma pessoa velha e enferrujada tome conta de seu corpo, não é?

Como pode ver no principal modelo de aprendizagem deste capítulo, o segundo elemento da trindade da vitalidade radiante é a nutrição. "Que a comida seja seu remédio", aconselhava o médico grego Hipócrates. Sua dieta é um componente fundamental para que você seja saudável como um atleta profissional e fique sempre entusiasmado, cheio de energia, exultante e supereficaz por muito tempo.

Tanto quanto possível, coma comida de verdade em vez de alimentos processados, pois estes são cheios de química e outras toxinas que degradarão seu desempenho e diminuirão sua longevidade. Eu tento ao máximo comer alimentos orgânicos e apoiar os agricultores de minha comunidade. Também busco aprimorar minhas habilidades culinárias para que minha família e eu desfrutemos de refeições saudáveis e naturais, feitas em casa, muitas vezes com uma música maravilhosa tocando ao fundo e uma conversa fascinante fluindo entre nós. (Não sei quantos livros mais escreverei, pois parte de mim tem um sonho romântico de abrir um restaurante com capacidade para onze pessoas em um lugar de difícil acesso onde preparo cada prato com os ingredientes mais frescos disponíveis e com todo o amor e carinho para as almas intrépidas que fizerem a jornada para me visitar. Talvez jantemos juntos algum dia. Eu adoraria conhecer você.)

Outro elemento importante para uma excelente nutrição é a suplementação. Muito do que seu corpo precisa para ter máximo desempenho não pode ser obtido apenas com a alimentação. Na verdade, os alimentos que comemos hoje em dia são muito diferentes e muito menos nutritivos do que eram há uma década, dado o desrespeito que nós, como espécie, demonstramos pela Terra. Portanto, você precisa acrescentar os suplementos necessários para operar da melhor forma.

Também devo dizer que analisar meu genoma mudou a minha vida. Meu geneticista me explicou quais genes de meu corpo estavam abaixo do ideal para que, pelo poder da epigenética (*epi* significa "acima", portanto, o estudo da epigenética consiste em tentar superar sua genética modificando seus hábitos de estilo de vida), eu pudesse regular positivamente genes que mais beneficiariam minha saúde. Tomar suplementos, melhorar rotinas diárias e adotar novos hábitos que ativarão genes adormecidos e debilitarão os menos ideais são exemplos de uso de *biohacking* para reorganizar ativamente seu destino genético. Os genes que você herdou de seus pais *não são* seu destino. Você tem *muito* mais poder do que imagina para moldar a expressão do próprio genoma.

Muito bem.

As duas últimas coisas que gostaria de mencionar sobre nutrição são o jejum e a hidratação. Nada do que estou falando aqui é conselho médico, então, por favor, converse com um profissional da Medicina sobre mudanças em sua alimentação. Mas compartilharei minha experiência pessoal com o jejum porque a prática tem sido extremamente útil para minha produtividade e para minha boa saúde.

Geralmente, jejuo na maioria dos dias da semana quando estou escrevendo um livro novo, dando palestras ou gravando cursos on-line. Nessas ocasiões, minha última refeição é por volta das 21h, e além de uma xícara de excelente café preto (o café é cheio de antioxidantes e é um grande estimulante cognitivo), muita água e chá de hortelã fresca (às vezes com gengibre orgânico), não como nada antes das 16h ou 17h do dia seguinte.

A disciplina do jejum serve para me manter extremamente focado e inspirado e cheio de energia, para que eu possa resolver muitas coisas importantes. Algumas pesquisas mostram que o jejum aumenta a produção de BDNF, que, como mencionei, estimula a função cerebral. Também reduz a neurodegeneração e aumenta a neuroplasticidade, o que acelera a capacidade de aprendizagem, melhora a memória e reduz os níveis de açúcar e de insulina no sangue. Em um estudo, foi demonstrado que a restrição calórica aumenta os níveis do hormônio do crescimento humano em mais de 300%. Descobriu-se que reduzir a ingestão calórica, mesmo que só algumas vezes por semana, ativa genes (lembra-se da epigenética?) que instruem as células a preservar recursos e levar seu sistema a um estado conhecido como *autofagia,* quando seu corpo entra em hiperatividade para limpar material celular antigo e danificado e reparar células danificadas pelo estresse.

Também uso o ritual do jejum para me ajudar a progredir espiritualmente. Como escreveu São Francisco de Sales:

> Além do esforço comum de jejuar para elevar a mente, subjugar a carne, confirmar a bondade e obter uma recompensa celestial, também é muito bom ser capaz de controlar a ganância e manter os apetites sensuais e todo o corpo sujeitos à lei do espírito; e embora possamos fazer pouco, *o inimigo tem mais medo daqueles que sabe que podem jejuar.*

Quero lhe fazer uma pergunta com sincero respeito: como pretendemos, um dia, dominar nossos impulsos, produzir nossa obra-prima, levar uma vida maravilhosa e materializar nossas poderosas missões se não conseguimos sequer controlar o que comemos?

O jejum me deixa muito mais presente, criativo, forte, muito mais capaz de fazer as coisas difíceis que estão mais próximas de meu verdadeiro eu espiritual.

Ah, eu também bebo muita água ao longo do dia, pois a hidratação adequada, que melhora a função mitocondrial, é muito importante para a multiplicação da nossa energia.

O terceiro e último elemento da trindade da vitalidade radiante é a recuperação. O descanso é a arma secreta do realizador de elite. A recuperação não é um luxo, é uma necessidade e uma prioridade essencial para sustentar a produtividade de nível Classe A não apenas durante anos, mas também durante décadas. Ao contrário das crenças dominantes em nossa cultura, as horas gastas na renovação dos recursos esgotados são um tempo maravilhosamente bem investido. Todos os atletas profissionais compartilham essa prática: eles dormem muito.

Quando escrevo sobre o valor crucial da recuperação para deixar sua forma física super-resistente e proteger sua fisicalidade imaculada, não me refiro apenas a um bom ritual antes de dormir, uma ótima higiene do sono, cochilos e massagens regulares. A recuperação também pode ser ativa — desde que seja fora do trabalho. A verdadeira renovação requer grandes períodos longe de qualquer influência que cause ansiedade. Pode ser lendo, conversando com pessoas interessantes, curtindo um ótimo filme, indo à academia, viajando ou jantando fora com alguém que você ama. Pessoalmente, também descanso bastante em visitas a galerias de arte, em meus períodos na natureza, assegurando-me diversão, e por meio de uma rotina matinal de meditação, visualização, autossugestão e oração.

* * *

Uma das maneiras mais poderosas de vencer nos negócios é viver mais que seus pares, para que você tenha mais algumas décadas para ser mestre em seu ofício e aprimorar seus poderes. Uma das formas mais inteligentes de construir sua fortuna é prolongar a vida útil de seus anos de ganhos. Assim, você tem mais tempo para permitir que o extraordinário fenômeno da capitalização faça sua mágica. Uma das maneiras mais inteligentes de viver uma vida de soberania e felicidade genuína é garantir que ela seja muito longa. A implementação consistente da trindade da vitalidade radiante garantirá esse resultado. Portanto, proteja sua boa saúde como um atleta profissional.

"A felicidade nada mais é do que saúde boa e memória ruim", observou o humanitário e polímata Albert Schweitzer.

Acredito que ele estava certo.

17.

Minha noite de quatro croissants de chocolate

Então...

Eu não quero que você pense que, só porque faço exercícios todos os dias, tenho uma alimentação saudável, jejuo de forma consistente e uso o *biohacking* para alavancar os benefícios da epigenética, nunca dou uma escorregada. Ou que nunca me dou a mimos. Porque eu escorrego e me mimo, sim; não sou nenhum guru. Na verdade, sou *muito* humano.

Há cerca de 2.500 anos, Aristóteles articulou a Doutrina do Meio--termo, ou a Média Áurea, que afirma que o comportamento virtuoso exige que se ande no meio-termo entre o ascetismo e a indulgência; seguir o caminho da moderação entre o excesso e a privação para evitar extremos em qualquer dimensão da vida.

Esta é uma máxima que vale a pena lembrar: *A restrição promove o vício.*

O que me leva a uma confissão.

Certa noite, depois de muitos meses trabalhando neste livro para você, levantando antes do sol na maioria dos dias para me preparar para horas de trabalho prodigiosamente produtivas e jejuando por horas prolongadas para que minha mente estivesse clara e minha energia concentrada neste projeto, decidi me recompensar por minha dedicação e me dar o conforto que eu desejava vigorosamente.

Então pedi uma massa italiana fresca por delivery e a usei para fazer um dos meus pratos favoritos: *bucatini al limone*. Os ingredientes são macarrão, azeite extravirgem, queijo pecorino, um pouco de pimenta-do-reino, raspas e suco de limão e um pouco de hortelã para dar um toque doce (e um pouco de cor na apresentação). Veja como ficou o prato:

Bucatini al limone feito por mim com amor

Estava tão bom! Aqueceu meu estômago e minha alma. Quando ninguém estava olhando, até cantei uma canção fofa de amor para o *bucatini*. Sim, me apaixonei pela massa.

E naquele elevado estado de felicidade provocada por carboidratos, eu simplesmente tinha que continuar...

Então, pedi uma pizza de três queijos e uma crosta bem grossa (do tamanho do Kilimanjaro, parecia).

E, para fechar, comprei quatro — sim, quatro — esplêndidos, divinos, luxuriosos, etéreos, maravilhosos e celestiais croissants italianos fresquinhos, bem amanteigados e recheados de chocolate, chamados *saccottini al cioccolato.* (Não que eu fosse louco por eles nem nada do tipo.)

E quando achava que ninguém na rua estaria olhando, fui comendo todos. Enquanto andava. Com um sorriso do tamanho de um estádio em meu rosto.

Já mencionei que não sou guru? E que sou *muito* humano?

E tenho uma razão para compartilhar tudo isso.

Tudo com moderação, *inclusive a moderação,* é uma forma sensata de viver. (Obrigado pela dica, Oscar Wilde; ele também teria dito: "Posso resistir a tudo, exceto à tentação.)

O que eu quero dizer é: em uma civilização que nos faz sentir culpados, prejudicados e humilhados se não formos perfeitos, bem-sucedidos e não executarmos 83 práticas avançadas por dia (checando cada item e registrando o resultado em cada uma delas), talvez, apenas talvez, devêssemos fazer as pazes com o *equilíbrio;* aceitar o "meio-termo" de Aristóteles, e abraçar os prazeres desse mundo especial quando for o momento certo para isso. A vida é curta demais para ser rígida e metódica, concorda?

Isso me faz pensar em maratonistas que morreram de ataque cardíaco, bem como em *nonnas* que tomavam duas doses de grappa todas as noites e viveram mais de cem anos. Às vezes, eu me pergunto se a neuroquímica positiva gerada por fazer coisas que nos deixam felizes (como uma "refeição casual") é um objetivo muito melhor que o rigor sobre-humano e a tensão transpessoal que provavelmente produz mais cortisol, que corrói nossa vitalidade e nossa longevidade.

Exagerei porque me esforcei demais. Um pouco menos de restrição e um pouco mais de indulgência naqueles meses intensos trabalhando neste projeto teriam me levado a saborear um pequeno prato de massa, talvez uma ou duas fatias de pizza, e talvez três croissants de chocolate a menos naquela noite quente de verão.

18.

Uma filosofia contrária para dominar mudanças inesperadas

Por mais de vinte anos, fiz caminhadas pela mesma floresta.

Durante os períodos bons de minha jornada, esses bosques me proporcionaram um local para regenerar minha criatividade, reabastecer minhas energias e restaurar minha tranquilidade.

Mas nas fases em que passei por dificuldades e tragédias e perdi o chão, a floresta foi uma espécie de mosteiro, um retiro para meu crescimento e minha transformação constantes.

Em uma das trilhas, ao lado de um laguinho frequentado por patos animados, há uma placa com palavras que me ajudaram muito a navegar pela incerteza.

Esta é a parte importante:

> As florestas se renovam por meio de perturbações naturais como o vento, o fogo, os insetos e as doenças. Essas perturbações resultam na criação de áreas de árvores mortas, entre as quais crescerá uma nova floresta.

A natureza da Natureza é de mudança inflexível. Às vezes, os alicerces nos quais nos apoiamos têm de cair para que possam ser substituídos por outros ainda mais fortes. Avanços exigem colapsos.

O progresso não é possível sem convulsões, e *o nascimento de algo melhor exige sempre a morte de algo familiar.* O desconforto é essencial não apenas para sua evolução, mas para a própria sobrevivência. Assim como dentro de minha floresta.

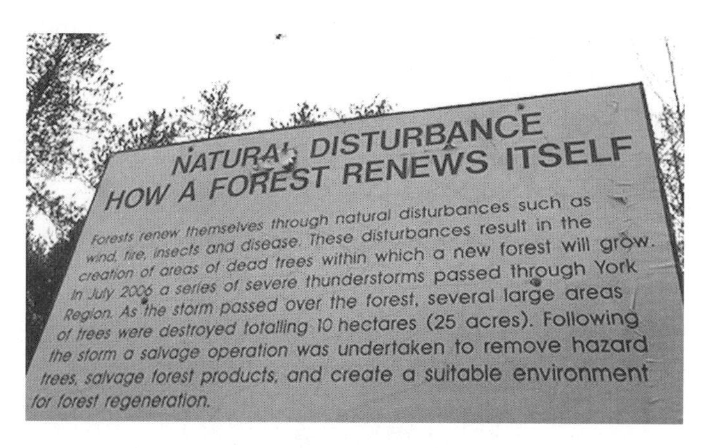

A placa de minha floresta mosteiro

Para os inexperientes, períodos conturbados são considerados ruins e rotulados como errados. Queremos que as coisas voltem a ser como eram. Nos sentiríamos mais seguros. No entanto, o desconforto do crescimento é sempre melhor que a ilusão de segurança. Sério. A inércia é extremamente prejudicial para qualquer pessoa que busca se tornar um herói do cotidiano.

Seu progresso como líder e sua otimização como pessoa só são possíveis se você fizer coisas difíceis. *Aquilo que é mais fácil de fazer é, em geral, o menos valioso.* A transformação duradoura acontece durante nossos períodos mais conturbados, nunca nos dias de tranquilidade.

Todos os grandes santos, sábios e todas as pessoas espiritualizadas entenderam que o objetivo principal no caminho para o despertar é não se deixar abater por *qualquer* confusão que a vida enviar e continuar contente, corajoso, sereno e livre; ficar tranquilo enquanto tudo parecer estar desmoronando. Construir um eixo interno de poder tão forte, e ao mesmo tempo tão flexível, que *nada* de fora seja capaz de abalar suas raízes. Imagine construir uma vida interior que permaneça graciosa, tranquila e grata, independentemente do que esteja acontecendo à sua volta. Ter sua força não depende da estabilidade mundana, mas sim de seu heroísmo primordial.

Quando você ficar menos resistente às mudanças em sua vida pessoal, carreira profissional ou ambiente externo e abraçar as novas circunstâncias que o destino enviou, você verá a volatilidade como uma grande bênção; como uma nota necessária na crescente sinfonia que é o plano mestre do mundo. Um trampolim cuidadosamente elaborado para o crescimento e a evolução que fará de você o líder, realizador, guerreiro e cidadão amoroso que a verdadeira vitória implora que seja.

"O que a lagarta chama de fim do mundo, o mestre chama de borboleta", escreveu certa vez o aviador e escritor Richard Bach.

Ou, como observou o eminente filósofo Friedrich Nietzsche: "É preciso ter o caos dentro de si para dar à luz uma estrela cintilante."

19.

Você é definitivamente mais que suficiente

Eleanor Roosevelt disse: "A comparação é a ladra da alegria."

E, sem dúvida, vivemos na cultura da comparação, não?

Ficamos felizes com uma vitória no trabalho até o momento em que sentimos que um colega de equipe está sendo mais reconhecido que nós.

Somos felizes com a pessoa amada até ver alguém mais bonito de mãos dadas com outra pessoa.

Nos sentimos financeiramente estabelecidos até ver a foto de alguém tomando banho de sol no iate, voando em um jatinho particular sempre que deseja e cheirando as rosas nos jardins coloridos que cercam sua requintada mansão.

Somos autoconfiantes acerca de nossa aparência até que vemos alguém mais magro ou com rosto "de modelo".

Grande parte do foco de minha cura emocional foi aprender a me sentir bem o suficiente. Aprender a me contentar com a minha pessoa, com a minha vida e com tudo que tenho, e a não comparar minha vida com a de outras pessoas (que, conforme descobri, muitas vezes acabam sendo nada mais que ilusões pensadas nos mínimos detalhes, destinadas a vender uma marca e promover um produto).

Também aprendi que *não existem pessoas extras neste planeta.*

Cada um de nós tem valor. Todo mundo é importante. O dinheiro na conta bancária de fulano ou o tamanho da casa de beltrano não quer dizer que essa pessoa seja melhor ou mais importante para o mundo que você.

Por que nossa sociedade escassa de espiritualidade diz que um magnata é mais valioso que um escavador de valas? Ou que um líder estatal deveria ser considerado mais poderoso que um professor? Ou que um socorrista? Ou que alguém que faz sanduíches? Eu não entendo e não me conformo com isso.

O dinheiro é apenas um dos medidores do sucesso. É apenas uma das formas de riqueza. Há muitas outras, sabia? Ser uma boa pessoa e fazer um trabalho que lhe traga satisfação, ter uma vida familiar plena e estar perto de amigos que nos inundam de gratidão e esperança são alguns exemplos. Muitas pessoas ficam obcecadas com o retorno financeiro do investimento, mas, tragicamente, ignoram o valor do retorno do investimento em caráter, em felicidade e em espiritualidade.

E, devo dizer, tendo em vista minha experiência como conselheiro de uma série de capitães da indústria, bilionários e titãs do entretenimento, que muitos deles têm todos os ativos que se possa imaginar, mas vivem perturbados, infelizes e cheios de preocupações. Dinheiro em excesso pode se tornar uma fórmula para a complexidade, a dificuldade e, muitas vezes, o sofrimento total. Pessoalmente, dou um valor muito maior à liberdade interior que ao ganho financeiro.

Pense na riqueza de uma pessoa que...

É sempre pontual, bastante educada, sempre leva em consideração as necessidades dos outros e se preocupa com o meio ambiente.

Se orgulha em fazer o trabalho, por mais simples que seja, com entusiasmo, alta ética e excelência fora do normal.

Irradia positividade mesmo em condições adversas, vê o que há de melhor em tudo ao seu redor e é grata por tudo que tem.

Não seria essa pessoa um herói de nossa sociedade? Um modelo de maestria? Um representante do extraordinário?

Tome posse de sua particularidade. Comemore suas virtudes. Dê valor à sua bondade. Comemore tudo pelo que passou, bem como as bênçãos brilhantes que o futuro lhe reserva.

Não. Minimize. Sua. Majestade.

Entenda, de uma vez por todas, que não existe ninguém igual a você vivo no planeta hoje. *Ninguém.*

Desde o início do império humano, apenas um de você foi concebido. Incrível, não? Apenas um de você, com suas impressões digitais, seus dons, suas ambições verdadeiras, sua maneira de falar, de trabalhar, de caminhar e de amar. Meu Deus, você é incrível!

Sim, as redes sociais que você consome podem lhe mostrar fotos de pessoas que parecem ter barriga chapada, e vídeos de atores dirigindo carros esportivos incríveis. Mas isso não significa que você não seja surpreendentemente digno. Porque você é, sim. Você é único. Embora eu acredite que seja muito importante a busca constante por melhora em todas as esferas de sua vida, todos os dias, saiba e acredite, também, que quem você é agora é mais que suficiente.

Portanto, gostaria de sugerir humildemente que você *dê a si mesmo* as palavras, os elogios e o incentivo que espera que forças externas lhe deem.

E que seja seu melhor líder de torcida, seu melhor apoiador e seu fã número um.

20.

A declaração de ativação matinal

Eu compus uma declaração para você recitar de manhã cedo, enquanto as ruas estiverem calmas para que possa acessar sua chama mais vibrante e seus talentos mais surpreendentes na hora mais tranquila do dia. Enquanto o restante do mundo estiver dormindo, você tem a oportunidade de alcançar um triunfo fundamental: associar-se a seu eu mais puro, cultivar sua força adormecida e recordar o que você vai buscar defender nas próximas horas.

Ao nascer do sol, quando tudo está quieto, e o barulho do dia ainda não começou, você pode acessar um lado livre dos desânimos do passado, que se recusa a ser levado pela negatividade e pela derrota, e que deseja existir de uma forma significativa.

Ler esta declaração *em voz alta* ao amanhecer, com o tempo, reprogramará sua mente consciente e inconsciente e você se verá livre das falsas crenças que o mantêm pequeno e assustado e ficará cheio de pensamentos e sentimentos que forjam o heroísmo cotidiano. E mudará sua maneira de fazer as coisas.

Aqui está:

> Hoje é uma bênção que honrarei, saborearei e aproveitarei ao máximo. O amanhã é uma ideia. O hoje é real. Então escolho vivê-lo com elegância, paciência e de forma imaculada.

Nos próximos momentos, eu me mostrarei como líder, não como vítima. Como originador, não como copiador. Como um visionário, não como um seguidor.

Hoje, escolho ser extraordinário em vez de mediano, e corajoso em vez de tímido. Um herói à minha maneira peculiar, em vez de abrir mão de meus grandes poderes culpando, reclamando e justificando.

A insegurança, a mansidão e o medo da rejeição não poluirão minha produtividade nem prejudicarão minha capacidade de elevar e respeitar as outras pessoas e lhes somar valor.

Neste dia, reservarei tempo para refletir, resistirei a tudo que seja perda de tempo, ficarei no momento presente e realizarei um trabalho que se revelará imprescindível, permanecendo fiel aos meus ideais mais elevados.

Hoje, cumprirei cada promessa que fizer a mim mesmo, defenderei minha esperança, praticarei meus melhores hábitos e realizarei as coisas que me fazem feliz; pois tenho muita felicidade em mim, e não vou mais me desrespeitar mantendo-a aqui dentro.

Nas próximas horas, serei extremamente disciplinado e focado; não confundirei estar ocupado com realizar grandes feitos.

E se eu precisar descansar, não considerarei isso um desperdício, pois entendo que um desempenho Classe A sem verdadeira recuperação leva à degradação de meu talento nato.

Hoje, se eu tiver uma grande ideia, farei questão de tomar algumas medidas para implementá-la. Sei que ideação sem execução é a mesma coisa que nada, e que tornar sonhos incríveis em realidade é um enorme ato de amor-próprio.

Neste dia, serei mais valente, mais otimista e mais gentil que ontem. Entendo que pessoas grandes são aquelas que fazem com que os outros se sintam maiores. E que em meu leito de morte, o que mais importará serão os seres humanos que inspirei, o carinho que entreguei e a generosidade que demonstrei.

Portanto...

Em face de qualquer dúvida, avançarei em meus projetos mais sensacionais e produzirei obras imponentes que resistirão à prova do tempo. Porque sei que a frustração é filha da estagnação e que o progresso constante é um testemunho de meu talento.

Independentemente dos velhos desafios, enfrentarei os novos por vir.

Apesar de qualquer dúvida, continuarei a escalada até meus cumes mais ambiciosos.

Faço mais do que falo, entrego mais do que ensaio, sou mais profissional que amador.

Sei que os monumentos são feitos pedra por pedra. E assim começo. Eu me mantenho focado, ancorado e centrado por muitas horas seguidas, sem me distrair com incômodos.

E fazendo isso, qualquer que seja o resultado, conquisto uma vitória crucial sobre meu eu mais sombrio e sobre a fraqueza que um dia me prendeu.

À medida que continuo fazendo pequenos avanços em direção aos meus ideais mais elevados, meus triunfos me mostram a verdade e a força que há dentro de mim. Essa reconexão eletrifica o relacionamento — antes estragado — com meu eu mais glorioso.

21.

O homem barbudo muito simpático com um boné muito legal

Estou em Roma enquanto escrevo este capítulo. Em breve, estarei na Suécia dando um discurso para líderes empresariais.

Há dois dias fiz uma apresentação sobre liderança para quatrocentos executivos seniores em Dubai. Sei que pode não parecer, mas faço menos palestras hoje em dia. Estou numa época da minha vida em que quero viajar menos, melhorar mais minhas habilidades culinárias e viver mais a vida de escritor. Portanto, estou aproveitando imensamente meu tempo nos palcos.

Ontem, eu estava no elevador do enorme aeroporto de Dubai e um homem estava com um boné bem maneiro. Quando criança, eu andava de motocross, e o logotipo no boné dele era de uma marca legal.

Hesitei em fazer o elogio que queria fazer, com medo da rejeição. (Ah, as alegrias e as maravilhas que perdemos por causa do medo de não sermos bem-recebidos pelos outros! Vou lhe contar uma história sobre meu encontro com a realeza de Hollywood e minha oportunidade perdida em outro capítulo.)

Então, percebi que talvez não tivesse a oportunidade de elogiar o boné daquele homem de novo e fiz o que realmente queria fazer. E daí se eu fizesse papel de bobo? *O maior risco da vida é não correr riscos, concorda?*

"Eu adorei o seu boné", declarei, sem saber a resposta que receberia.

Surpreendentemente, sem qualquer hesitação, ele tirou o boné da cabeça e disse: "Fique com ele, por favor."

No passado, eu teria recusado o presente, por educação (e por não ter certeza de merecer o gesto).

Dessa vez, fiz direito. (De vez em quando, eu faço as coisas direito.) Agradeci sua gentileza incomum com minha sincera aceitação.

Ele sorriu; e foi um sorriso muito generoso. Lindo demais de testemunhar.

Ao sair do elevador, pedi a ele que esperasse um instante.

Abri minha mala de mão e peguei um novo exemplar de *O clube das 5 da manhã*. Costumo levar comigo alguns exemplares desse livro que já transformou tantas vidas para dar aos comissários de bordo que se destacam, ao pessoal do serviço de quarto dos hotéis que realmente se importa e aos motoristas de táxi que compartilham uma boa história durante a viagem. Esse exemplar estava claramente destinado a ele.

Escrevi seu nome, Mohammad, com meus bons votos para ele e gentilmente o entreguei.

Ele sorriu. Magnificamente.

Com meu maravilhoso novo amigo no DXB (sim, esse é o boné que ele adorava, adornando minha cabeça que um dia já teve cabelo)

Incluí essa foto só para compartilhar a magia do que aconteceu entre dois estranhos numa tarde de domingo em um aeroporto lotado.

Sabe, tem muita negatividade, toxicidade e tragédia se desenrolando no mundo neste exato instante. Meu coração se parte ao ver a injustiça, a maldade, a grosseria, a ganância e o ódio em evidência no planeta.

No entanto, também tenho *certeza* de que...

Nunca vi tanta decência sendo demonstrada por tantos heróis do cotidiano.

Fico constantemente *comovido, de brotar lágrimas nos olhos,* pela bondade demonstrada por tantos seres humanos diversos, em tantas nações diferentes.

Eu me sinto visceralmente inspirado pelos atos aleatórios de nobreza que vejo sendo realizados por tantas almas sábias, mesmo quando têm pouco a ganhar para si mesmas.

Aquele homem demonstrou poderosamente o que significa ser benevolente, mostrar boa vontade a um estranho, ser simpático, gentil e altruísta.

Étienne de Grellet, um missionário quaker, escreveu sobre nosso dever de sermos atenciosos com os outros nos seguintes termos: "Passarei por este mundo apenas uma vez. Se, portanto, houver alguma gentileza que eu possa demonstrar, ou qualquer boa ação que eu possa fazer, que a faça agora: que eu não a adie ou a negligencie, pois não passarei por este caminho de novo."

É muito fácil professar que defendemos as virtudes da generosidade e da bondade. Porém, o que torna real a liderança na vida de alguém é *fazer* o que acreditamos ser certo. Esse é o maior ato de heroísmo.

Ainda uso esse boné de vez em quando. Para me lembrar do homem que desejo ser e do meu amigo barbudo do aeroporto de Dubai.

22.

Treine com professores mais fortes

Faço aulas de spinning com uma instrutora muito boa. Ela pedala forte e rápido e incentiva a turma a dar o seu melhor.

Quando comecei a fazer as aulas matinais, há alguns anos, não conseguia acompanhar a aula.

Ficava pensando se o esporte era o ideal para mim (e tive vontade de desistir). Eu não conseguia pedalar no ritmo da turma, acompanhar o pique. (Você teria vergonha alheia só de me ver tentar, todo desajeitado. É sério.)

Eu me sentia deslocado em uma turma aparentemente cheia de atletas excelentes, e me atrapalhava com os movimentos coreografados que a instrutora — educada, mas durona — nos pedia para seguir.

Só que tudo o que achamos fácil agora, um dia já achamos difícil, não é?

E consistência é a Mãe da Maestria, certo?

E persistência gera a longevidade necessária para que nos tornemos lendários.

Assim, engoli meu orgulho, coloquei aquelas sapatilhas de ciclismo e continuei pedalando — aula suada após aula suada —, com um intenso constrangimento, imensa exaustão e óbvia mediocridade.

Mas, enquanto eu insistia, algo inesperadamente maravilhoso e incomumente inspirador — e talvez até de uma beleza genuína (pelo menos aos meus olhos cansados) — começou a acontecer.

As aulas com aquela instrutora forte começaram a ficar um pouco mais confortáveis. Não me sentia mais tão moído às cinco da tarde nos dias em que pedalava. Fui ficando menos desajeitado na bicicleta, mais fluido nas aulas e muito mais corajoso naquela sala escura e cheia de velas.

Semanas e meses iam passando e eu ia pedalando mais rápido. Comecei a entrar no ritmo, e passei a curtir. Muito!

O que estou tentando lhe oferecer ao compartilhar esse cenário pessoal é o seguinte: nós crescemos mais não quando tentamos atingir nosso objetivo de uma vez só, mas quando o tempo todo alcançamos pequenas vitórias que nos convidam a lembrar nossos poderes perdidos e a recuperar nossas forças adormecidas.

O pequeno, consistente e regular sempre vence o fogo e a bravata do início com uma chama gigantesca no final.

Saiba, também, que o crescimento que você atinge em uma área gera crescimento em todas as outras áreas de sua vida. Porque a maneira como você faz uma coisa determina como você faz tudo.

Lembre-se também de que bênçãos notáveis sempre vêm para aqueles que demonstram lealdade excepcional às promessas que fazem a si mesmos.

A história ainda fica melhor.

Nesta ensolarada manhã de sábado em que estou escrevendo este trecho para você, aqui em TriBeCa, na quietude de um quarto de hotel, depois de treze dias escrevendo, longe das demandas, complexidades e distrações que muitas vezes invadem minha vida, fiz uma aula de spinning em outra unidade na mesma academia que frequento onde moro.

Eu não tinha certeza se conseguiria acompanhar o instrutor ágil e em forma que parecia um pop star, ou as pessoas da sala que pareciam campeãs de fitness. Fiquei nervoso e inseguro, da mesma forma que fiquei quando fiz spinning pela primeira vez.

Mas então a música começou. O professor começou a pedalar. As velas tremeluziram. Eu engatei a marcha.

Conforme a aula avançava, comecei a pedalar forte, e mais forte com o passar dos minutos, e me sentia mais feliz a cada música que tocava. Dancei na bicicleta hoje cedo, senti minha alma voar alto e me exercitei como nunca antes. Graças ao treinamento com meu instrutor superforte da cidade onde moro, a aula acabou sendo moleza. Deliciosa e agradável e bem fácil, verdade seja dita.

Nós, humanos, somos criaturas surpreendentes. Totalmente projetadas para nos adaptar, florescer e progredir.

Você, eu e todos os nossos irmãos e irmãs vivos hoje temos uma capacidade natural de experimentar coisas novas, seguir um processo, transcender os desafios e nos aproximar da maestria.

É nesta jornada que obtemos vislumbres preciosos do que de fato somos. É assim que brincamos com Os Deuses de Nosso Crescimento Incremental e dançamos com Os Anjos de Nosso Eu Melhor. Devemos sempre nos dedicar a atividades que nos assustam, pois é lá que nossas dádivas estão.

Quero lhe perguntar uma coisa: *Quando foi a última vez que você fez algo pela primeira vez?*

E se faz muito tempo, o que está esperando?

A pessoa que você era ontem não precisa limitar tudo o que você pode alcançar hoje. Tente algo novo. Isso ajuda você a crescer.

Com um ótimo instrutor mostrando o caminho.

23.

Um alerta vermelho é um alerta vermelho

Para o aniversário de 25 anos de meu filho, planejamos um fim de semana prolongado em Los Angeles, cidade que eu amo.

Íamos assistir ao jogo dos Dodgers. (Não gosto muito de beisebol, mas meu filho gosta, e eu amo meu filho.)

Íamos comer em um restaurante japonês.

Íamos caminhar pelo píer de Santa Monica.

Íamos numa cartomante em Venice Beach.

Eu ia chegar dois dias antes pois tinha umas aparições na mídia e umas reuniões de negócios.

Pouco depois de ele chegar ao hotel, fomos a um restaurante italiano renomado, mas simples. O clima era ótimo, as pessoas eram legais, e o *cacio e pepe* estava gostoso.

Antes de o prato principal chegar, dois homens bem-vestidos entraram na *trattoria* e sentaram bem ao nosso lado.

Eu disse olá e começamos a conversar sobre eventos atuais, nossas cidades favoritas e a comentar sobre o caminhar do mundo.

A certa altura, quando a conversa se voltou para relacionamentos, um dos nossos novos amigos disse algo extremamente esclarecedor que acredito que vale a pena compartilhar com você:

"Um alerta vermelho é um alerta vermelho."

Hummm.

Levei bem mais de cinquenta anos para aprender isso. E do jeito difícil.

"Quando alguém lhe mostrar quem é, acredite", disse a célebre poetisa Maya Angelou.

"Se me enganar uma vez, a culpa é sua. Se me enganar duas vezes, a vergonha é sua", diz o sábio ditado.

Veja, você e eu somos pessoas boas, confiáveis, decentes e atenciosas. Porque somos tudo isso, achamos que todo mundo com quem lidamos nos negócios e na vida pessoal serão iguais. Mas isso não é o caso. Uma grande armadilha da percepção humana é pensar que a maneira como vemos o mundo é a maneira como todos o veem.

Você pode se meter em muitos problemas (e levar anos para sair deles) se cair na armadilha de ver o outro do jeito que quer que ele seja, em vez de ser brutalmente honesto consigo mesmo e vê-lo como é.

O autoengano pode sair muito caro. Mentir para si mesmo porque quer acreditar que encontrou a pessoa que sempre quis como funcionário, amigo ou amante pode partir seu coração, atrapalhar sua felicidade e destruir sua paz de espírito. (O preço mais alto de todos.) Até mesmo para sempre, se não tomar cuidado.

Veja, sou um esperançoso eterno. Faz parte da minha natureza buscar apenas o que há de melhor nas pessoas. O poeta alemão Johann von Goethe escreveu: "Trate as pessoas como se fossem o que deveriam ser e você as ajudará a se tornar aquilo que são capazes de ser." Fiz o meu melhor para me manter fiel às suas palavras por muitos e muitos anos. As pessoas se elevam para atender às nossas expectativas em relação a elas. Muitas vezes.

Mas nem sempre.

Algumas pessoas se encontram gravemente feridas. Costuma não ser culpa delas, foram traumatizadas por acontecimentos difíceis, marcadas por tragédias terríveis e traídas inesperadamente.

Elas merecem nossa compreensão, nossa empatia e nossos melhores desejos.

Mas isso não significa que, sabendo disso, seja de seu interesse tornar uma pessoa dessas seu parceiro de negócios, amigo ou cônjuge. Porque as pessoas que estão sofrendo muito costumam machucar os outros, e quem sofre uma dor intensa pode também causar dor intensa.

É praticamente certo que essas pessoas devastarão sua criatividade, sugarão sua produtividade e esgotarão sua energia.

Porque elas não conseguem deixar de ser como são. Desejar que os alertas vermelhos fossem sinais verdes é só uma ilusão e tolice.

Claro que você pode continuar vendo o que essas pessoas têm de melhor e as amando. Mas de *longe.* Seres humanos continuadamente bem-sucedidos agem com base na verdade, mesmo quando isso os decepciona.

24.

O capítulo mais curto da história da criatividade?

"Quanto tempo leva para fazer uma obra-prima?", perguntou o aprendiz ao mestre.

"Quanto for necessário", foi a resposta. "E não pare até que a mágica aconteça. Caso contrário, melhor nem começar."

Empenhar-se ao máximo não é nada fácil. Exige que você desenvolva extrema paciência com o processo, que vá mais a fundo, extraia sua grandeza e encare seus medos.

No entanto, se prosseguir até o fim, você se tornará uma pessoa totalmente nova. A confiança, a experiência e o respeito próprio adquiridos na realização do projeto durarão a vida inteira.

25.

A hipótese do transgressor

Preocupar-se demais com a logística mantém você preso à lógica — um lugar de grandes restrições, em vez da ilimitação de sua genialidade desenfreada. Toda obra-prima é criada em um estado de grande abandono, não de razão fria. Foque no *quê* e o *como* se revelará.

A obsessão com a perfeição pode ser um grande inimigo da criatividade e um caminho que fará com que você nunca ofereça uma obra surpreendentemente boa à humanidade.

Preocupar-se demais com o que as pessoas pensam sobre seu empreendimento visionário — esse que está inundando você de energia — é uma excelente maneira de garantir que você não faça nada importante.

O que estou realmente sugerindo é que o talento artístico, a engenhosidade e as promessas que você faz exigem que assuma sua natureza renegada, dando início a uma rebelião contra suas lealdades intelectuais. Sua alteza pessoal pede que você ative seu excêntrico interior e levante sua bandeira esquisita no barco pirata que vai comandar nos oceanos desconhecidos de seu potencial.

Seja um revolucionário. Lance sua campanha contra tudo aquilo que é normal, chato e nada fascinante. Invada os recessos de suas brechas criativas que as pressões e as tolas distrações da vida diária colocaram em confinamento.

Quebrar as regras que as convenções de seu ofício lhe ensinaram é o único caminho para a eminência. Destaque-se da multidão. Afaste-se do rebanho. Sua reputação como líder de mudança, seu destino como criador de movimentos e a alegria e o poder ético que procura dependem disso.

Não seja mediano. Nunca. Quando produz um trabalho que faz você feliz, o nosso mundo cansado fica com um pouco mais de vida, mais lindo e espiritualmente sensato.

É claro que, quando se é assim, muitos não o compreendem, o desvalorizam, o criticam e, talvez, até o insultam por exibir seu verdadeiro brilhantismo descaradamente. Quando isso acontecer, lembre-se destas palavras de Winston Churchill: "Você nunca chegará a seu destino se parar para atirar pedras em cada cachorro que late."

Quando penso em superestrelas criativas, logo nomes como Copérnico, William Shakespeare, Coco Chanel, Walt Disney, Hedy Lamarr, Philippe Starck, Jean-Michel Basquiat e Salvador Dalí me vêm à mente.

Em um dos ateliês de Dalí

Quando penso nos incríveis luminares e inovadores da indústria, eu me lembro...

... de que Miles Davis copiou seus heróis, Charlie Parker e Duke Ellington, até desenvolver a habilidade (e ainda mais importante, a confiança) para correr a própria maratona e criar o próprio estilo como trompetista.

... do desfile de moda de Alexander McQueen, no qual a modelo Shalom Harlow surgiu na passarela e, no meio, foi toda pulverizada por compressores de tinta que criaram um vestido hipnotizante em seu corpo. O público foi à loucura ovacionando o vestido que agora é eterno.

... da imprensa de Johannes Gutenberg, que transformou radicalmente o mundo, permitindo a difusão de ideias por meio de livros. Antes disso, a publicação de um grande número de livros para a leitura de muitos era considerada impossível.

... de *A impossibilidade física da morte na mente de alguém vivo,* aquela obra-prima inesquecível do artista inglês Damien Hirst, que mostra um violento tubarão-tigre morto, boiando em um tanque de formaldeído. A criatura foi capturada na costa de Queensland, na Austrália, por um pescador pago para isso. Suas únicas instruções eram pegar um tubarão "grande o suficiente para que o coma".

Toda verdadeira arte — trabalho inspirado que desafia suposições, expande possibilidades e dá a você e a mim a permissão para nos tornarmos os rebeldes criativos que secretamente desejamos ser — começa com uma percepção pioneira da realidade.

Minha crença fortemente arraigada é esta: *a criatividade exponencial demanda anormalidade. E exige que fujamos da companhia do comum.*

Para materializar seu talento primordial, é preciso ver as oportunidades que existem do outro lado dos grilhões da normalidade.

Para dominar sua área e criar um trabalho que beire o incendiário, você precisa se comprometer a respeitar sua estranheza e a derrubar com firmeza as tradições que seus professores lhe ensinaram que são essenciais para vencer.

Para revelar sua nobreza imaginativa e atuar no fio da navalha de seu talento, passa a ser uma necessidade lutar contra o *status quo,* operar dentro de outra órbita de inventividade e *subverter as regras* que existiam antes de você entrar nessa área para a própria mistificação, visão misteriosa e milagrosa de um amanhã muito mais interessante.

Isso me faz pensar nas palavras que li depois de visitar a bizarra casa de Dalí, na pequena vila de pescadores Cadaqués, durante uma viagem de palestras pela Espanha: "Não entendo por que, quando peço lagosta grelhada em um restaurante, nunca me serviram um telefone cozido."

Exatamente.

Os pincéis do grande mestre

26.

Seja corajoso como Swifty

Sem um alto grau de autoconfiança, você nunca terá determinação suficiente para transformar suas fantasias tácitas em realidade cotidiana. Nem a coragem necessária para manter seu entusiasmo quando as coisas ficarem complicadas. E, pode acreditar, as coisas ficam complicadas.

Isso me faz pensar em Irwin "Swifty" Lazar, o icônico superagente de Hollywood.

No início da carreira, Irwin estava jantando com um astro que queria representar.

Ele encontrou o renomado cantor Frank Sinatra no banheiro e lhe disse, todo animado, que era um grande fã. O cantor, então no auge de sua fama, tentou afastar Swifty. Mas o jovem tinha *chutzpah*, uma palavra em iídiche que quer dizer coragem e ousadia supremas. Insistiu em conversar com Sinatra com a intenção de criar uma conexão real com ele.

Por fim, Sinatra baixou a guarda e foi simpático com o agente novato.

"Você poderia, por favor, ir até minha mesa cumprimentar uma pessoa?", perguntou Swifty, cortês.

"Não posso, quero ficar com meu pessoal", disse Sinatra.

"Eu lhe agradeceria muito, sr. Sinatra", pressionou Swifty. "É muito importante para mim. E o senhor vai gostar de conhecer a pessoa com quem estou jantando."

Depois de uma longa pausa, Sinatra disse: "Tudo bem. Vou em trinta minutos."

Cerca de trinta minutos depois, à vista do público, o ilustre Frank Sinatra passou por entre as mesas, iluminadas pela luz de velas, cheias de celebridades, líderes políticos e magnatas dos negócios, direto para onde Swifty Lazar estava sentado.

Ele deu um tapinha no ombro de seu mais recente conhecido e, com um amplo sorriso, disse em voz alta: "Olá, Swifty!"

O jovem ergueu o olhar e respondeu imediatamente: "Agora não, Frank."

Devidamente impressionado, o outro astro assinou com o agente novato naquela mesma noite. E Swifty Lazar entrou para a história por sua bravura.

27.

Um professor chamado trauma

O sofrimento é uma escola, e o trauma é um professor.

A mensagem predominante que recebemos daquelas pessoas que nos mostram como o mundo funciona é que o trauma é o reino dos quebrados, machucados e derrotados.

Dizem que isso só se aplica a quem viveu em uma zona de guerra ou sofreu um ato aleatório de violência, ou quem foi abusado sexualmente, espancado quando criança ou perdeu subitamente alguém a quem amava.

Mas não é verdade. (E nenhum humano está quebrado; estamos todos apenas feridos, em diferentes graus.)

Parte do que preciso compartilhar com você enquanto escrevo este capítulo importante é que...

Todo mundo passa por traumas.

O fato de você estar vivo significa que acumulou traumas, porque é inevitável na jornada que todos nós fazemos entre o nascimento e a morte.

Sim, algumas pessoas são atingidas pelas dificuldades da vida com mais força que outras e vivenciam os eventos trágicos listados acima. Essas pessoas suportam o que chamo em minha metodologia de mentoria de "macrotraumas". É coisa séria, as feridas são profundas e difícil de serem curadas.

Outras almas igualmente boas escapam um pouco mais facilmente — enfrentam "microtraumas", como gritos de um motorista furioso, brigas com o cônjuge ou a perda de um negócio para um concorrente indigno.

Mas a verdade é que ninguém sai vivo. (Obrigado, Jim Morrison.)

Bem, vamos mais a fundo.

Trauma não é um palavrão a ser evitado em jantares elegantes e em conversas educadas.

Não. De jeito nenhum.

O trauma sempre foi o meu melhor professor. Ele me abençoou com a capacidade de navegar pelas adversidades com elegância, e me ajudou a acessar a criatividade esquecida que infundiu meu ofício, fez com que eu me tornasse mais sensível e humilde e derrubou a barreira que antes protegia meu coração mole.

Eu não seria o criador, pai, parceiro, irmão e filho que sou hoje sem o benefício dos tempos difíceis que a Sorte colocou a dedo em meu caminho. Garanto que se você explorar os traumas que traz consigo para seu avanço artístico, crescimento emocional e liberdade espiritual, essa será sua melhor escola. *O trauma acontece a seu favor, nunca para seu fracasso.*

Aprender a se curar, para descongelar sentimentos reprimidos e processar a dor armazenada de suas feridas antigas com certeza liberará seus poderes mais especiais, seus dons mais grandiosos e seu eu mais sábio. Essa prática profunda para purificar seu coração também é um ato soberano de amor-próprio. Porque você se torna um ser humano mais saudável, feliz e livre.

Desbloquear e deslocar traumas passados não é um passatempo para os fracos. Não é leviano, irrelevante, nem uma perda de tempo. Na verdade, é uma prática de guerreiros sábios e genuínos construtores do mundo. Esse processo de cura é a melhor forma de garantir que a sua vida seja bem-sucedida, alegre e pacífica.

Lidar com suas mágoas enterradas e dissolver emoções reprimidas é muito prático e espetacularmente relevante para uma vida Classe A que se eleva, serve e conhece sua força mais sublime. É o trabalho que vai torná-lo mais próspero, mais otimista e o fará ter um desempenho melhor. Isso vai acontecer com toda a certeza, mesmo que pareça que não.

A prática de limpeza emocional profunda aumentará sua criatividade porque o trauma deforma o cérebro, e trabalhar suas dores antigas otimiza a cognição. Interessante, não é? O estresse provocado por eventos difíceis que foram empurrados para seu inconsciente causa grandes bloqueios perceptivos, impede a liberação completa de neurotransmissores (como a dopamina e a serotonina) que são essenciais para o pico da arte e, na verdade, reduz a conexão ideal entre os hemisférios direito e esquerdo de seu cérebro. Livre-se da dor, da raiva, da tristeza, da culpa, da vergonha e do arrependimento do passado que você carrega como um peso nas costas e desperte a possibilidade que antes estava escondida de seu campo de visão.

A cura do coração também garantirá que você libere toda a sua vitalidade. Apegar-se ao trauma é muito desgastante e drena sua inspiração natural. Um dos resultados de ignorar o que chamo de "cicatrizes acumuladas" é que você vive praticamente em um estado de sequestro límbico, quando o cérebro de sobrevivência do sistema límbico monopoliza seus pensamentos e os coloca no modo "luta, fuga ou paralisação". Você perde a capacidade de gerenciar racionalmente qualquer ameaça (real ou percebida) à medida que seu córtex pré-frontal (a sede do pensamento superior) é dominado pela amígdala, a parte menos evoluída e mais primitiva de seu cérebro.

Hormônios do estresse, como adrenalina e cortisol, são liberados e desencadeiam emoções como medo, ansiedade e raiva. Note que, quanto pior a ferida do passado, mais intensa será a resposta atual quando for ativada. Você sempre pode saber o tamanho de seu trauma (ou de outra pessoa) pelo grau da reação exagerada. Se for histérica, é histórico.

O cônjuge que se enfurece por causa do leite derramado regrediu a uma idade mais precoce e está vivendo a dor sufocada do passado. O chefe que abusa dos funcionários e sabota os parceiros de negócios está apenas revelando o peso da própria bagagem. O motorista que para o carro e ameaça brigar porque acha que você o cortou está sendo conduzido pelo Campo de Ferida que mencionei anteriormente, composto por todos os traumas invisíveis coletados que permitiu permanecer em seu âmago.

Certa vez, eu me sentei ao lado de um executivo sênior em um avião, e ele me pediu para trocar de lugar. Quando eu disse que queria ficar onde estava, ele começou a chutar a minha pasta. Ainda jurou que "daria um jeito em mim" quando pousássemos. É isso o que acontece quando alguém não supera e abandona os danos emocionais. Curar as feridas de seu coração garantirá que você não ataque mais nem desconte seus sentimentos naqueles que não lhe fizeram nada.

Tratar seus microtraumas e macrotraumas também vai fazer com que sua saúde tenha uma melhora significativa. O trauma e a resposta diária ao estresse que ele insere em seu sistema fazem com que a vida focada na crise seja seu padrão, o que, por sua vez, reduz sua imunidade e aumenta a inflamação, e você fica mais suscetível a males potencialmente fatais, como diabetes, ataque cardíaco, acidente vascular cerebral e câncer. Sua dor emocional deve ser processada para que a arquitetura de seu coração produza menos toxicidade e mais da maravilhosa neuroquímica que melhorará sua fisicalidade e lhe dará longevidade.

Ao otimizar sua vida emocional, os níveis de felicidade, gratidão e capacidade de *sentir* em vez de intelectualizar os milagres da vida seguirão o mesmo padrão. O trauma faz com que o ser humano dissocie de seu corpo e passe a viver como uma máquina intelectual. Antes de começar a fazer esse trabalho de cura, eu *pensava* no espetáculo do nascer do sol e *raciocinava* sobre a beleza de uma obra de arte, em vez de *senti-la* e *habitá-la*. Reengajar seu coração e reativar seus sentimentos é uma forma completamente diferente de existir, eu garanto.

Você começa a usar sua mente para atividades nas quais ela é boa e, ao abrir o *coração*, experimenta plenamente o prazer de tudo na vida.

O que estou querendo dizer é que o trauma congelado é responsável pelo afastamento da intimidade humana com sua vivacidade emocional e por uma introspecção. Isso é um mecanismo de defesa. Fugimos de nossos sentimentos como uma resposta ao trauma porque não desejamos reviver uma dor antiga quando ela é desencadeada de novo por um evento atual.

Dessa forma, estabelecemos uma série de fugas e desvios destinados a evitar nossas emoções, como o excesso de trabalho, as drogas ou o abuso de álcool. Ou os vícios digitais e as distrações nas redes sociais. Começamos a viver a vida em busca de atenção e não como trabalhadores mágicos. Então nos perguntamos por que nunca sentimos aquela felicidade intensa de que ouvimos falar que faz parte da vida humana.

Muitas pessoas, quando se deparam com dificuldades ou tragédias, sofrem com transtorno de estresse pós-traumático (TEPT). Mas se exercermos nossa sabedoria e fizermos escolhas difíceis, cada um de nós tem a capacidade de explorar os contratempos em benefício da transformação pessoal. A batalha pode ser usada para o CPT: crescimento pós-traumático. Basta observar os homens e as mulheres mais importantes do mundo. Gente como Nelson Mandela, Madre Teresa, Mahatma Gandhi e Martin Luther King Jr. Essas almas iluminadas tinham uma coisa em comum: sofreram muito mais que o normal. Todavia, em vez de permitir que as adversidades as derrubassem, aproveitaram-nas para se refazer. Para crescer. Para recordar sua mais alta virtude moral e seus maiores méritos espirituais. Para converter uma dor devastadora em um poder descomunal.

Em um próximo capítulo, mostrarei táticas e ferramentas capazes de libertar emoções reprimidas, para que você possa atingir sua grandeza e ativar os dons ilimitados de seu coração.

Por enquanto, lembre-se apenas de que o trauma, se usado a seu favor, pode ser a porta de entrada para seu eu mais verdadeiro, criativo e heroico. Portanto, veja-o como um professor. Por favor.

28.

O mantra do construtor de pessoas

Esta é uma história real...

Era uma vez um café que tinha uma gerente muito boa.

Ela realmente se importava com os clientes.

Cumprimentava a todos com alegria e educação.

Garantia que os produtos disponíveis fossem os melhores da comunidade, com preços justos, e que seus funcionários fossem sempre simpáticos.

A cliente favorita dessa gerente era uma mulher que havia sido professora. Ela tinha cerca de 80 anos, sempre estava com roupas impecáveis e bastante charmosa.

Todo dia a senhora ia ao café de mãos dadas com um idoso, seu marido, a quem parecia amar muito, muito mesmo.

Juntos, eles percorriam o café sem pressa e se dirigiam ao balcão e pediam sempre a mesma coisa: duas xícaras de café e um bolinho com dois garfos, para que o pudessem dividir.

Então, eles se dirigiam à sua mesa habitual e conversavam.

Porque...

Conversar faz parte dos negócios. Se deixar de conversar com seus colegas de equipe, clientes e fornecedores, você perderá seu negócio.

Uma vida familiar esplêndida é uma conversa. Se negligenciar isso porque está o tempo todo mexendo em seus dispositivos eletrônicos, assistindo muito à televisão ou trabalhando o tempo todo, provavelmente perderá sua família.

Ser um herói do cotidiano começa com uma conversa consigo mesmo, sobre quem você deseja ser e o que promete fazer pelo mundo. Deixe de conversar com seu eu melhor e perderá a intimidade com sua autenticidade.

Bem, voltemos ao café.

Um dia, a gerente se deu conta de que sua cliente preferida não estava mais passando no café. Ficou bastante preocupada, porque ela realmente se importava.

Umas semanas depois, viu a mulher na fila de um banco. Mas já não estava toda impecável nem extraordinariamente descontraída.

Não.

Ela estava desgrenhada, parecia confusa e assustada.

"Aconteceu alguma coisa?", perguntou a gerente.

"Meu marido. Ele teve um AVC há algumas semanas e morreu. Não sei o que fazer, não sei para onde ir. Não sei se vou aguentar."

A gerente disse com voz baixa e gentil, depois de um momento:

"Por que não volta ao café? Tome uma boa xícara de café, sei que isso vai fazer a senhora se sentir melhor."

"Mas com quem eu tomaria o café?", perguntou a mulher, a voz trêmula.

"Eu vou tomar café com a senhora", disse a gerente. "Será um prazer."

Assim, os dois seres humanos, em um mundo que precisava flagrantemente de mais humanidade, voltaram para o café, onde a cliente pediu o de sempre: duas xícaras de café, um doce e dois garfos.

E essas duas pessoas conversaram.

Maya Angelou escreveu esta pérola de sabedoria certa vez: "As pessoas podem esquecer o que você diz e faz, mas jamais esquecerão como você as fez sentir."

Portanto, edifique as pessoas. Nunca coloque-as para baixo.

Ajude a quem precisa. Se não tiver algo de bom para dizer, não diga nada. Trate todos com cortesia e gentileza. Sei que parece antiquado, mas isso sempre foi muito bom, em muitos aspectos.

Deixar todas as pessoas que você conhece melhores do que as encontrou, e se sentindo melhores, é uma maneira fantástica de viver. Além de um bom mantra para nos guiar.

29.

As sete ameaças para pessoas Classe A

Vou lhe mostrar, em breve, as sete principais vulnerabilidades que fazem com que criadores, líderes, empreendedores, atletas e fundadores de movimentos potencialmente lendários *não* cumpram suas promessas. Este é um dos capítulos mais valiosos do livro.

O ponto de partida é a seguinte máxima: *O verdadeiro objetivo da maestria não é alcançar o nível lendário, mas sim se manter nele.*

O principal objetivo de um verdadeiro herói do cotidiano não é apenas criar as condições que lhe permitam realizar suas aspirações mais elevadas. É se *manter* — e, claro, melhorar — nesse estado ideal durante o restante de sua vida.

Fantástico se você fizer o que for preciso para chegar ao nível Classe A. Mas o foco principal precisa ser o de *permanecer* lá. A simetria da maestria com a *longevidade invulnerável* é o que faz um ícone. Poucos elementos tornam você mais invencível e útil para muita gente que permanecer no topo de sua área por mais tempo que qualquer outro colega seu.

Pois bem, como você pode proteger a preeminência que gera para que ela perdure? Simples: tome consciência das sete *ameaças para pessoas Classe A*, e com essa nova consciência das armadilhas que você enfrentará, poderá optar por se fortalecer contra elas.

Dê uma olhada na seguinte estrutura de aprendizagem:

AS SETE AMEAÇAS PARA PESSOAS CLASSE A

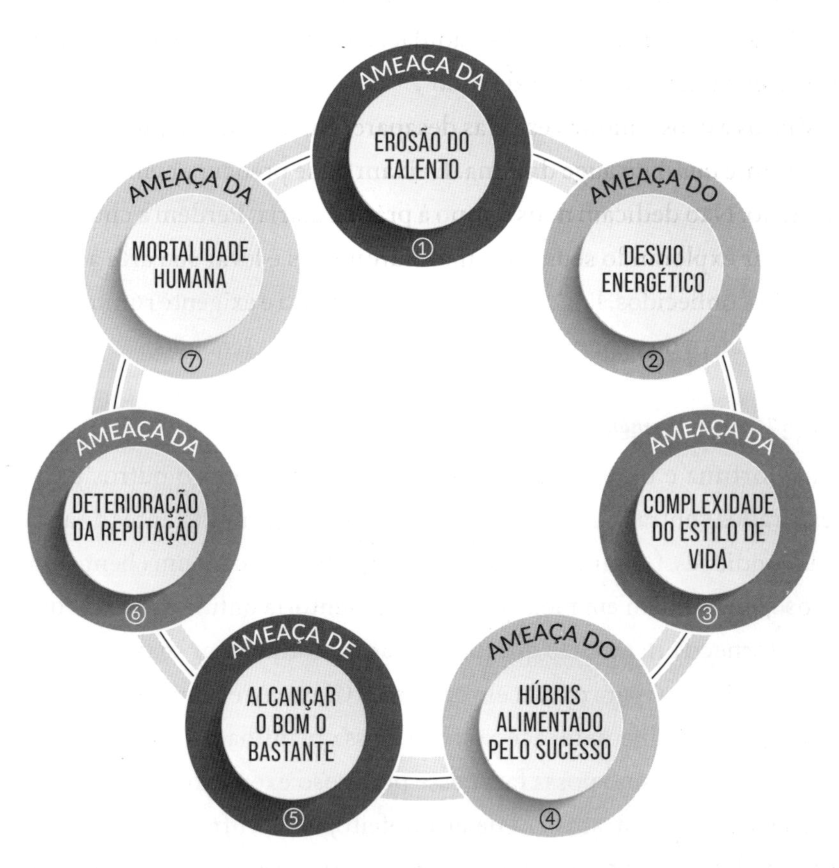

Com base em mais de um quarto de século ajudando muitos dos principais empresários, economistas, atletas profissionais e astros de cinema do mundo não só a se tornar os melhores, mas também a manter sua posição de importância, eu desconstruí os perigos que você pode enfrentar. Em sua ascensão à maestria, você enfrentará as sete ameaças seguintes:

Ameaça 1: Erosão do talento

Nossa, esta ameaça é uma destruidora total de talentos. Pense naquele gigante musical que é o número um no mundo todo, ou naquele ator que ganha um Oscar. É uma conquista incrível. Mas o que acontece, mesmo tendo alcançado esse ápice, é que as habilidades que os levaram até lá começam a atrofiar. A intensidade do desempenho e da produtividade exigida para chegar a estar entre os melhores do mundo os deixa exaustos. Todos os holofotes, os aplausos e toda a adulação os deixam esgotados, e muitas vezes com vontade de "fugir de tudo".

Muitos astros e muitas estrelas desaparecem da vista do público (às vezes durante *anos*) no auge da fama. Deixam de se preocupar em evoluir em seu ofício. Não dedicam mais tempo à prática diária. Perdem a chama para continuar explorando seus dons mais luminosos e levar sua arte a lugares ainda desconhecidos. Por conta da jornada intensa e exigente rumo ao nível Classe A, além da experiência do estrelato, ficam extenuados.

Ameaça 2: Desvio energético

Fama, fortuna e o poder de influência carregam consigo outros perigos inesperados contra os quais seria sensato se proteger muito antes de atingir essas condições. (Quando trabalho individualmente com um cliente muito famoso, ou também em meu currículo de mentoria online do Circle of Legends, forneço um modelo que permite ao líder trabalhar suas "Ameaças e Vulnerabilidades" para operar em empresas Classe A, e também seus "Eixos e Proteções". Eu lhe darei acesso total a essa planilha no fim do capítulo, para que você mesmo possa fazer esse poderoso exercício.)

Ao viajar pela estratosfera de ar rarefeito, você enfrentará ataques entusiasmados de críticos invejosos e trolls furiosos só porque você subiu a tais alturas. Seu sucesso desencadeia a dor deles pois percebem que não atingiram o próprio potencial. Além disso, provoca a autoaversão por não terem realizado os próprios sonhos. Se você não tomar cuidado, essas pessoas sugarão sua energia.

Além disso, conforme for ascendendo, você receberá exponencialmente mais convites para buscar oportunidades incríveis (que não têm nada a ver com seu lugar ideal). Atrairá novos amigos que vão querer estar com você só porque é legal ser visto ao seu lado. Talvez enfrente ações judiciais de parceiros de negócios que querem seu dinheiro, e problemas de relacionamento decorrentes do fato de ter dedicado tanto tempo a realizar suas ambições hipnotizantes, negligenciando outras partes de sua vida.

Já vi tudo isso acontecer com muitos clientes meus. Por isso estou lhe contando como é. Com tudo isso para resolver, imagine o que acontece com a energia criativa, produtiva e de desempenho que fez a grandeza acontecer? Por favor, pense bem em como vai administrar tudo isso antes de chegar ao cume de seu Monte Everest particular.

Ameaça 3: Complexidade do estilo de vida

Relacionadas à Ameaça 2 estão as camadas de complicações que qualquer realizador Classe A deve enfrentar no que diz respeito a seu estilo de vida. Quando um artista está começando, ainda anônimo, muitas vezes tem uma pureza de foco excepcional. O empreendedor iniciante vive praticamente só focado no crescimento dos negócios. O atleta profissional que ainda não é campeão passa os dias praticamente só treinando, comendo, treinando e dormindo. O brilhante músico, antes do virtuosismo e da adulação, mora em um estúdio espartano, come macarrão e trabalha a noite toda para gerar a magia que acabará entretendo milhões de pessoas.

Mas quando a empresa vira um unicórnio de capital aberto (e seu fundador, um multibilionário) e as habilidades do atleta fazem dele um ícone, e os dons do músico o transformam em uma sensação global, *tudo* fica mais complexo. O grande fluxo de dinheiro muitas vezes vai para a compra de casas, carros, viagens em jatos particulares e uma comitiva de agentes, seguranças e outros funcionários (que devem ser pagos), tudo com base na *falsa* suposição de que o sucesso que estão vivendo será duradouro.

Mas isso é raro, e muitas pessoas outrora bem-sucedidas acabam na falência.

Preciso repetir isso porque é extremamente importante: uma das maiores armadilhas do estrelato é a crença de que "uma vez bem-sucedido, sempre bem-sucedido". Muitas pessoas proeminentes chegam ao ápice e acham que, por estarem no topo, nunca poderão ser tiradas de lá. Elas caem na armadilha psicológica de acreditar que, como estão ganhando agora, sempre ganharão; como estão vendendo muitos álbuns, sempre venderão muitos álbuns; como estão gerando muito dinheiro, sempre ganharão muito dinheiro. Então, param de melhorar, param de economizar, param de acordar cedo, param de se exercitar e param de conduzir a vida com excelência. Isso, em geral, leva ao desastre.

Ameaça 4: Húbris alimentado pelo sucesso

Talvez o erro mais comum que vejo em alguns luminares com quem trabalho seja a arrogância. A inflação bruta do ego humano é um dos maiores ossos do ofício do líder Classe A, seja na área de negócios, esportes, artes e ciências, ou na política.

Minha impressão é que, com toda essa fortuna, com todas as realizações de elite e as pessoas dizendo que você anda sobre as águas, seu ego é alimentado até o ponto da arrogância. A definição de "Húbris" é orgulho em excesso, altivez. Cair na arrogância é também um erro que a maioria das empresas bem-sucedidas comete. Elas esquecem que os clientes são os verdadeiros chefes e ignoram o fato de que a concorrência pode torná-los irrelevantes *em um instante* se pararem de inovar, de proporcionar benefícios extremos e de encantar as pessoas que os mantêm no negócio; e se estiverem mais interessados em ter um edifício inteiro de escritórios com o nome da empresa que em enriquecer seus clientes.

A mesma coisa pode acontecer com atletas campeões e detentores de títulos. Eles se apaixonam pela vitória e acham que, como o champanhe foi derramado sobre sua cabeça na noite da vitória monumental, o troféu do campeonato do ano seguinte já está no papo.

Começam a faltar aos treinos, a ser grossos com os fãs, a brigar com os colegas, a beber demais, a comer demais, a jogar demais, e então, não conseguem manter o foco na evolução do talento que lhes rendeu a vitória. Perdem o que eu chamo, em meu currículo de mentoria, de "a mentalidade do trabalhador" e a "mentalidade do faixa branca" que os tornou mestres. (Penso no capitão de um time vencedor do campeonato da NBA enquanto escrevo isto. Em vez de tirar férias no verão, como é padrão no jogo, ele apareceu *no dia seguinte a seu triunfo* às cinco da manhã para começar o treino. E começar o processo de se tornar ainda melhor.)

Ameaça 5: Alcançar o bom o bastante

Para chegar ao topo, é necessário fazer o que praticamente ninguém faz. (Lembre-se de minha tatuagem no cérebro: *para ter o que apenas 5% da população tem, você deve estar disposto a fazer o que 95% da população não está disposta a fazer.*) Trabalho extremamente árduo (uma ética de trabalho inesquecível supera o talento natural todos os dias da semana), muitos sacrifícios (que nem parecem sacrifícios porque você ama muito o que faz), implantação de hábitos excepcionais, ter de lidar com difamadores e sempre encontrar soluções para os problemas é a taxa de entrada que deve pagar para ser admitido nos corredores silenciosos (e quase vazios) da maestria em sua área de atuação.

É óbvio que as recompensas fazem valer a pena. E, sem dúvida, o fato de a jornada para alcançar o nível Classe A e a vivência de seus ideais heroicos *transformarem você como ser humano* é um tesouro mais valioso que todos os diamantes de uma mina.

Outra grande ameaça que você enfrentará quando estiver próximo do auge do sucesso é que começará a desacelerar. É certo que você experimentará esse fenômeno. Você realizou mais do que qualquer pessoa que conhece. Alcançou resultados mais impressionantes do que imaginava. É praticamente intocável em termos de ofício, renda, estilo de vida e impacto. Uma grande parte sua se sentirá tentada a simplesmente curtir os frutos de seu trabalho. Você vai querer jogar mais golfe ou viajar durante a maior parte do ano ou se acomodar no nível de desempenho em que se encontra. Pode até permitir que a ideia fatal de aposentadoria entre em sua órbita energética. (Por favor, nunca se aposente, eu imploro. Isso o fará envelhecer e diminuirá o brilho de sua luz.)

Veja, se você pensa e se sente dessa forma no auge de seus poderes, por mim, tudo bem. A vida é sua. E, na verdade, um caminho não é melhor que outro. Mas aceitar o que é bom o bastante não o manterá no ar rarefeito de grande mestre. O que significa que, na minha opinião, você nunca chegará a ser *lendário*.

Ameaça 6: Deterioração da reputação

Quando você atingir o auge em sua área, as pessoas farão de tudo para derrubá-lo. Os concorrentes invejosos colocarão um alvo nas suas costas, os difamadores terão raiva de você por ter conseguido o que não conseguiram, inventarão motivos para criticá-lo e surgirão do nada. Esteja preparado para isso. Saiba que isso não acontece porque você fez algo errado. *É um sinal de que você fez tudo certo*. Esteja ciente de que há uma grande chance de que pessoas mal-intencionadas tentem degradar sua reputação conquistada com dificuldade e manchar seu bom nome conquistado com esforço.

Recomendo se planejar para essa ameaça e se proteger da melhor forma possível. Porque se perder sua reputação, perderá um dos seus principais ativos. O outro cenário a ser considerado é o caso de que, devido a todo o seu sucesso, seu ego consuma seu bom senso e você realmente faça uma bobagem. Isso destruirá sua posição elevada.

Repito: pense em tudo isso para evitar essas armadilhas nas quais, pessoalmente, testemunhei a queda de tantos artistas supremos.

Ameaça 7: Mortalidade humana

Vamos todos morrer. *A chave é adiar a morte pelo maior tempo possível*. Imagine aplicar os mais recentes avanços científicos na área de longevidade da vida, junto a hábitos testados pelo tempo, como exercícios matinais, meditação diária, exposição ao frio, sauna e fototerapia, banhos de floresta, jejum intermitente, massagem terapêutica, acupuntura e suplementação nutricional e ser sua versão mais saudável; para que, por meio do poder transformacional da epigenética, você calibre sua longevidade e tenha muitos, muitos, muitos anos a mais para evoluir em sua maestria, aumentar sua riqueza, servir à sociedade e desfrutar das recompensas pessoais que ganhou em sua ascensão e em uma vida inteira de sucesso monumental.

***

Pois muito bem, aí estão eles: os principais perigos para a maestria sustentada em sua área de atuação. Convido você a reler *As sete ameaças para pessoas Classe A* e depois desconstruir a estrutura e construí-la da maneira que melhor se aplica a você. Em minhas sessões de estratégia, muitas vezes penso em como quero que as coisas sejam daqui a cinquenta anos. Depois, faço a engenharia reversa de tudo e anoto detalhes meticulosos em um quadro branco. Até hoje.

Acesse a planilha que meus clientes consideram tão valiosa aqui: TheEverydayHeroManifesto.com/7ThreatsWorksheet.

Espero que isso seja útil para a proteção e amplificação de seu estrelato. Por toda a vida.

30.

Espere ingratidão

Por favor, não me considere um cínico. Mas é que eu me condicionei mentalmente a esperar a ingratidão.

Vou explicar o que quero dizer.

No clássico do pensamento positivo de Norman Vincent Peale chamado, bem, *O poder do pensamento positivo,* o ministro incessantemente otimista nos incentiva a "esperar a ingratidão".

Pelo que entendo, o que ele quer dizer é que a maioria das pessoas nunca dará valor de verdade à sua bondade e gentileza. Isso não é da natureza humana. (No atual estágio de evolução de nossa espécie.) Então, por que perder a paz de espírito e a valiosa energia criativa na esperança de recebê-lo?

Em outras palavras: *evite virar um colecionador de injustiças.* Essa maneira de ver o mundo só derruba e destrói você.

Aceite o fato de que a maioria das pessoas foca no que *não* recebeu, e não em tudo que você lhes deu, e só se lembram do que *não fez* por elas, em vez de recordar a riqueza de generosidade que teve com cada uma delas.

Lembre-se de que a falta de apreço, de boas maneiras, de graça, de compaixão ou de senso de justiça dos outros não tem *nada a ver com você,* e tudo a ver com eles. As pessoas tratam aos outros como tratam a si mesmas. Então, por que se submeter a isso?

Seja fiel a seus instintos morais. Mostre as virtudes da positividade, honestidade, boa vontade, excelência, humildade, perdão e respeito a todos, com uma compreensão clara de que poucos reconhecerão sua integridade e caráter imaculado.

Faça o bem, independentemente.

31.

A vez em que eu fui deixado sozinho no cume de uma montanha

Eu não seria capaz de inventar certas coisas que aconteceram em minha vida.

Talvez você ria de mim quando ler o que vou compartilhar, mas tudo bem, se minha história servir para sua ascensão a seu modo mais elevado de operação.

Pois bem...

Quando eu tinha quarenta e poucos anos, tive a ideia de ser instrutor de esqui profissional. Sempre adorei montanhas e a ideia de esquiar com certa habilidade era muito sedutora para mim.

Para dar vida a essa ambição, eu me matriculei em um curso semanal com um mentor maravilhoso e pratiquei bastante para melhorar. O progresso foi lento, mas constante.

Depois de dois anos de curso, passei uma semana gelada na aula de certificação nas pistas e recebi minha qualificação profissional de instrutor de esqui de nível um, o que me permitia dar aulas para alunos iniciantes. Ainda me lembro do dia em que fui buscar meu uniforme profissional de esqui: aquele casacão azul e as calças pretas para neve! Levei meus amados filhos junto, e quando saímos com meu uniforme em mãos, comecei a dançar. Sim, eu *dancei.*

Embora eu ainda tivesse uma agenda lotada de palestras internacionais, consegui um emprego na estação de esqui de onde eu morava, por um salário mínimo. E a cada poucos dias, quando não estava em um avião, eu me levantava às quatro da manhã, fazia a viagem de duas horas (muitas vezes em meio a tempestades de neve) e ajudava crianças a aprender a esquiar. Foi uma época maravilhosa de minha vida.

O dia em que peguei meu uniforme de instrutor de esqui

Naquela época, decidi fazer uma viagem solo ao exterior para desenvolver a técnica de esquiar em grandes montanhas. Peguei meu equipamento e fui para um lugar distante, com picos altíssimos, os mais altos que eu já havia visto.

Todo dia de manhã eu entrava em um ônibus com correntes nos pneus, que serpeava por pequenos vilarejos e depois subia a estrada estreita e traiçoeira coberta de gelo que levava à base de uma grande montanha.

Todas as noites, depois de uma soneca, eu trabalhava no livro que estava escrevendo (era *O Líder Sem Status)* e então, na solidão, preparava uma refeição simples, feita com ingredientes frescos, em minha cozinha austera, e comia o que havia feito sentado em uma cadeira maltratada pelo tempo ao ar livre, sob as estrelas.

Depois de mais ou menos uma semana, um amigo que fiz lá me convidou para fazer heliski. Se não está familiarizado com o termo, significa basicamente o que sugere: você entra em um helicóptero e sobrevoa vários picos até chegar ao topo da montanha pela qual vai descer esquiando. É uma prática reservada a especialistas. Basta um movimento errado, e a pessoa pode facilmente morrer.

No dia marcado, o helicóptero decolou sob um sol maravilhoso, em meio a um céu de um azul fantástico. Conforme sobrevoávamos montanha após montanha, meu coração começou a acelerar. Gotas de suor se formaram sob meu capacete e meus óculos começaram a embaçar. A aeronave pousou no ponto mais alto de uma montanha colossalmente alta. Quatro esquiadores e eu pulamos na neve fresca. E, então, o helicóptero voou para longe.

Você não vai acreditar no que aconteceu depois...

Os outros esquiadores eram profissionais. Supostamente, eu também era um deles. Era orgulhoso demais para revelar meu medo e estava envergonhado demais para explicar minha relativa incapacidade. O problema era o seguinte: graças a meu treinamento na colina de minha cidade (sim, era mais uma colina que uma montanha), eu era um esquiador bastante habilidoso na neve normal. Mas esquiar na neve fofa e ondulada que você encontra em montanhas gigantes é completamente diferente. É como a diferença entre um bom nadador de piscina e atravessar o oceano em nado intenso de resistência. E eu nunca havia esquiado naquelas condições. Nunca.

O guia foi primeiro, para garantir que fosse seguro e nos proteger de avalanches.

A seguir, foram meu amigo e sua esposa, ambos claramente excelentes no esporte. Eu os ouvia gritando, com alegria infantil, enquanto deixavam novos rastros na neve intocada.

Então, um profissional jovem, mas experiente, desceu. Devia ter uns 30 anos. A maneira como ele esquiava fez com que eu me sentisse com 90 anos.

Fiquei *completamente sozinho*. No cume de uma montanha incrivelmente alta. Sem nunca ter feito esqui alpino. Rezei por minha vida. Pensei em meus filhos. Então, enxuguei o suor de minha testa brilhante.

Veja a foto tirada pouco antes de todos descerem, para você ter uma pequena ideia de minha experiência.

Descobri que a vida, às vezes (sempre), nos envia cenários perfeitamente elaborados para nos ensinar as lições que mais precisamos aprender para chegar ao próximo nível de crescimento. Lembra-se do que compartilhei antes: que as coisas nunca acontecem para seu fracasso, que tudo sempre acontece a seu favor (mesmo quando não parece)?

Também aprendi que *estamos mais vivos quando estamos mais próximos de nossos medos*. Confrontando a dúvida de que conseguiremos superar uma dificuldade, descobrimos que possuímos dons que nem sabíamos que tínhamos. Quando descobrimos esses poderes especiais, podemos optar por nos associarmos a eles pelo resto de nossos dias. Até, um dia, conhecermos a plenitude de nossa grandeza humana.

Pois bem...

Eu me inclinei em direção ao terror e segui devagar, as pernas tremendo feito xícaras de chá no meio de um terremoto e a boca mais seca que o deserto de Rub' al Khali na Península Arábica.

Não estou brincando, voltei à posição de cunha, a posição do esquiador iniciante, e me senti mais seguro.

O que aconteceu a seguir foi um horror. Um homem de meia-idade esquiando em uma montanha imensa, curvado sobre os esquis, desequilibrando-se o tempo todo e chamando a mãe a plenos pulmões.

(Tudo bem, a parte de chamar a mãe não é verdade; mas *todo* o resto é, juro.)

Claro, acabei conseguindo chegar inteiro.

Meus companheiros ficaram horrorizados, mas não disseram uma palavra. A empatia deles diante de minha calamidade falou muito mais alto.

No helicóptero voltando à base, refleti sobre essa experiência. Estava feliz por ter aceitado, *porque o verdadeiro fracasso reside em nem tentar.* E, como seres humanos, nós nos tornamos muito mais fortes quando nos aventuramos nas pistas difíceis, em vez de ficar deslizando pelas encostas fáceis. Claro que as trilhas sem desafios parecem muito mais seguras, mas acabam sendo muito mais perigosas. Porque sufocam a ousadia, a vivacidade e a grandeza, que é tudo que realmente somos.

Ofereceram-me uma oportunidade. Eu dei o meu melhor. Fiz papel ridículo. Evoluí em sabedoria, resistência e perspicácia. Daí voltei para meu apartamento.

Bem na hora do jantar sob as estrelas.

32.

A pirâmide de estratégias de produtividade máxima

Vou abrir o jogo: este é um capítulo só para pesos-pesados ou grandes mestres em formação. Se não está interessado em ser uma dessas pessoas, sem problema, basta passar para o próximo capítulo. Mas se estiver, bravo! Arregace as mangas, preste atenção e receba de braços abertos o que vai aprender agora, porque é extremamente valioso.

A estrutura de aprendizagem que vou compartilhar lhe permitirá excelentes benefícios táticos, porque você vai aumentar a produtividade e deixará sua marca na história.

No mundo contemporâneo da esmagadora dependência digital, com interrupções superficiais inflexíveis e com gigantescas distrações digitais fúteis, nunca foi tão essencial compreender como os titãs da indústria e os artistas de sucesso protegem seu virtuosismo para continuarem produzindo obras-primas.

Já é bastante difícil passar de um trabalho meramente performático para um real. Agora, você sabe como é importante não confundir estar ocupado com ser produtivo. É ainda mais difícil demonstrar um desempenho que seja a representação digna de uma algo genial. Garantir que isso continue acontecendo com você, década após década (eu chamo essa prática de "produção de obras-primas múltiplas" e é um padrão sábio para ser honrado).

Antes de explicar o sistema, quero contextualizar um pouco e mencionar a Tríade dos Princípios de Produtividade.

Princípio 1: A largura de banda cognitiva merece uma fortaleza ao seu redor

"Largura de banda cognitiva" é um termo usado pelo psicólogo de Princeton Eldar Shafir para descrever a quantidade limitada de atenção que o cérebro humano tem disponível no dia a dia. Sua pesquisa mostrou que as preocupações e o estresse de pessoas que enfrentam a pobreza, por exemplo, consomem grande parte de seu poder cognitivo, deixando pouco para outras tarefas. Isso, por sua vez, faz com que tenham menos acesso a seu brilho intelectual inato e se conectem em quantidades menores ao seu engenho natural (para resolver problemas, aproveitar oportunidades e materializar toda a produtividade inerente que as levaria a ter mais prosperidade). Preocupações, crises e tragédias, bem como gastar nossa concentração no escapismo digital, esgotam a capacidade cognitiva, deixando-nos com menos foco e criatividade para realizar coisas surpreendentes.

Princípio 2: Os resíduos de atenção devem ser administrados para chegar à maestria

Intimamente relacionado à capacidade cognitiva está o fenômeno "resíduo de atenção" apresentado pela primeira vez por Sophie Leroy, professora da faculdade de administração da Universidade de Minnesota. Essencialmente, o resíduo de atenção diz respeito às moléculas de seu foco que você deixa em uma atividade quando muda para outra. Cada movimento que você faz tem um custo criativo. Pessoas que ficam o tempo todo mexendo no celular, por exemplo, logo passam a sofrer de demência digital, porque qualquer olhada no aplicativo de mensagem ou qualquer procura por curtida compromete um pedaço de sua valiosa capacidade cognitiva. Se fizer isso diariamente (como muita gente faz), você estará seguindo rumo ao Transtorno de Atenção Fragmentada, e, por consequência, nunca conseguirá fazer algo extraordinário.

Princípio 3: A exaustão produtiva requer renovação programada

"Exaustão produtiva" é um termo de meu currículo de coaching que explica o que acontece quando um profissional de alto desempenho trabalha intensamente por longos períodos. Mais detalhadamente, conforme você vai aumentando sua produtividade e o conhecimento que aplica em sua área, vai passando por ciclos regulares de vigorosa fadiga intelectual, emocional, física e espiritual. Esse cansaço não é um sinal de que há algo errado, mas sim de que está fazendo tudo certo. Quando você se dedica com uma paixão avassaladora e um comprometimento intenso com a entrega de nada menos que uma obra-prima, muitas vezes fica esgotado, porque está usando plenamente suas capacidades, seus dons e seus recursos primordiais. Isso causa exaustão produtiva. Qual é a solução? Manter ciclos regulares de descanso e reabastecimento. "Uma habilidade especial implica um grande gasto de energia em determinada direção, com o consequente esgotamento de outro aspecto da vida", escreveu o notório psicólogo Carl Jung.

Pois bem, vamos estudar juntos a *Pirâmide de estratégias de produtividade máxima*.

Estratégia 1: Os 5 grandes para a vida toda

Há muitos anos, em uma de minhas primeiras viagens à África do Sul, lugar que adoro, meu cliente organizou um safári para mim. O guia que passou o dia conosco me falou dos "5 grandes", os animais mais poderosos de toda a vida selvagem africana. São eles: o leão, o leopardo, o búfalo, o rinoceronte e o elefante.

Naquela noite, depois de um dia inesquecível na savana, peguei meu diário para registrar e desconstruir o dia que tive a bênção de viver. Então, fiz esta pergunta transformacional: "*Quais são meus 5 grandes*?" Em outras palavras, quais eram as cinco prioridades que eu precisava passar o restante da vida indo atrás, totalmente comprometido?

Tenho vivido sob esses cinco guias principais desde aquela noite, e a ideia dos 5 grandes elevou minha produtividade de forma significativa. Compreensão leva à maestria, não é? Você nunca atingirá alvos de alto valor que nem conhece. Registrar os cinco objetivos centrais aos quais você dedicará o restante de seus dias propiciará extrema pureza de foco às suas horas, aos seus dias, suas semanas, seus meses, seus trimestres e anos — blindando seu alcance cognitivo, bem como promovendo uma economia fantástica de sua energia.

A base do excepcionalismo é aproveitar seus talentos em apenas algumas coisas, para que fique visivelmente bom nelas. Sempre adorei o seguinte conselho de Thomas Edison, o notável inventor:

> Você faz alguma coisa o dia todo, não é? Todo mundo faz. Se acorda às sete horas e vai para a cama às onze, tem dezesseis boas horas disponíveis, e é claro que a maioria das pessoas faz alguma coisa o tempo todo. Elas caminham, ou leem, ou escrevem, ou pensam. O único problema é que fazem isso em relação a muitas coisas, e eu faço apenas em relação a uma. Se elas aproveitassem o tempo em questão e o aplicassem em uma só direção, em um só objetivo, teriam sucesso.

Estratégia 2: Os 5 valores profundos

Eu sei que parece óbvio, mas seus valores mais preciosos definem o que você mais valoriza. Conhecê-los aos mínimos detalhes é essencial para uma existência de máxima autenticidade e produtividade de elite. Trair os valores de seu espírito cria o que chamo de "lacuna de integridade", porque a forma como seu eu mundano opera é inconsistente com a forma como sua parte heroica deseja se comportar. Esse grande desalinhamento absorve muita energia e criatividade, que poderiam ser usadas para alcançar resultados de nível Classe A pois você sabe que não está honrando sua essência.

O segredo, aqui, é ser ultraconsciente de seus 5 valores profundos para ser sempre leal a eles. Ninguém quer viver a vida de outra pessoa, chegar a seu último dia e perceber que gastou os melhores momentos em atividades que não tinham sentido.

E lhe direi meus 5 valores profundos na esperança de que ajude você: maestria pessoal, dedicação à família, talento artístico total, a experiência da beleza contínua e o serviço humilde à sociedade.

Estratégia 3: Os 6 pesos-pesados

A maior parte dos ganhos exponenciais de produtividade e rendimento, estilo de vida e crescimento espiritual de meus clientes decorre da prática quase religiosa de alguns hábitos que eu os incentivei a implementar. Chamo essas seis rotinas de "POPs de NCAA: Procedimentos Operacionais Padrão de Nível Classe A Absoluto". Treine-os até chegar ao ponto da automatização (onde fica mais fácil fazer do que não fazer) e você receberá o que chamo de "VCG: Vantagem Competitiva Gigantesca", que poucos serão capazes de igualar. O desempenho extraordinário é bem fácil de alcançar porque poucos fazem as coisas que ele exige. Simplesmente *não há* muita concorrência no ar rarefeito do virtuosismo. Sim, o terreno inferior está bem lotado, mas não existem muitos seres humanos habitando a estratosfera de seu maior talento. Poucos sabem o que fazer — e como operar com regularidade o suficiente e com uma precisão quase perfeita — para chegar lá.

Vejamos as seis rotinas diárias que deram aos luminares que eu oriento os melhores resultados em termos de produtividade:

1. Entrar no Clube das 5 da Manhã e passar uma Hora da Vitória trabalhando a sua Mentalidade, purificando seu Coração, otimizando sua

Saúde e intensificando sua Alma. A maneira como você começa o dia tem um impacto gigantesco em cada uma das horas restantes. Comece suas manhãs com uma hora para se revigorar e você experimentará dias consistentemente positivos, prolíficos e lindos. E como diziam os guerreiros espartanos: "Transpire mais no treinamento para sangrar menos na guerra."

2. Escrever por pelo menos dez minutos todos os dias em um diário de gratidão, de modo a eliminar a negatividade de sua mente e fazer da gratidão crescente seu padrão automático. Uma das intervenções mais poderosas que a ciência confirma que nos deixa não só mais eficazes, mas também mais felizes, é o exercício diário das Três Coisas Boas, que consiste em anotar diariamente três pequenas vitórias ou experiências edificantes vividas ao longo do dia. Como Martin Seligman, o pai da psicologia positiva, escreveu em seu livro *Flourish* [Florescer, em tradução livre]:

> Por razões evolutivas, a maioria das pessoas pensa mais facilmente em coisas ruins que lhes aconteceram que coisas boas. Entre nossos antepassados, aqueles que passaram muito tempo aproveitando a bonança dos bons acontecimentos, quando deveriam estar se preparando para o desastre, não sobreviveram à Era do Gelo. Portanto, para superar a tendência catastrófica natural de nosso cérebro, precisamos trabalhar e praticar essa capacidade de pensar no que deu certo.

3. Fazer o treino Segundo Fôlego (SF) — de preferência, uma caminhada pela natureza — que mencionei no capítulo "Proteja a boa saúde como um atleta profissional". Pessoalmente, acho que minha vida fica nos eixos quando treino para estar em minha melhor forma. Treinar duas vezes ao dia proporcionará esse benefício a você.

4. Executar o Regime do Estudante de 60 Minutos, no qual você não pode dormir enquanto não houver passado pelo menos uma hora do dia imerso em estudos, que pode ser ler um livro que promova o crescimento de sua liderança, ouvir um audiolivro sobre construir um relacionamento ou um

império, ou fazer um curso on-line que enriqueça seu conhecimento em sua área para que tenha a capacidade de produzir ricos fluxos de recompensa para seus clientes.

5. Seguir a Regra 90/90/1, que é um hábito que originalmente estabeleci para ajudar os participantes geniais a acabar com as distrações implacáveis que enfrentavam todas as manhãs. Consiste em, essencialmente, durante noventa dias, criar um ritual rigoroso e ininterrupto, de modo que os primeiros noventa minutos de sua manhã de trabalho sejam hiperfocados em sua melhor oportunidade de se tornar um líder em sua área. Nunca dedique suas horas mais valiosas a atividades menos valiosas.

6. Aplicar o Sistema de Programação Semanal, que é uma metodologia que desenvolvi para que meus clientes de coaching não apenas gerassem ganhos extremos em sua produtividade, mas também mantivessem uma vida estável. O equilíbrio na vida não é um mito. Ensinarei todo o sistema em um próximo capítulo e posso afirmar que esse processo será uma virada de jogo para você. Por enquanto, saiba simplesmente que as tarefas que você põe na agenda são as que realiza. Programar consistentemente suas semanas, no nível prodígio, é uma porta de entrada poderosa para o estrelato sustentado e para uma vida cheia de saúde, amor generoso e alegria ilimitada. Se quiser assistir a um vídeo no qual ensino todo o procedimento, visite TheEverydayHeroManifesto.com/WeeklyDesignSystem.

Estratégia 4: A equipe de suporte especializada

Outra prática que uso quando começo a mentoria de um CEO ou um empreendedor peso-pesado é formar uma equipe de conselheiros especializados para garantir que meus clientes transcendam as vitórias passadas e executem rapidamente a missão que é a razão de terem pedido minha ajuda. Essa estratégia é semelhante à de convocar uma equipe para apoiar um atleta Classe A. É impossível alcançar um desempenho de nível de maestria sozinho.

Grande parte dos atletas que está o no topo investe em um coach mental para manter seus pensamentos no melhor nível, em um fisioterapeuta para evitar que se lesionem, em um nutricionista para calibrar sua dieta e plano de suplementação, e em um estrategista para ajudá-los a melhorar seu desempenho.

No mínimo, recomendo que, se seu orçamento permitir, procure o melhor personal trainer para ajudá-lo a atingir o melhor condicionamento físico que você já teve. Sim, isso vai lhe custar dinheiro, mas aprendi o seguinte com Warren Buffett: enquanto pessoas de desempenho mediano atentam ao custo de alguma coisa, os super-realizadores focam no retorno do investimento que resultará dos gastos. Optar pelo que é mais barato acabará saindo muito caro. Ou, como Aldo Gucci sabiamente disse: "A qualidade é lembrada muito depois de o preço ser esquecido."

Contratar um excelente personal trainer para pressioná-lo a ficar supersaudável transformará completamente sua criatividade, seu talento artístico e seu impacto, além de aumentar drasticamente sua renda, porque você terá mais energia, será mais resiliente e inspirado. Nunca treinará tanto sozinho quanto com um personal trainer, que vai mantê-lo engajado. Treinar com um preparador físico extremamente qualificado me permitiu experimentar a energia e a boa saúde para escrever meus livros, viajar pelo mundo por décadas sem adoecer e fazer todas as coisas que adoro fazer com minha família (e ainda sobra tempo para mim).

Também instruo meus clientes a procurar um massoterapeuta para que possam executar o Protocolo de 2 Massagens, que consiste em receber duas massagens de noventa minutos por semana (o que aumenta enormemente sua positividade, permite que acorde às 5 da manhã com mais facilidade e prolonga consideravelmente sua vida útil). Além de tudo isso, indico a meus clientes procurar um psicoterapeuta de primeira linha para que a bagagem emocional reprimida que mencionei na parte sobre trauma não continue sugando silenciosamente sua produtividade. Além disso, também tenho clientes que frequentam uma clínica de medicina funcional para fazer *biohacking* com o objetivo de retardar o envelhecimento e dissolver o declínio cognitivo. Finalmente, garanto que consultem mensalmente um conselheiro espiritual para acessar seu eu mais elevado. Digo de novo: você não pode chegar ao nível Classe A sozinho. Monte sua equipe de suporte de ultraespecialistas assim que puder.

Estratégia 5: A estrutura de vida Estratégia de Otimização Forçada (EOF)

Outro regime de vida de vanguarda que vai acelerar muito sua produtividade, rendimento e impacto é a Estratégia de Otimização Forçada. Uma das verdadeiras razões por não concretizarmos nossas intenções, nossos compromissos e resultados é que é muito fácil não fazê-los, certo? Se não acordar às 5 da manhã e fizer sua corrida matinal, só terá de lidar com sua consciência infeliz. Se perder a consultoria que marcou para analisar suas finanças ou aumentar seu desempenho profissional ou receber a massagem que reabastecerá suas reservas diminuídas, não haverá muita reação negativa. E, assim, ficamos desleixados em termos de disciplina e acabamos arranjando desculpas esfarrapadas para nosso fracasso em cumprir nossas promessas (sim, claro, isso às vezes também acontece comigo).

O antídoto para essa fraqueza é *forçar a otimização* da rotina que deseja integrar ao seu estilo de vida. Aplique a EOF. Por exemplo, digamos que você deseja estar na melhor condição física de sua vida daqui a noventa dias. É completamente possível, claro que é. Digamos que você queira chegar a esse resultado acordando de madrugada durante a semana e instalando o hábito de fazer um treino matinal intenso para curtir dias maravilhosos de forma consistente. A maioria das pessoas vai parar depois de uma semana. Talvez duas. Mas ao contratar um excelente personal trainer para estar em sua casa ou na academia (mesmo que só duas vezes por semana) durante três meses, você *força a otimização* da nova rotina. Porque investiu seu dinheiro suado e porque esse ser humano estará à sua porta no horário que você combinar, ou na academia conforme o programado.

Por outro lado, digamos que você deseje iniciar meu Protocolo de 2 Massagens. Então, procure o melhor massagista dos arredores e pague três meses de duas sessões por semana. Assim, você terá que ir porque pagou adiantado. Você *forçou a otimização* do hábito em sua vida.

Implemente a estrutura de vida EOF em diversas áreas de seu mundo e você traduzirá, de forma rápida e duradoura, suas boas intenções atuais de levar uma vida extraordinária em resultados diários que tornam a glória real.

Estratégia 6: O Conceito da Bolha Compacta de Foco Total (BCFT)

Esta é outra construção mental extremamente valiosa para se preparar para uma produtividade incomparável. Este método organizará seus dias de trabalho para que você vença a guerra contra distrações, interrupções e dedicação a atividades triviais. Artistas célebres, bilionários poderosos, atletas excelentes e cientistas Classe A têm todos a mesma quantidade de horas por dia que você e eu. No entanto, *a forma como interagem com essas horas* é diametralmente diferente da maneira como a maioria administra as suas.

O Conceito BCFT é um incentivo para a construção de um muro metafórico em torno do que chamo em meu trabalho de "Os 5 Ativos do Talento". São eles: seu foco mental, sua energia física, sua força de vontade, seu tempo diário e seus dons primordiais.

Usando o Conceito BCFT, você molda toda a sua vida profissional para que funcione dentro de uma bolha com uma barreira porosa compacta de extremo foco, permitindo apenas influências que protejam sua positividade, alimentem seu trabalho, nutram seu talento e elevem seu serviço público. Estímulos negativos, como influenciadores superficiais das redes sociais, vídeos de pessoas fazendo bobeiras ou dancinhas, as principais notícias, pessoas tóxicas tentando apagar sua chama, mensagens indesejadas, infinitas notificações, principalmente sobre nada, e praticamente qualquer atividade que não permita que você faça progressos astronômicos em seus 5 Grandes não conseguirão atravessar a barreira. Uma chave gigante para a produtividade exponencial é proteger seu foco. Esta estratégia poderosa ajuda você a fazer isso.

Você vai ficar *fanático* e *prodigiosamente* focado nas poucas prioridades que lhe permitirão seguir seu coração, os anseios de sua sabedoria e os chamados de seu heroísmo cotidiano, antes que essa preciosa janela de oportunidade se feche (e ela se fechará um dia). Uma vez dentro desse bolsão de trabalho figurado, sua BCFT garantirá que coisas que não importam *nunca* comecem a importar.

O verdadeiro ponto a ser integrado no nível do conhecimento sentido *versus* uma simples ideia intelectual é o seguinte: um dos segredos dos talentos imortais é *a reclusão,* a disciplina de se retirar do mundo, colocando-se em uma forma de confinamento solitário para que possam produzir sua magia. Todos os grandes criadores da história tinham esse hábito em comum. Configuravam seu espaço de trabalho para estar completamente livres de distrações, e assim se desligarem da sociedade por longos períodos todos os dias.

Pense no laboratório de Thomas Edison em Menlo Park. Ou na Telegraph Cottage, a casinha de campo privada que o General Dwight D. Eisenhower usava como refúgio durante a Segunda Guerra Mundial (seu Estado-maior tomava muito cuidado para que não houvesse nada na casa que o fizesse se lembrar da guerra, para que lhe proporcionasse total alívio das pressões que sofria, permitindo-lhe pensar claramente sobre sua estratégia e campanha).

Seu espaço criativo pode ser metafórico: você pode adotar a abordagem de simplesmente bloquear distrações e desligar seus dispositivos para criar sua obra-prima em blocos de tempo sólidos a cada dia de trabalho. Ou pode montar um espaço artístico específico onde se isolar, para que nada nem ninguém consiga esgotar seu desempenho cognitivo nem sua produtividade. Fazer isso diariamente é uma maneira extraordinária de institucionalizar o estado de fluxo para que seu brilho comece a visitá-lo quando solicitado.

Você também pode trabalhar em uma biblioteca, na sala de estudos de uma universidade próxima ou no quarto de hóspedes. Quando tenho um projeto importante para concluir, em geral reservo um lindo quarto de hotel em uma das minhas cidades favoritas para passar umas semanas. Às vezes, reservo um em minha cidade mesmo, só para fugir das minhas responsabilidades habituais e da administração operacional que nunca me ajuda a ter meus melhores resultados. Na verdade, enquanto edito este parágrafo, estou em um quarto de hotel a uma hora de distância de minha casa, com uma música inspiradora tocando, uma placa de "privacidade" na porta, meu celular no modo "não perturbe" e nenhuma reunião nem agenda midiática. Tudo o que preciso fazer aqui é trabalhar (trabalhar de verdade), comer (serviço de quarto) e dormir (boa cama). Sim, isso custa um dinheiro que eu não teria que gastar se trabalhasse em casa esta semana. Só que perder as ideias e a criatividade que estão fluindo me custaria mil vezes mais.

A seguir, a foto da cena atual:

A área de trabalho do quarto de hotel onde estou escrevendo este capítulo

Estratégia 7: A promessa das 5 grandes horas

O velho estilo de trabalho deriva de uma época antiga, quando as pessoas trabalhavam em fábricas, principalmente em trabalhos manuais e braçais. Quanto mais tempo passassem no local, mais bens seriam produzidos (até que o trabalhador ficasse cansado e o pessoal do próximo turno assumisse).

Mas vivemos uma época muito diferente hoje. Muita gente é paga para pensar, inventar e encontrar soluções esplêndidas para os maiores problemas do planeta. Muitas pessoas são *trabalhadores cognitivos,* e não físicos. Trabalhar mais tempo, portanto, não é melhor, porque trabalhar muitas horas esgota a nossa criatividade e degrada a nossa maestria. É por isso que não me identifico com essa cultura do "ralar, trabalhar sem parar". As pessoas mais produtivas do planeta *não* "ralam" 24 horas por dia, 7 dias por semana, 365 dias por ano. Quando trabalham, é com intensidade suprema.

Não consomem distrações digitais nem jogam conversa fora falando de programas de TV quando se empenham para aprimorar e exercer seu ofício. Levam isso a sério. São profissionais, não amadores. Especialistas, não generalistas. Vão fundo, não param na camada superficial quando trabalham. Quando sentam para produzir, levam à mesa a plenitude de seu talento humano e *dedicam tudo* à sua ocupação.

Quando terminam o expediente, eles se renovam. Cochilam, jogam alguma coisa, curtem os frutos de seu trabalho e a alegria de seu esforço. Essa forma de trabalhar — em ciclos — é um dos maiores segredos de uma produtividade incomparável e uma vida maravilhosa.

Admiro muito o pintor indiano M. F. Husain, muitas vezes chamado de "Picasso da Índia". Quando um repórter do *Guardian* perguntou a essa lenda artística como organizava seus dias, ele respondeu: "Trabalho cedo, acordo às cinco ou seis da manhã. Sempre sinto que é meu primeiro dia. Não me canso de ver o nascer do sol. Depois, trabalho duro por três ou quatro horas." Quando perguntado sobre o que fazia no restante do dia, Huasin respondeu: "Ah, no resto do tempo acho muito importante só vagar por aí."

Só vagar por aí. Adorei!

Por isso, recomendo que meus clientes trabalhem só cinco horas por dia (para mim, *cinco* horas de trabalho tranquilo, intenso, constante e excepcional são o ideal) nos dias reservados ao trabalho. Qualquer coisa a mais *é completamente desnecessária* e, na verdade, leva a retornos decrescentes, porque a pessoa fica cansada (não produzirá algo substancial, então, por que perder tempo?). Apenas cinco horas de conquistas gloriosas, majestosas e monumentais em seus dias de trabalho. Depois, recupere-se. Regenere-se. Reabasteça seu tanque. E aproveite o restante do dia.

Meus clientes quase sempre resistem, inicialmente, à promessa das 5 Grandes Horas, pois é muito pouco ortodoxo (herético, na verdade). Mas quando notam que, na verdade, estão realizando mais coisas de nível Classe A em uma semana do que haviam realizado antes em muitos meses — *trabalhando menos* —, eles me agradecem. Acabam usando o enorme tempo que arranjaram para ficar com a família, ler os livros de sua biblioteca, visitar galerias de arte, conviver com a natureza ou praticar suas paixões esportivas.

Estratégia 8: A Fundação Assistente Executivo Classe A + Assessor Pessoal (AECAAP)

Muito bem, este capítulo está quase concluído. Sei que foi intenso, mas uma vez que você implementar tudo, verá que valeu a pena.

Titãs da indústria afirmaram que a estratégia que vou explicar agora multiplicou suas fortunas financeiras, melhorou seus desempenhos e revolucionou genuinamente a vida pessoal deles, o que os deixou mais felizes, mais em paz espiritualmente e em equilíbrio.

Sempre me surpreende ver quantos executivos da superelite, bilionários reverenciados e empreendedores de destaque ainda fazem muitas coisas que faziam quando começaram, como comprar as próprias passagens, fazer reservas em restaurantes, supervisionar reparos domésticos e ir a lojas para comprar seus suprimentos diários. Por que fazem isso nessa fase em que estão? Força do hábito. Fizeram tantas vezes que já é algo inconsciente. Mas esse comportamento, que lhes serviu na fase inicial, agora consome muitas horas do dia que eles poderiam usar no avanço de seus 5 Grandes, fazendo sua obra-prima, aperfeiçoando suas habilidades, aumentando seus impérios, ampliando seus movimentos e fazendo a diferença na vida de muitos outros seres humanos.

Contratar uma pessoa talentosa e confiável — um Assistente Executivo Classe A + Assessor Pessoal — para organizar e orquestrar sua vida profissional, bem como gerenciar com elegância sua vida pessoal, melhorará seu desempenho cognitivo e irá economizar seu tempo e energia. Seu AECAAP pode gerenciar todos os agendamentos, atender a todas as chamadas, lidar com toda a complexidade e basicamente se encarregar de todas as tarefas de que você não gosta.

Imagine a melhoria em sua produtividade, felicidade e serenidade se você se concentrar *somente* em todas aquelas coisas que seria mais inteligente que você mesmo fizesse. Nas quais você é excelente e adora fazer. Este método é importante para criar uma vida que você adore.

Estratégia 9: O Dia Sabático Semanal

Numa época mais simples da história, um dia por semana — conhecido como Shabat — era reservado para uma espécie de descanso do trabalho.

As famílias ficavam unidas, os arados, parados, os livros eram lidos, e as refeições, partilhadas.

A base do sistema operacional padrão da pirâmide de estratégias de produtividade máxima é se tornar extremamente bom em tirar dias de folga. Pelo menos um dia por semana (e depois, espero, uma semana por mês e, um dia, pelo menos dois meses de folga do trabalho por ano). Saia de um *fazer humano* para ser um *ser humano* — e descanse muito mais. Nossas melhores ideias surgem quando não estamos trabalhando. Você nunca liderará em sua área se estiver exausto. Como já disse, a longevidade é um ingrediente primário para o surgimento das lendas, e tirando uma quantidade incomum de folgas semanais, mensais e anuais para ficar com sua família, fazer ótimas viagens, ler ótimos livros, desenvolver ótimas amizades e simplesmente descansar, você garantirá que seja criativo, inspirado, habilidoso e ultraforte por muitas e muitas décadas.

Bem, é isso. Muitas das minhas melhores estratégias para atingir a produtividade máxima foram oferecidas com grande incentivo e entusiasmo sincero. Portanto, você pode explorar suas catedrais de possibilidades e habitar seus templos de promessas. Rezo para que isto aqui ajude você a evoluir exponencialmente.

P.S.: Para baixar uma planilha tática que o ajudará a implementar a pirâmide de estratégias de produtividade máxima de uma forma rápida e eficaz, acesse TheEverydayHeroManifesto.com/Productivity.

33.

Entre na Brigada da Esperança

Gostaria de compartilhar um pouco mais de minha poesia com você. Enquanto a canção "Excuse Me Mr.", de Ben Harper, faz tremer o chão da sala onde escrevo, eu lhe ofereço gentilmente estas palavras:

Onde há escuridão e destruição,
E as pessoas se sentem derrotadas,
Saiba que a dúvida é a grande vigarista.
E entre na Brigada da Esperança.

Quando você for punido por sua veracidade,
Quando for incompreendido por sua genialidade,
Rebele-se contra tal covardia.
E entre na Brigada da Esperança.

Em tempos de infortúnio, quando pensar em desistir,
Quando o medo encantar seu falso eu,
Onde o desespero exercer sua violência, silencie os inimigos internos.
Lembre-se de sua habilidade de realizar atos de magia.
E entre na Brigada da Esperança.

O rebanho acenará para que você seja igual a todos.
Que viva ruidosamente e deseje muito além da abundância.
Que desconsidere sua natureza e desonre seu poder.
Que sufoque seu instinto de simplicidade.
Que permita que as atrações do comum invadam suas horas.
Recuse o apelo da maioria,
Conhecendo a fúria de sua soberania.
E entre na Brigada da Esperança.

Quando você se pergunta se é importante,
Enquanto recorda que é mortal
Nas manhãs de sua deliciosa angústia,
Pense na serenidade,
Na raiz de sua bravura,
Prossiga com determinação em meio a qualquer incerteza.
E entre na Brigada da Esperança.

O amor partiu seu coração?
A vida parece muito difícil?
Você se sente sozinho?
A adversidade é mais comum que o triunfo?
A preocupação o acolheu mais que a alegria?

Um novo amanhecer está chegando.
Os frutos de sua bondade logo aparecerão.
Tenha fé na justiça da Fortuna.
E entre na Brigada da Esperança.

34.

Quarenta coisas que eu gostaria de ter sabido aos 40 anos

1. Que família, flores e passeios na floresta me dariam mais felicidade do que carros, relógios e casas jamais poderiam me dar.

2. Que manter a boa forma multiplicaria consideravelmente minha criatividade, produtividade e prosperidade.

3. Que a pessoa com quem nos relacionamos afetivamente é uma das principais fontes de nosso sucesso (ou fracasso), alegria (ou tristeza) e tranquilidade (ou preocupação).

4. Que eu trabalharia melhor quando estivesse trabalhando em quartos de hotel e em aviões, em vez de acorrentado a uma mesa de escritório.

5. Que boas amizades são um tesouro inestimável, e que velhos amigos são os mais preciosos.

6. Que o céu ajuda a quem se ajuda. Portanto, faça o seu melhor e deixe seu poder superior fazer o resto.

7. Que o fato de as pessoas nos rebaixarem é um sinal de nosso crescente sucesso.

8. Que as prioridades que eu considerava mais importantes na juventude eram, na verdade, as atividades que foram menos me interessando conforme amadurecia.

9. Que o silêncio, a quietude e a solidão formam a doce canção que mais atrai a Musa.

10. Que pequenas vitórias diárias, alcançadas com disciplina e consistência durante longos períodos de tempo, levam a resultados revolucionários.

11. Que cada vez que eu não conseguia o que desejava era porque o universo tinha algo muito melhor para mim.

12. Que ter medo significa que estamos crescendo. E esse desconforto frequente é o preço do progresso acelerado.

13. Que quando arriscamos tudo por amor e não dá certo, não há fracasso, porque todas as histórias de amor são, na verdade, contos de heróis. Nenhum crescimento do coração é um desperdício. Nunca.

14. Que trabalhar diligentemente sem se preocupar com as recompensas é justamente a atitude que traz recompensas.

15. Que só porque a pessoa está envelhecendo não significa que esteja crescendo.

16. Que a vida tem um sistema de feedback incrível que mostra o que estamos fazendo direito ao mostrar onde estamos ganhando (e o que precisamos melhorar é o que nossa frustração nos mostra).

17. Que, normalmente, são necessários vinte anos de trabalho anônimo antes de adquirirmos a sabedoria e a experiência necessárias para saber o que não fazer para que ele se torne extraordinário.

18. Que quanto mais humilde a pessoa é, mais forte seu caráter.

19. Que nossa renda nunca excederá nossa identidade própria e nosso impacto nunca será maior que nossa história pessoal.

20. Que conseguimos aquilo que aceitamos (por isso, pare de aceitar aquilo que você não quer).

21. Que, às vezes, o silêncio é a resposta mais enfática que podemos dar.

22. Que a maneira como as pessoas nos fazem sentir quando interagimos nos diz tudo o que precisamos saber sobre elas.

23. Que tirar muitas folgas me tornaria duas vezes mais produtivo.

24. Que alimentar os trolls é uma perda de tempo. A maioria dos críticos tem inveja porque fazemos aquilo que eles não conseguiram fazer. Ignore--os, e permita que a maestria seja sua resposta.

25. Que quem faz bullying se acovarda quando o enfrentamos.

26. Que manter um diário é orar no papel. E toda oração é ouvida.

27. Que uma vida genuinamente rica custa muito menos do que você pensa.

28. Que nos negócios algumas pessoas dizem que farão coisas incríveis por nós, mas uma vez assinado o contrato, nada fazem.

29. Que as atividades e os lugares que nos deixam felizes são aqueles onde nossa sabedoria deseja que estejamos.

30. Que o dinheiro mais bem-aplicado é o usado para criar experiências e memórias, e não para comprar objetos e bens materiais.

31. Que construímos a força de vontade ao fazer coisas difíceis. Portanto, faça coisas mais difíceis (todos os dias).

32. Que é melhor ler poucos livros profundamente que muitos levianamente.

33. Que a dificuldade é o berço do heroísmo. Honre suas cicatrizes, pois elas fizeram de você quem é.

34. Que a maioria dos seres humanos tem um coração maravilhoso e o mostram a nós quando fazemos com que se sintam seguros.

35. Que os idosos têm as melhores histórias e merecem o maior respeito.

36. Que toda vida tem um valor enorme. Nunca pise em uma aranha.

37. Que quando nos sentirmos mais sozinhos, nosso poder superior estará mais perto de nós.

38. Que nem todas as horas do dia e nem todos os dias da semana precisam ser usados "produtivamente", "ralando". Tirar uma soneca, olhar as estrelas e, às vezes, fazer nada são atividades absolutamente necessárias para uma vida de beleza ilimitada.

39. Que respeitar a si mesmo é muito mais importante que ser querido pelos outros.

40. Que a vida é curta demais para brincar de pequeno com toda a sua grandeza.

35.

A técnica para criar confiança, de Misty Copeland

Misty Copeland, uma heroína para milhões de pessoas, é uma das melhores bailarinas que nossa civilização já produziu.

Ela foi a primeira afrodescendente a se tornar dançarina principal no prestigiado American Ballet Theatre e fascinou o público com suas apresentações no Metropolitan Opera House em Nova York, no Teatro Bolshoi em Moscou e no Bunka Kaikan em Tóquio.

Ela também é um exemplo brilhante de como superar o trauma de uma infância cruel, em meio ao alcoolismo dos pais, ao desalojamento regular e a adversidades implacáveis, e fazer disso um motivador para alcançar o que é aparentemente impossível.

Quando era uma jovem bailarina, acordava de madrugada para treinar, pois sabia que superar a todos ao redor era como os sonhadores transmutam potencial em poder.

Além de ter sido naturalmente abençoada, mostrou uma dedicação extrema (uma formidável alquimia), e conseguiu dançar com sapatilhas de ponta poucos meses depois de sua primeira aula de balé, quando, em geral, são necessários muitos anos para chegar a essa habilidade.

Quando ninguém mais tinha fé na capacidade de Copeland de obter resultados impressionantes como artista, sua primeira professora teve vislumbres de sua capacidade e a incentivou a continuar quando ela quis desistir.

"A bailarina perfeita tem cabeça pequena, ombros caídos, pernas longas e caixa torácica estreita", dizia a professora, repetindo a muito respeitada declaração do célebre coreógrafo George Balanchine sobre os atributos de uma superestrela do balé.

"Você é assim", sussurrou a professora um dia na aula. "Você é perfeita."

Conforme os dias passavam e Copeland se dedicava cada vez mais ao treinamento, a maneira como sua mentora a via aos poucos foi mudando a maneira como ela mesma se via.

À medida que Copeland ganhava habilidade, refinava suas proezas e melhorava seu desempenho, sua própria identidade ia se reafirmando.

Ela começou a aceitar que era especial e talentosa, e que talvez até tivesse um dom.

Chegar ao nível Classe A é basicamente questão de confiança. *Você só se torna uma sensação em sua área se começa fortalecendo a confiança que você tem em si mesmo.* A técnica mais rápida — e mais sustentável — para construir essa invencibilidade psicológica e resistência emocional é se comportar como a pessoa que você mais deseja ser.

Como sugerem psicólogos conceituados: *É mais fácil agir de acordo com uma nova maneira de pensar do que imaginar uma nova maneira de agir* (por favor, leia essa máxima duas vezes).

Você construirá sua confiança por meio da prática incansável, e não pela mera esperança.

A menor das ações é sempre melhor que a mais nobre das intenções.

Idealização sem execução é a porta para a ilusão.

E uma visão deslumbrante, sem uma implementação diária imaculada, é o principal erro da promessa abandonada.

36.

O hábito de ter quarenta cópias de um mesmo livro

A minha casa é apinhada de livros.

Eu não conheço nenhum investimento com o mesmo rendimento de um livro, de verdade. Por uma pequena quantia de dinheiro, você tem acesso às ideias mais valiosas de diversas partes do mundo e às mentes mais sábias do planeta. Sempre que visito a casa de um grande empresário, vejo pouquíssimos aparelhos de TV e quase sempre uma enorme biblioteca. Basta um livro — o livro certo — para transformar uma vida toda.

Eu costumo comprar muitos exemplares de um mesmo livro.

Por exemplo, há seis do clássico *O homem é aquilo que ele pensa*, de James Allen, nas prateleiras de minha biblioteca de casa; oito de *A árvore generosa*, de Shel Silverstein, podem ser encontrados em uma mesa em meu escritório; onze de *O Alquimista*, de Paulo Coelho, estão em cima de uma mesa em minha sala de trabalho para que eu possa distribuí-los a quem me visitar. Comprei quarenta exemplares das *Meditações* do imperador romano Marco Aurélio.

Por quê?, você se pergunta.

Porque, como escreveu certa vez o filósofo e estadista inglês Francis Bacon: "Alguns livros devem ser provados, outros engolidos e uns poucos devem ser mastigados e digeridos; isto é, alguns livros devem ser lidos apenas em partes; outros devem ser lidos, mas não com curiosidade; e uns poucos devem ser lidos na íntegra, com diligência e atenção."

Vou compartilhar uma história para aumentar seu amor pelos livros (compro mais livros do que jamais poderei ler na vida, eu sei. Aposto que você também tem o mesmo vício. Mas um vício só faz mal se for um vício não saudável, não é? Um grande legado seria deixar minha biblioteca de herança para meus filhos).

Enfim, toda vez que pouso no aeroporto Fiumicino, em minha querida Roma, vou para o apartamento onde fico, largo as malas no chão, tomo um banho rápido e depois vou direto para uma pequena e charmosa livraria perto da Escadaria da Praça Espanha, onde os volumes empoeirados ficam empilhados no chão, as obras à venda são assinaladas por uma placa que parece ser da época do Império Romano e é um lugar que deixa você emocionado de uma forma que uma visita ao Vaticano faz você se sentir.

Vou direto para a seção de filosofia, que conheço tão bem, procuro minha edição favorita de *Meditações,* converso com o sempre sorridente gerente em meu italiano primitivo, que tenho certeza de que parece mais mandarim para ele que sua melíflua língua nativa.

Então, volto para minha casa. E leio.

Depois, tiro um cochilo. Depois, leio. Em seguida, tomo sol. Daí, eu leio. Depois, relaxo com meus amigos diante de pratos de massa caseira à *amatriciana* ou à *carbonara*. Depois, leio mais um pouco enquanto o pôr do sol deixa o céu todo rosa e com os resquícios de nuvens sobre Trinità dei Monti, a igreja mágica no centro de Roma.

Sempre invisto nesse mesmo livro porque aprendi que *a sabedoria nos encontra onde quer que estejamos.* Você não entenderá nada acima de seu nível atual de compreensão. Você e eu não podemos apreciar nenhuma obra que esteja além de nossa compreensão imediata.

O que quero dizer é o seguinte...

Quando li *O Alquimista* pela primeira vez, não entendi o motivo de tanto estardalhaço. Agora, eu o leio e vejo o talento espiritual que tem embutido nele. O livro não mudou, mas, com o tempo, eu cresci. Com mais conhecimento e vivência, pude ver e abraçar o conhecimento e a experiência com que Paulo Coelho o escreveu.

Quando li *Fernão Capelo Gaivota* pela primeira vez, pensei que fosse só um livro sobre um pássaro.

Hoje, vejo-o como uma obra-prima sobre permanecer na mais elevada autoexpressão. Sobre a importância de ser fiel a si mesmo. A qualquer custo.

Quando folheei pela primeira vez as páginas das *Meditações,* há cerca de quinze anos (depois de saber que esse livro está na mesa de cabeceira de muitos dos maiores presidentes e primeiros-ministros, mestres e gurus, estadistas e humanitários do mundo), achei-as densas, confusas e totalmente desinteressantes. Larguei o livro instantes depois.

Mas, conforme o fui lendo com mais frequência, conforme vivia mais e crescia como ser humano, minha capacidade de compreender o significado do que o benevolente imperador escreveu em seu diário privado (enquanto a Europa sofria uma das piores pragas de sua história) crescia comigo.

De novo, esses livros não mudaram. Eu mudei.

E muito mais importante, você também pode mudar.

37.

O significado de desonra

Uma de minhas frases favoritas de *Meditações*, de Marco Aurélio, é esta: "Desonroso: a alma desistir quando o corpo ainda persiste."

O que sugiro é que você seja um poeta-guerreiro.

Viva com calma e tranquilidade. Demonstre ternura a todos. Valorize as coisas simples, saiba quando algo chegou ao fim e curta os encantos hipnotizantes de um estilo de vida espartano, minimalista e criativo. Exatamente como faria um poeta sincero.

E quando for hora de tomar atitudes difíceis para materializar sua poderosa missão e demonstrar uma dedicação feroz para realizar seus sonhos, *nunca* desista.

Viva segundo o lema de um guerreiro, seja sempre fiel à sua visão, sua cruzada e as promessas que faz a si mesmo, enquanto lembra que pequenos triunfos alcançados com regularidade se acumulam e viram transformações heroicas quando se repetem com consistência ao longo da vida. Você chegará aonde deseja chegar com determinação e paciência.

Pois a preguiça, a apatia e a desistência são os pais do arrependimento.

Jogar a toalha é para os derrotados. E desistir de ir em busca dos seus objetivos, desejos e ideais é um tapa cruel na cara de seu talento. Você merece muito mais que um relacionamento com a experiência de desistir — por conseguinte, de se encaixar.

Claro que você sentirá medo ao longo de sua jornada. Eu também sinto. Mas o medo faz mais mal do que aquilo que provoca medo em nosso coração, não é mesmo?

Desculpe por eu mencionar o quão mortal somos, mas eu falei que seria honesto com você...

E, por isso, devo lembrá-lo de que a morte está nas cartas de todos nós.

Qualquer um de nós pode morrer a qualquer momento.

Dada esta verdade, não é melhor que façamos as mudanças necessárias e sigamos o caminho que sabemos que devemos seguir? Assim, conheceremos nossa eminência.

E evitaremos a desonra.

38.

Um lema básico para uma prosperidade impressionante

Vejamos um lema poderoso para você ter em mente e no centro de seu coração: *Só porque você não consegue ver uma solução, não significa que ela não exista.*

Quando estamos sob estresse, nossa percepção fica restrita bem como nossa engenhosidade. Perdemos a capacidade de ver oportunidades. É como se o medo colocasse um véu sobre nossos olhos, dificultando-nos de perceber as possibilidades. Começamos a ver através do "véu da limitação".

Um dos meus melhores amigos acabou de ter os doze meses mais lucrativos de sua carreira. Eu lhe perguntei como conseguiu.

"Foi fácil", respondeu ele, depois de tomar um gole de seu *espresso*. "Minha equipe e eu estávamos empenhados em encontrar soluções para qualquer problema que surgisse. Nós nos recusávamos a parar por não saber como lidar com algum problema. Conversávamos sobre o que você e eu às vezes conversamos: como uma flor de lótus desabrocha no pântano. Portanto, fomos positivos, resilientes e ágeis, independentemente do que surgisse. Foi assim que vencemos."

É por isso que ele é um dos meus melhores amigos, e também por isso é um super-rico.

39.

Abrace o monstro

Era uma vez um velho mestre espiritual que estava visitando um mosteiro místico. Enquanto subia a montanha, foi seguido por curiosos e por pessoas que desejavam aprender os segredos de seus poderes sensacionais.

Antes de entrar no mosteiro, o grupo passou por um grande pátio decorado com bandeiras coloridas e esculturas de pedra cuidadosamente trabalhadas.

Ao passar pelos portões da frente, imediatamente viram que três cães ferozes haviam se soltado de suas grossas correntes de ferro e corriam na direção deles.

Todos se assustaram. Pararam. E começaram a correr na direção contrária.

Todos, exceto o velho mestre.

Ele apenas sorriu e bocejou. O homem fez algo que talvez você ache extraordinário: ele disparou em direção aos cães.

Os animais aumentaram o passo, correndo mais rapidamente pelo pátio. O mestre bocejou de novo e também aumentou a velocidade.

A corrida ganhou velocidade para ambos. Passou a cantar enquanto corria, com o punho erguido, um gesto que parecia dar testemunho de sua fé insuperável na vitória.

Os espectadores ficaram fascinados.

Quanto aos cães: ficaram com medo do mestre, que era mais forte. Então, deram meia-volta e voltaram para onde estavam.

Descobri que o medo funciona assim.

Se fugir, ele vai te alcançar com ainda mais força.

Mas se correr na direção dele, ele irá embora, como um convidado indesejado que percebe que não deveria ter aparecido.

O que estou fazendo é incentivá-lo, com muito respeito por seu maior heroísmo, a abraçar seus monstros com a maior regularidade possível.

Se os mantiver presos no porão, eles farão uma lavagem cerebral (e uma lavagem cardíaca) em você, fazendo-o pensar (e sentir) que são realmente cruéis. Mas se descer, acender as luzes e olhá-los nos olhos, parecerão pequenos personagens de desenhos animados. Nem um pouco perigosos.

Eu tinha um medo enorme de falar em público quando estava na universidade. A ideia de fazer uma apresentação para dez pessoas já fazia meu coração quase sair pela boca e minha voz tremer. Quando eu tinha que falar na aula, minha mente ficava a mil e meu pulso batia forte. Sem dúvida, eu tinha vários problemas naquela época.

Até que percebi que qualquer conquista importante é essencialmente um triunfo sobre o medo.

Tive grandes sonhos e ambições poderosas e me recusei a permitir que minhas inseguranças me dominassem. Eu queria ter uma vida melhor e levar o maior número possível de pessoas para o alto comigo.

Então, tomei a decisão de não mais agir como vítima. Em um dado momento, fiz uma escolha que mudou minha vida.

Fui à biblioteca e peguei uns livros sobre como superar o medo de falar em público. Ainda me lembro de ter passado muitas semanas trancado em meu quarto lendo-os, linha por linha.

Não saía com amigos, não assistia à televisão, não jogava nem me divertia. Ficava estudando estratégias para aumentar minha confiança diante do público e ficar bom nisso.

Depois, fiz um curso da Dale Carnegie sobre como falar em público. Fiz pequenos discursos para uma sala cheia de participantes. Toda segunda-feira à noite na sala de reuniões de um hotel tranquilo. Ainda me lembro muito bem.

Sei que parece óbvio, mas veja o que aconteceu:

Quanto mais palestras eu dava, mais eu achava fácil.

Quanto mais eu corria em direção àqueles cachorros, mais eles fugiam de mim.

Com tempo, muita prática e paciência inabalável, falar em público passou a ser divertido. Muito divertido.

Agora, posso subir em um palco diante de dez mil, vinte mil, trinta mil ou até quarenta mil espectadores e parece que estou na sala de minha casa. Tal é o poder de perseverar em seu programa de transformar o medo em combustível e em sua campanha para transformar a fraqueza em coragem.

Em um evento de liderança em São Paulo, no Brasil, diante de quarenta mil pessoas

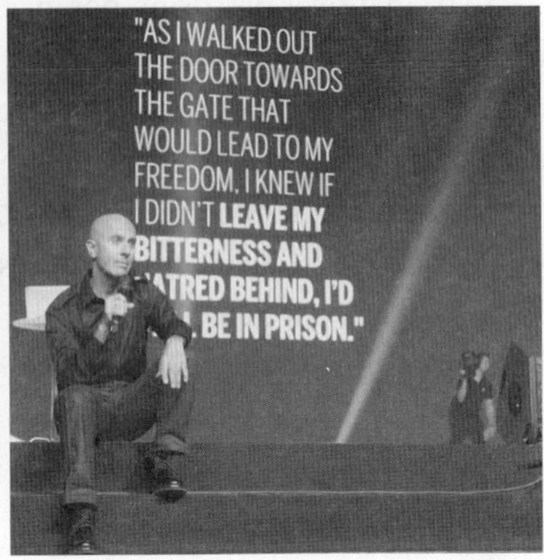

No palco de um estádio com milhares de líderes seniores de negócios

Adoro esta citação de Frank Herbert em *Duna,* que mostra isso de forma tão eloquente:

> Não terei medo. O medo mata a mente. O medo é a pequena morte que leva à aniquilação total. Enfrentarei meu medo. Permitirei que passe por cima e através de mim. E, quando tiver passado, voltarei o olho interior para ver seu rastro. Onde o medo não estiver mais, nada haverá. Somente eu restarei.

Assim, quando você se sentir sem coragem, lembre-se da história do velho mestre sábio. Então todos os dias, pelo restante de sua longa e ricamente abençoada vida, corra em direção a seus cães malvados e abrace seus maiores monstros.

Assim, *todos eles* vão fugir.

40.

A regra da sobremesa de quatro dígitos

O Hôtel du Cap, na Riviera Francesa, é um dos lugares favoritos da nata da sociedade.

A propriedade é linda, a localização é magnífica e o serviço do hotel é renomado.

Certa manhã, um hóspede pediu uma *tarte tropézienne,* que é um brioche recheado com creme. Brigitte Bardot lhe deu esse nome enquanto estava em Saint-Tropez fazendo o filme *E Deus criou a mulher.*

O hóspede foi educadamente informado de que tal doce não constava do cardápio, pois era uma especialidade da região de Saint-Tropez, a cerca de cem quilômetros dali.

Mesmo assim, o hóspede insistiu, afirmando que teria o que queria.

Então, veja só, o concierge *fretou um helicóptero* e pediu a um funcionário que fosse até a melhor confeitaria de Saint-Tropez e comprasse uma *tarte tropézienne* fresca.

Bem na hora do café, a sobremesa foi colocada na mesa do hóspede. Junto à conta.

O valor? Foi de 2.005 euros. A *tarte* custou 5 euros; o restante foi pelo helicóptero.

O hóspede ficou *encantado.* Assim, o Hôtel du Cap conquistou mais uma vitória em sua dedicação em permanecer um local célebre.

Em uma era em que a maioria das empresas nem sequer cumpre o que seu marketing promete, diferencie sua organização tornando um procedimento operacional padrão para *surpreender* os clientes e superar completamente suas expectativas.

Certa vez, em um hotel em que me hospedei em Praga, perguntei à recepcionista se era possível conseguir uma lavagem a seco extremamente rápida de uma camisa social. A resposta dela foi inesquecível: "*Tudo* é possível."

Em outro hotel, no paraíso tropical das Ilhas Maurício, a equipe é treinada para seguir um mantra simples: "A resposta é sim. Agora, pode fazer a pergunta." Incrível, não?

Assim, da próxima vez que você se deparar com um cliente desafiador, lembre-se de que, com um pouco de carinho, compreensão, engenhosidade e apreço, todo cliente insatisfeito pode se tornar um seguidor fanático. Esse é um movimento construído com uma relação de cada vez.

Basta uma dose de criatividade, uma quantidade impressionante de entusiasmo pela proteção da marca e o amor claro em seu coração para fazer outro ser humano feliz.

Como o concierge, que vendeu a *tarte* de 2.005 euros.

41.

Não seja um bicho-preguiça

Farei uma confissão: meu melhor amigo adotou um bicho-preguiça.

A preguiça (animal estranho que me parece um cruzamento entre um guaxinim e um orangotango, caso você não saiba como é um bicho-preguiça), na verdade, não mora com ele.

Porque isso não pegaria bem. Provavelmente seria um caos, em minha opinião.

Não.

Por meio de uma organização que cuidava da vida selvagem, ele encontrou uma maneira de ajudar um bicho-preguiça carente a ter uma vida muito melhor, mandando dinheiro para o bichinho todo mês.

O compromisso de meu amigo me proporciona uma fonte inesgotável de diversão quando tiramos um tempo e vamos jantar. Faço uma piada atrás da outra; por alguma razão inexplicável, acho sua decisão de ajudar um bicho-preguiça muito engraçada.

Ele revira os olhos, justifica sua decisão com o carinho que sente pela criatura e, normalmente, acaba rindo comigo e tomando outra taça de vinho.

(Por favor, não me mande uma reclamação dizendo que eu deveria mostrar mais respeito pelos bichos-preguiça; eu adoro todas as criaturas vivas, exceto as preguiças. Portanto, não vou ler sua mensagem me implorando para entrar no grupo Apoiadores Unidos do Bicho-preguiça. Não estou interessado.)

Brincadeiras à parte, sabia que os bichos-preguiça são os mamíferos que se movem de maneira mais lenta?

É verdade.

Por isso, o vício de ser preguiçoso é chamado de "preguiça".

O que quero dizer neste pequeno capítulo sobre bichos-preguiça é simples: não seja como eles.

42.

Instalador do hábito de treze virtudes de Ben Franklin

Hábitos diários excelentes levarão você mais longe que um talento natural excepcional. Você já deve saber que isso é verdade depois de passar tanto tempo comigo nestas páginas.

Já vi muitos seres humanos geniais jogarem o potencial no lixo.

E muitas pessoas com habilidades medianas alcançarem uma maestria fascinante.

Sim, concordo que pode ser difícil seguir à risca as promessas que você faz a si mesmo, dedicar diariamente muitas horas à prática, à melhora e a muita disciplina. Porém, eu lhe digo que passar a vida escolhendo as coisas difíceis, em vez de movimentos sem esforço, acaba sendo a maneira mais fácil de viver.

Quer saber por quê?

Porque tornar coisas difíceis um hábito — como acordar com o sol, exercitar-se em vez de ficar largado no sofá, economizar em vez de gastar demais, otimizar seus talentos e tratar todo mundo com consideração — garante uma vida de criatividade, produtividade, boa saúde, abundância financeira, eminência profissional e a reverência de muita gente (além de uma consciência limpa). Tudo isso torna sua vida exponencialmente *mais fácil*.

Também quero lhe recordar outro princípio fundamental da instalação de hábitos pesos-pesados: *É muito mais fácil manter um hábito excelente que recomeçar depois de parar.*

Um dos livros que mais me moldou quando jovem foi *Autobiografia – Benjamin Franklin*. O que ainda hoje se destaca é o método de Franklin de instalar as treze virtudes que acreditava serem as mais importantes para uma vida de sucesso, bem-estar e influência duradoura.

Para contextualizar, gostaria de compartilhar uma passagem do livro:

> Foi nessa época que concebi o ousado e árduo projeto de chegar à perfeição moral. Queria viver sem cometer erros em momento algum. Como eu sabia o que era certo e o que era errado, não percebia que nem sempre poderia fazer uma coisa e evitar a outra. Mas logo descobri que havia empreendido uma tarefa mais difícil do que imaginava.

Embora Franklin soubesse o que precisava fazer para se tornar um homem profundamente moral, nem sempre conseguia colocar em prática. A solução foi construir um sistema para quebrar hábitos ruins, instalando meticulosamente hábitos melhores.

As principais virtudes desse estadista para uma vida excelente são:

1. **Temperança.** Atente-se ao que come e bebe.
2. **Silêncio.** Evite conversas triviais e uso de palavras daninhas.
3. **Ordem.** Pratique a austeridade nos espaços físicos e realize cada atividade com precisão.
4. **Resolução.** Faça o que promete a si mesmo, sem falhar.
5. **Frugalidade.** Seja cauteloso com seus gastos e evite desperdícios.
6. **Diligência.** Administre bem seu tempo e evite atividades desnecessárias.
7. **Sinceridade.** Nunca engane ninguém e seja autêntico sempre.
8. **Justiça.** Trate a todos igualmente e não faça nada de errado.
9. **Moderação.** Evite os extremos da preguiça e do ascetismo.
10. **Limpeza.** Mantenha seu corpo, seu espaço de vida e seu ambiente imaculados.
11. **Tranquilidade.** Mantenha a paz interior e não fique ruminando assuntos pequenos.
12. **Castidade.** Não participe de atividades sexuais sem sentido.
13. **Humildade.** Seja como os grandes santos, sábios e videntes.

Franklin criou a seguinte tabela com as treze virtudes, que colocou nas páginas de um diário que chamava de "livrinho". Como você pode ver, na coluna da esquerda estão as iniciais de cada virtude, e na horizontal, os dias da semana.

AS TREZE VIRTUDES DA GRANDEZA HUMANA

	D.	S.	T.	Q.	Q.	S.	S
T.							
S.							
O.							
R.							
F.							
D.							
S.							
J.							
M.							
L.							
T.							
C.							
H.							

Todas as noites, antes de dormir, ele avaliava seu comportamento do dia em relação a seu compromisso de incorporar um desses hábitos (virtudes), refletindo sobre como havia se comportado.

Franklin focava em uma virtude por semana e, assim, podia "concluir um ciclo completo do programa em treze semanas e quatro ciclos por ano".

Saiba também que Franklin acreditava que as treze virtudes são progressivas. Passar uma semana trabalhando na temperança lhe dará mais garra para ser mais forte no silêncio. Depois de uma semana focando a virtude do silêncio, você terá mais autocontrole para maximizar a ordem em sua vida. E assim por diante.

Minha edição favorita de *Autobiografia, de Benjamin Franklin*

Esse método é um excelente exemplo do poder transformador de trabalhar diariamente em sua autoconsciência e na fórmula do sucesso em três passos que você encontrará mais para a frente.

Por enquanto, nas próximas horas, reflita sobre as virtudes essenciais de Benjamin Franklin e sobre como seu desempenho, sua prosperidade, sua serenidade e sua espiritualidade aumentariam se aplicasse regularmente esse sistema fascinante.

P.S.: Para acessar a Planilha das Treze Virtudes que dou aos membros do programa de mentoria on-line The Circle of Legends e começar a integrá-la em suas semanas, acesse TheEverydayHeroManifesto.com/13Virtues.

43.

A queixa do pavão

Adoro ler as fábulas de Esopo. As parábolas me guiam em meu caminho, sempre me fazendo lembrar do que é importante e me ajudando a viver com mais conhecimento, convicção e clareza.

Hoje cedo, li a chamada "A queixa do pavão".

Um dia, um lindo pavão apresentou uma queixa à deusa Juno.

Dizia que a voz do rouxinol era muito mais melódica que a sua. Isso era completamente injusto, argumentou o pássaro.

Juno respondeu que a bênção do pavão era a beleza e que todas as criaturas vivas haviam recebido seus talentos únicos.

A águia era poderosa; o papagaio sabia imitar as pessoas; a pomba era excepcionalmente pacífica.

Já o pavão era atraente. Sedutor.

"Estão todos satisfeitos por serem quem são. E se não quiser se sentir infeliz o tempo todo, é melhor fazer o mesmo", aconselhou a deusa.

O pavão entendeu a lição e logo se apaixonou por seus atrativos, exibindo orgulhosamente sua plumagem.

Para todos verem.

44.

O conflito mais caro

Já vi pessoas se envolverem em brigas que consumiram os anos mais valiosos de sua vida.

Conheço um homem que enfrentou uma grande empresa porque achava que havia sido tratado injustamente, e ele sabia que estava certo.

Ele poderia ter resolvido a questão com negociação astuta e discussão inteligente, e talvez cedendo um pouco e chegando a um acordo.

Mas ele precisava se defender. Total e completamente.

E assim, passou vinte anos travando sua guerra. *Sim, vinte anos.*

E adivinhe só... ele ganhou.

E adivinhe só... ele sofreu um AVC, perdeu grande parte de sua fortuna e acabou em uma cadeira de rodas.

Ele mal conseguia falar quando a batalha acabou, mas conseguiu murmurar para mim: "Eu dei uma lição neles, não foi?"

Sim, eu acredito visceralmente que é preciso lutar pelo que é certo. Martin Luther King Jr. disse certa vez: "Nossa vida começa a terminar no dia em que nos calamos sobre coisas que importam."

Defender seus princípios, ser fiel a seus valores e defender aquilo que é importante para você é o que fortalece seu caráter, alimenta seu heroísmo cotidiano e aumenta sua autoestima.

Eu entendo. Quanto a isso, estamos na mesma página.

Mas por meio de minhas provações, também aprendi o seguinte: *nenhuma luta vale a pena se nos fizer perder nossa criatividade, produtividade, felicidade e paz de espírito.*

Se perder esses tesouros, você perderá *tudo.*

Tudo tem um equilíbrio delicado, não é?

Escolha suas batalhas com cuidado. Às vezes, você precisa defender sua honra e entrar na briga. Outras vezes, precisa ter uma visão mais ampla, escolher proteger sua preciosa alegria a estar certo. Além disso, deve também jogar com mais sabedoria, evitando conflitos e confiando que seguir o caminho certo será melhor para você no longo prazo.

45.

Mate seus queridos

Sim, eu me lembro do que disse anteriormente sobre o uso de palavras que elevam, incentivam e inspiram.

Mesmo assim, eu precisava usar esse título para explicar como ajo como escritor.

Foram doze meses longos, árduos e cansativos — meses que também foram estimulantes, exuberantes e eufóricos — para chegar ao atual estágio deste livro.

Aqui está uma foto da granularidade e obsessão pelos detalhes que me consome durante meu processo criativo:

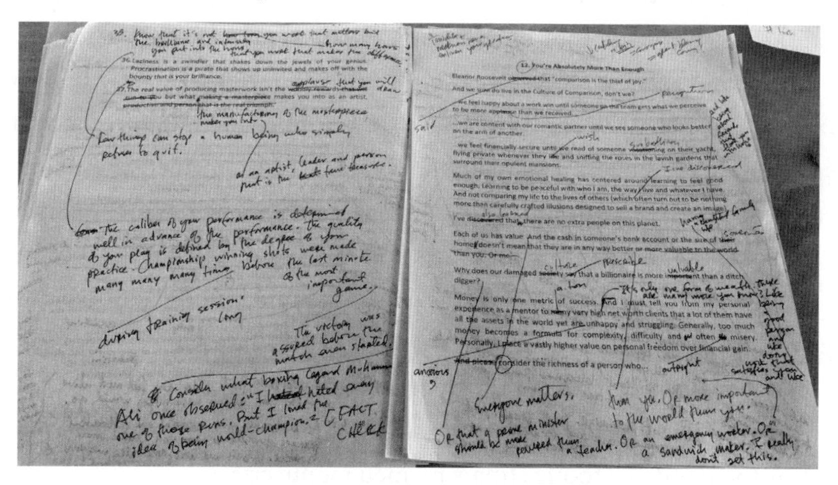

Uma amostra de como trabalho em um livro

Talvez você se pergunte por que eu me doo tanto em um projeto (*O clube das 5 da manhã* me tomou quatro anos) e por que gasto tanto tempo tentando acertar cada linha meticulosamente.

O ícone da publicidade David Goivei escreveu certa vez: "Sou um péssimo redator, mas sou um bom editor. Então, começo a editar meu próprio esboço. Depois de quatro ou cinco edições, fica bom para ser mostrado ao cliente."

Bem, eu fico tão envolvido, dedicado e sou fanaticamente fiel aos mais altos padrões quando escrevo por alguns motivos, e eles contemplam algumas das minhas regras artísticas mais queridas:

1. Porque respeito demais os meus leitores e devo lhes dar o melhor que posso fazer, porque é isso que merecem.

2. Porque elevar meu desempenho em um novo trabalho para além do que produzi no passado, além das bordas de seus limites, torna-o superior e expande esses limites melhor.

3. Porque nunca devo descansar sobre os louros, pois isso seria o começo do fim. Repetir o que funcionou em meu último best-seller sem me aventurar no perigo e na glória de meu próximo nível de desempenho seria uma fórmula para a irrelevância.

4. Porque meu sobrenome está na capa, portanto não devo entregar ao mundo algo que não represente o resultado de alguém que aposta tudo.

5. Porque Karma é coisa real e o poder superior observa tudo que fazemos. Ao trabalhar com a intenção de amor por meus leitores e com o espírito de ajuda sincera para melhorar a vida de cada um, meus sonhos pessoais se tornam reais e grandes coisas acontecem para meus entes queridos.

6. Porque nossa civilização precisa de mais verdade e beleza, por isso, se sou capaz de entregar mais coisas como essas no mundo, tenho o dever de fazê-lo.

O que me leva de volta ao título deste capítulo.

A seguir está uma foto de meu trabalho ontem na casinha à beira-mar onde estou dando os toques finais no meu manuscrito:

Olhe com atenção, por favor. Você verá uma nota apoiada no castiçal, perto de meu manuscrito, para que eu possa vê-la enquanto escrevo. Diz: "Mate seus queridos." Às vezes, a frase é alterada para "Mate seus queridinhos" e é frequentemente atribuída ao ganhador do Prêmio Nobel e escritor William Faulkner.

É uma regra muito, muito, muito valiosa para qualquer realizador criativo sério. Para os líderes artísticos de peso (e independentemente de estar refinando um roteiro, promovendo os avanços de uma start-up, administrando uma equipe ou iniciando um movimento, você *é* um produtor criativo).

Essa frase, para mim, significa que a maestria exige que retiremos aquilo que julgamos ser bom ou até mesmo magnífico, mas que não é absolutamente necessário para a magia de um projeto, para o bem maior desse trabalho.

A nota era meu lembrete de que menos é, muitas vezes, mais e que, embora houvesse adorado alguns capítulos do manuscrito, precisava estar disposto a tirá-los para melhorar o livro.

Fazer sua obra-prima em muitos aspectos tem muito mais a ver com o que você tem coragem de deixar de fora que com tudo o que permite permanecer.

Fazer que algo pareça simples muitas vezes demanda muito tempo. Reconhecemos um conhecimento genuíno quando eliminamos tudo, exceto o que importa. Porque é preciso muita perspicácia, coragem, habilidade e muito conhecimento para incluir só o essencial.

"Mate seus queridinhos; mate seus queridinhos mesmo quando isso partir o coração egocêntrico de seu pequeno escritor", aconselhava o lendário escritor Stephen King. Inscrevi essas palavras na parte mais aberta de meu espírito.

Rezo com entusiasmo para que você faça o mesmo.

P.S.: Reuni vários desses capítulos que decidi não incluir em TheEverydayHeroManifesto.com/LostChapters.

46.

Evite a terceira recompensa

Dar um presente e esperar retribuição não é presente, é troca.

O ato de dar é tão bem-aventurado quando sua intenção chega a ser misteriosa.

E esperar algo em troca corrói o esplendor do presente que está dando.

Antes de escrever este capítulo específico para você, eu — mais uma vez — li uma passagem escrita pelo imperador romano Marco Aurélio. Você já sabe que esse guerreiro filósofo é um grande herói para mim.

Ele usou o termo "benevolente", que finalmente fez sentido para mim de uma forma que eu esperava havia muito tempo.

Eu entendi; levei muitos anos para chegar aqui, onde o significado da palavra virou um conhecimento sentido, e não só uma compreensão intelectualizada.

Ser uma pessoa benevolente (ou líder, criador, realizador) é fazer o que você faz de coração. Pelas razões certas. Com integridade. Sobretudo para o bem de outras pessoas.

Não estou dizendo que você está errado em fazer o bem para si mesmo. O amor-próprio é uma manobra maravilhosa, e um jogo em que ambos os lados ganham é maravilhoso.

Mas você ascenderá aos níveis mais elevados de sua natureza triunfalmente feliz, entrará nos Édens de sua nobreza mais gloriosa e experimentará os Nirvanas de seu sucesso mais sagrado quando doar apenas por doar. Sem esperar algo em troca.

O imperador sábio e corajoso (de volta a Marco Aurélio), que se preocupava profundamente com o bem-estar de Roma (o império mais poderoso do planeta, à época) e com a situação de seus cidadãos, também escreveu na passagem que li: "Se você fez uma boa ação e outro se beneficiou dela, *por que buscar uma terceira recompensa*, como fazem os tolos, seja a reputação de ter praticado uma boa ação ou receber algo em troca?"

Filantropia para uma ala hospitalar receber seu nome não é filantropia de verdade, não é? É vaidade.

Servir a uma boa causa e depois anunciar sua doação aos quatro ventos para construir uma marca não é uma ajuda verdadeira. É autopromoção (não sei você, mas estou cansado de ver tantas empresas fazendo coisas dissimuladamente só para demonstrar "consciência social" e, longe dos holofotes, não dão a mínima para os outros).

Fazer algo gentil por um ente querido, vizinho ou colega de equipe e esperar um agradecimento que seja destrói a magnificência do movimento maravilhoso que você fez graças à sua sabedoria.

Dê aos outros a recompensa e abandone o desejo de ser retribuído. *O serviço que você prestou é sua deslumbrante recompensa.*

Entregue benefícios sem nenhum apego. A retribuição não é necessária. Os aplausos não são necessários. Só sua generosidade inocente e, portanto, honrosa.

Toda vez que agir assim, você estará sendo o governante de seus desejos mais necessitados, das demandas implacáveis de seu ego e de qualquer deslealdade aos poderes inerentes que seu heroísmo exige que você continue expressando.

E não seria esse o melhor presente a receber em troca?

47.

Curar seu coração partido faz de você um grande mestre

Nossa sociedade sugere que abrir o coração e demonstrar as emoções é uma manifestação de humildade.

Na verdade, é preciso ser um guerreiro genuíno para fazer o trabalho íntegro e perigosamente necessário de derrubar a fortaleza construída em torno de um coração outrora aberto e reencontrar a intimidade emocional que permite a um ser humano sentir empatia pela humanidade, admiração pela beleza da vida e entusiasmo pela magia dos sonhos mais profundos.

Quando éramos crianças, éramos emocionalmente nus. Mantínhamos a vulnerabilidade nas palmas das mãos, abertas para todo mundo ver. Sim, éramos muito fortes. Falávamos abertamente sobre nossos medos, chorávamos lágrimas inocentes, corríamos riscos, éramos fiéis a nós mesmos e nos sentíamos seguros para revelar nosso brilho a qualquer pessoa que quisesse vê-lo.

Como estávamos em paz, sentindo as dores naturalmente, como seres humanos que participam da experiência humana, também tínhamos acesso completo à felicidade que todo mundo deveria conhecer.

O poeta Khalil Gibran expôs isso de maneira soberba em sua obra-prima *O profeta* (um dos meus livros favoritos):

Sua alegria é sua tristeza sem máscaras. E o poço de onde surge seu riso é o mesmo que esteve muitas vezes cheio de lágrimas. Quanto mais fundo a tristeza penetra em seu ser, mais alegria você pode conter. O cálice que contém seu vinho não é o mesmo que foi queimado no forno do oleiro?

Então, à medida que avançávamos pela vida — e enfrentávamos decepções, dificuldades e desânimos —, fomos reunindo os resíduos emocionais de nossos encontros desafiadores. Para nos proteger, inconscientemente começamos a construir uma armadura sobre nosso coração doce, sábio e poderoso. Para escapar da dor. Para evitar o sofrimento. Para esquecer o trauma.

Só que, ao mandar ignorar nossa dor, também nos afastamos de nossa luz.

Ao fugir de nossa tristeza, também traímos nossa esperança.

Ao fugir daquilo que tememos, causamos a atrofia de nossa capacidade de abraçar nossos monstros e destruir nossos demônios.

E ao resistir ao que há de belo em tudo o que realmente somos, sufocamos involuntariamente a sabedoria, a maestria e a admiração de nossos "eus" soberanos, que seguem trancados em um armário, nas profundezas de nossas partes menos visitadas.

Um princípio fundamental de minha filosofia do Heartset é: para curar uma ferida, você precisa sentir a emoção reprimida que subjaz nela.

Um segundo princípio que preciso reforçar (para que você interaja com ele em um nível ainda mais profundo e inesquecível) é este: *Se for histérica, é histórico.* Em outras palavras, o tamanho de uma reação exagerada a uma situação particular, em tempo real, indica a profundidade da lesão emocional muito anterior.

Um terceiro princípio do Heartset digno de sua maior consideração é: *Os sentimentos que não são sentidos formam um Campo de Ferida, inconsciente, que degrada seus talentos, trai suas promessas e bloqueia sua grandeza.*

O psicólogo Carl Jung escreveu sobre a cegueira intencional que a maioria dos seres humanos demonstra em relação ao que ele chamava de nossa "sombra", aquela parte de nós que escondemos no inconsciente para não precisar lidar com ela:

> Infelizmente, não pode haver dúvida de que um homem é, em geral, menos bom do que imagina ou deseja ser. Todo mundo carrega uma sombra, e quanto menos incorporada à vida consciente do indivíduo está, mais escura e densa ela é. De qualquer maneira, constitui um obstáculo inconsciente, frustrando nossas melhores intenções.

> Ele acrescentou:

> Ninguém se ilumina imaginando figuras de luz, mas sim tornando consciente a escuridão. Este último procedimento, contudo, é desagradável e, portanto, pouco popular.

Sigmund Freud escreveu sobre isso de uma maneira ainda mais direta: "As emoções que não expressamos nunca morrem. São enterradas vivas e aparecerão depois mais feias."

Considerar o coração uma tolice e focar em melhorar a mente, negligenciando a cura de feridas antigas é ignorar a porta aberta para sua supremacia e criar um estado de autossabotagem que o manterá grudado no lugar onde se encontra atualmente.

Todos esses microtraumas reprimidos — e possivelmente também macrotraumas — dos quais você provavelmente nem tem ciência, porque estão alojados dentro de seu inconsciente, são a verdadeira razão pela qual talvez você não esteja atento aos seus dons, íntimo de seus talentos e totalmente vivo para seu potencial de lançar poeira estelar no mundo.

Esse Campo de Ferida preso em sua psique é o principal motivo de você procrastinar a produção de sua obra-prima, resistir a hábitos de nível virtuoso, sabotar relacionamentos saudáveis (ou atrair relacionamentos tóxicos, porque pessoas traumatizadas não conhecem algo diferente disso e, por incrível que pareça, um estilo de vida cheio de drama parece mais seguro para elas que um pacífico, porque é muito mais familiar), ter vícios crescentes que vão desde passar muito tempo nas redes sociais até fazer compras compulsivamente, beber ou reclamar e, basicamente, perder as oportunidades — que estão bem à sua frente — de realizar sua promessa gigante, levar uma vida fenomenal e servir a muitas pessoas.

Toda dor reprimida de nosso passado também explica por que a maioria das pessoas se retrai no racional, na mente, esquecendo que o instinto é sempre muito mais inteligente que o intelecto e de que o coração é sempre mais sábio que a razão.

Como muita gente agora vive na mente e está presa a seus *pensamentos,* em vez de curtir sua capacidade natural de estar presente e sentir, esquece como sentir (e valorizar) tudo que é vida à sua volta.

Isto, por sua vez, significa:

Que não conseguimos *sentir* remorso por ter feito mal a outro ser humano.

Que começamos guerras que matam nossos irmãos e irmãs (porque não sentimos quase nenhuma ligação com eles).

Que desrespeitamos um vizinho por causa da cor de sua pele ou da natureza de seu gênero ou mesmo por sua religião, porque não somos capazes de *sentir* o terror de um comportamento tão violento.

Que poluímos um planeta outrora intocado com produtos químicos, lixo e outras toxinas que destroem os oceanos, degradam as florestas e aniquilam nossos amigos animais, porque nos protegemos das sensações físicas da tristeza que qualquer ser humano totalmente desperto sentiria ao *matar* qualquer coisa viva.

Assim se comporta uma civilização dissociada de suas emoções, adormecida para suas sensações físicas. Essa é a atitude de um povo que está preso à razão robótica e à intelectualização maquinal, preferindo fabricar mais informação a aumentar sua sabedoria.

Esse é o resultado quando o egoísmo mundano triunfa sobre o heroísmo humano.

Preciso terminar este capítulo (que estou escrevendo em um chalé de madeira em uma ilha de terreno escarpado muito pouco povoada, no oceano Atlântico, enquanto o vento uiva, as ondas quebram e as janelas tremem).

Deixo para você uma técnica específica que transformou a criatividade, a produtividade, a prosperidade e o impacto dos clientes que oriento. Chama-se Ferramenta CSLA.

O C é de *Conscientizar-se.* O S é de *Sentir.* O L é de *Liberar.* E o A é de *Ascender.* Vejamos a estrutura de aprendizagem relacionada a essa ferramenta:

FERRAMENTA CSLA PARA PURIFICAÇÃO DO HEARTSET

Da próxima vez que seu eu mais fraco for ativado negativamente por uma pessoa ou situação, em vez de se fazer de vítima e culpar o outro ou a condição externa, comece a *explorar* a circunstância para treinar a purificação de seu coração ou Heartset, trabalhando com a ferida emocional reprimida e os velhos traumas que o cenário fez emergir dos lugares ocultos de sua vida inconsciente para sua atenção consciente. Você saberá que a emoção bloqueada do Campo da Ferida subiu à superfície, onde agora pode lidar com ela, pelo simples fato de que o está incomodando, confirmando que deixou o reino inconsciente e entrou em seu mundo consciente. "Tudo o que nos irrita nos outros pode nos levar a uma compreensão de nós mesmos", disse Carl Jung.

Se já não houvesse raiva dentro de você, nada poderia lhe provocar raiva, certo? Portanto, aquele par romântico frustrante, o colega de trabalho difícil ou o motorista agressivo que o deixa furioso é, na verdade, um amigo espiritual, um enviado dos céus para proporcionar seu crescimento e ajudá-lo a assumir mais de sua maestria. Porque essas pessoas cutucaram uma ferida antiga, tornaram-na consciente para que você pudesse olhar para ela e, se quisesse, curar a ferida para que não sabote mais sua criatividade, produtividade, prosperidade e alegria. Se você não guardasse tristeza, vergonha, ressentimento, ciúme, decepção ou arrependimento antigos e não resolvidos que sobraram de eventos anteriores, nem nada nem ninguém poderia afastá-lo de seus talentos, certo?

Conforme for utilizando cada vez mais a Ferramenta CSLA, você não apenas usará a *suposta* "dificuldade" a seu favor, aproveitando todas as situações difíceis para seu crescimento e maestria e transformando todos os obstáculos em trampolins, como também estará transformando feridas em sabedoria e qualquer problema no poder que levará consigo pelo restante da vida.

Pois bem, permita-me explicar como aplicar essa ferramenta.

Da próxima vez que você tiver uma reação *intensa* a algum acontecimento, comece a treinar o condicionamento constante de pensar na sigla CSLA. Enfatizo "intensa" porque, como já disse, só quando sua reação emocional é *exagerada* em relação ao evento é que você sabe que uma ferida antiga foi cutucada. Claro que o aparecimento de várias emoções humanas em resposta *proporcional* às circunstâncias dos nossos dias é normal, saudável e não sugere que alguma ferida antiga tenha sido ativada, como sentir raiva durante uma conversa maldosa com um familiar, ou sentir-se triste quando um cliente não valoriza seu trabalho árduo, ou sentir medo quando surge uma oportunidade profissional desafiadora, ou sentir-se inseguro financeiramente, ou ficar desanimado pela maneira como um amigo falou com você, ou sentir-se inferior quando vê nas redes sociais que alguém está se saindo melhor que você. Depois, execute o processo de quatro passos abaixo para obter a cura:

Passo 1: Conscientizar-se

Comece a desenvolver a consciência da ferida escondida, localizando a sensação em seu corpo. A dor original está presa ali porque você aprendeu que não deve senti-la até o fim (a maioria das pessoas aprendeu, quando criança, que ter sentimentos é errado ou coisa de gente fraca). Você não se sentia seguro para reconhecer a ferida emocional e a negou, e assim congelou seu interior, bloqueando seu verdadeiro poder de ser incrível e de realizar o sublime.

No início, pode ser que não consiga localizar a sensação relacionada à emoção porque a fluência emocional ainda é muito estranha para você. Mas lembre-se: você está começando uma nova habilidade. A maestria requer prática e paciência. Continue procurando a resposta física que a pessoa ou situação desafiadora provocou. Pode ser um aperto no peito ou um nó na garganta, ou uma dor de estômago ou umas pontadas na cabeça. Imagine que você é uma espécie de detetive emocional, investigue mais o universo interno de seu coração e conheça melhor essa parte essencial de você. Foque toda sua atenção na sensação de seu corpo. Isso automaticamente o trará para o presente e o afastará das preocupações e da intelectualização. Faça o possível para não focar a mente e se entregar à sensação real que se alojou em seu corpo. Observe sua textura e sinta sua cor. Seja uno com ela.

Passo 2: Sentir

O fato de estar sentindo uma emoção antiga e reprimida que o cenário atual ativou não é ruim, muito pelo contrário. Sim, a sociedade diz que se não estivermos felizes o tempo todo, é porque há algo errado. Que absurdo!

Ser um ser humano plenamente vivo é experimentar *uma série de emoções*. Vou reforçar: o fato de você estar sentindo uma emoção desagradável significa que ela emergiu de seu inconsciente e que agora está no seu consciente. Que ótimo! Ela não o domina mais secretamente, prejudicando e, principalmente, acabando com a sua criatividade, produtividade e felicidade. Nesta etapa do processo, o objetivo é *se entregar* à sensação. Não fique alienado a ela. Não fuja se distraindo com telas, porque curar uma ferida exige que você sinta de verdade a condição reprimida nela. O fato de o sentimento agora ter despertado para você, de ser uma sensação real em seu corpo, significa que ele está saindo e não está mais preso no Campo de Ferida, onde pode causar estragos em sua vida, sem você saber. Respire, sente-se e aceite-o, em vez de julgá-lo como errado. Confie que a maneira mais rápida de sair dessa dor é entrar *diretamente* nela.

Passo 3: Liberar

Sei que isto é meio vago, mas neste momento da implementação da Ferramenta CSLA, tudo o que você precisa fazer é estabelecer a intenção de abandonar a velha ferida. Ao sentir plenamente a emoção enterrada e ao *desejar* liberá-la, tirá-la de dentro de você, a dor congelada é desalojada. Ela vai começar a sair de seu corpo, deixando você mais livre. Certas vezes, isso leva alguns minutos, em outras, horas. Às vezes, a bagagem emocional presa é maior, por isso, leva mais tempo para ser resolvida. Confie nesse processo. Saiba que, conforme as feridas do passado forem desaparecendo, você estará vivenciando uma grande cura. Este exercício o deixará mais íntimo de seus dons, mais simpático para com seus pontos fortes, mais conectado com sua coragem, mais desperto para sua vitalidade, mais confiante em seus instintos e muito mais próximo de sua natureza amorosa. Para sempre.

Passo 4: Ascender

Cada vez que você executa este protocolo de purificação do coração, há uma recompensa, fazendo você avançar de forma mais elevada e saudável. Cada vez que você executa a ferramenta CSLA e libera parte da toxicidade antes ignorada (a propósito, nem tudo é devido a mágoas passadas que sofremos; parte também é proveniente da culpa, vergonha e arrependimento que sentimos pela maneira como tratamos os outros) que vem prejudicando seu desempenho e mantendo seu coração fechado para amar além de toda a lógica, o Campo de Ferida vai ficando menos denso. Você se sente mais leve e se aproxima da felicidade ilimitada, da excelência desenfreada e da liberdade espiritual que é sua natureza essencial. Você sente mais energia e confiança. Continue praticando esse método diariamente em resposta a qualquer "problema" que a vida lhe enviar, e, assim, começará a ver que ela nunca nos atrapalha. Tudo o que acontece opera para ajudá-lo a crescer e recuperar seu talento primordial.

Continue cuidando de seu Heartset — por mais difícil que seja, às vezes — e o vasto reservatório de autoaversão (feito de todos os sentimentos de baixa energia armazenados que negamos) dentro do sistema emocional de tanta gente no planeta neste momento desaparecerá.

Automaticamente, as emoções de ordem superior — esperança, gratidão, alegria, empatia, compaixão, bravura, inspiração e admiração — começarão a ocupá-lo, enchendo-o com o poder superior e a grandeza diária que é sua natureza essencial. É você em sua melhor versão.

Sim, curar seu coração outrora aberto fará de você um grande mestre. A prática é um caminho direto para escalar o amor-próprio que o eletriza para honrar suas ambições éticas, materializar seus dons, tratar-se com respeito e fazer de nosso mundo um lugar melhor. Graças à sua luz brilhante.

Cada situação que a voz do medo (conhecida como seu ego) afirma ser ruim é, na verdade, uma bênção que servirá para sua ascensão à força artística, para tornar-se um gigante produtivo e um herói servidor, que é o chamado de sua vida. À medida que você liberar todas as impurezas emocionais, aproveitando sabiamente tudo o que acontece com você, que faz parte de seu processo de se tornar um guerreiro-sábio, despertará de novo para a maravilha, a majestade e a capacidade de ver possibilidades que conheceu quando criança, antes que o mundo o fizesse se fechar.

E negligenciar sua magia.

48.

O que aprendi com os cadernos pessoais de Leonardo

Em uma tarde inesquecível, enquanto caminhava pelas ruas de Roma na primavera — como adoro fazer —, entrei no imperdível museu que fica nos limites da Piazza dele Popolo. Havia uma placa simples à porta anunciando uma exposição das obras de Leonardo da Vinci.

Leonardo, um mestre em muitos campos, gerou obras de arquitetura, pintura, anatomia, escultura, engenharia e aeronáutica.

A produtividade dessa alma deveras criativa era especial, evidentemente. Como escreveu seu biógrafo mais famoso, Giorgio Vasari: "Às vezes, de forma sobrenatural, uma única pessoa é maravilhosamente dotada pelos céus com beleza, graça e talento, em tal abundância que cada ato seu é divino e tudo que ela faz provém de Deus e não da arte humana."

Enquanto eu andava pelo museu, observando os instrumentos que ele desenvolveu e os diagramas internos de várias criaturas, e estudando — por algumas horas cuidadosas — as gravuras, os destaques e as palavras que via nos cadernos pessoais onde ele registrava tudo aos mínimos detalhes, tive um insight surpreendentemente claro: sua dita "genialidade" não era uma bênção genética, mas sim o resultado de um autodidatismo e de uma evolução diária contínua. Além de enormes graus de disciplina, devoção e treinamento.

Artistas, arquitetos, inventores e líderes supremos não nascem sabendo tudo o que sabem. Sua maestria é desenvolvida (como venho afirmando ao longo deste livro, com o maior empenho, para que se torne uma crença padrão sua quando terminar a leitura).

Esse luminar passava dia após dia estudando obsessivamente (e apaixonadamente) os assuntos à primeira vista menores que contribuiriam para a percepção avançada e a otimização de habilidades que depois elevariam nossa civilização.

Ele aprendeu sozinho o funcionamento da mandíbula de um crocodilo, a natureza da placenta de um bezerro, a anatomia da língua de um pica-pau e como o luar irradia no céu frio de inverno.

Ele entendeu que a liderança criativa preeminente requer foco minucioso, esforço no trabalho e tenacidade fora do comum. Não está relacionada a genes bons, a escolas famosas e a conexões sociais certas.

Em um de seus cadernos, Leonardo registrou 730 conhecimentos conquistados com bastante esforço sobre a física do fluxo da água. Outra página revelava 169 versões precisas do homem vitruviano. Um rabisco mostrava sua lista confusa de 67 palavras que havia descoberto para descrever a água corrente.

Leonardo trabalhava incansavelmente — quando trabalhava. Também desperdiçava muito tempo, como fazem todas as pessoas criativas (isso não é um uso indevido do recurso, é a incubação de novas ideias). Os verdadeiros profissionais confiam em seus ritmos naturais de produtividade, alternando uma intensidade impressionante com uma recuperação profunda, para que sua capacidade se expanda por uma vida inteira, em vez de experimentar uma extinção cegante e rápida.

Quanto mais eu observava o conjunto da obra desse grande mestre, mais inspirado eu ficava. Quanto mais eu observava a produção prodigiosa desse grande homem, mais claro ficava que cada um de nós tem talentos incríveis dentro de si — habilidades que, quando desenvolvidas e refinadas incansavelmente, também nos permitem oferecer obras que olhos inexperientes rotulariam como divinamente dotadas.

Vejamos seis hábitos diários que fizeram de Leonardo o virtuose hoje reconhecido:

Hábito 1: Ele anotava as coisas

Aquilo que escrevemos é amplificado dentro de nossa clareza mental. A sobriedade do pensamento gera a maestria na produção. Ter vários diários sobre assuntos nos quais você busca excelência é uma forma poderosa de aumentar sua criatividade, capturar sua inspiração, imaginar no papel e registrar seu conhecimento crescente.

Hábito 2: Ele explorava a curiosidade natural

Jamais esquecerei o dia em que minha extraordinária filha e eu estávamos voltando para casa depois de uma visita a meu irmão. Ela tinha 5 anos, na época, e estava sentada em silêncio no banco de trás, olhando para o vasto céu azul enquanto eu dirigia pela rodovia. Ao avistar uma formação de nuvens, ela disse com entusiasmo: "Olha, papai, tem um leão no céu!" Quando crianças, costumávamos ser íntimos de nossa arte. Infelizmente, à medida que fomos deixando para trás nossos anos de diversão, perdemos esse acesso natural. Porque nos tornamos sérios e adultos. "Levei quatro anos para pintar como Rafael, mas uma vida inteira para pintar como uma criança", observou Pablo Picasso.

Hábito 3: Ele era absurdamente paciente

Paciência vigorosa é uma das qualidades de todos os artistas Classe A. Quando Leonardo estava criando *A Última Ceia,* seu ritual era ficar sentado diante da tela por muito tempo, apenas encarando a pintura, estudando a peça como um todo, além de prestar uma atenção às intrincadas nuances. Depois, ele se levantava, dava uma única pincelada e ia embora. Às vezes, fazia isso durante semanas. O artista sul-africano Lionel Smit, um dos mais notáveis da atualidade, faz a mesma coisa (se você tiver oportunidade de adquirir uma pintura dele, agarre-a).

Hábito 4: Ele combinava várias disciplinas

Leonardo casou seu aprendizado em aeronáutica com seu amor pelas artes, sua imersão na engenharia com sua dedicação à escultura. Seu suposto dom divino era, na verdade, em grande parte, resultado de intensa concentração e inovação radical em diversos campos de interesse. Envolver-se em muitas disciplinas permitirá que você ligue pontos que poucos conseguem ver.

Hábito 5: Ele tirava folgas

"Homens de grande talento às vezes realizam mais quando trabalham menos", escreveu Leonardo certa vez. Reservar tempo para sonhar, brincar e viver a vida fazia parte da fórmula de sua prodigiosa produtividade. Insights disruptivos e que fazem história raramente aparecem quando você está sentado dentro de uma baia. Portanto, viaje, explore, divirta-se e descanse.

Hábito 6: Ele adorava a beleza natural

Entre as principais pessoas imaginativas de nossa civilização, muitas passaram um tempo considerável na natureza. Longas caminhadas na floresta, muitas horas em uma cabana à beira-mar, noites tranquilas olhando as estrelas. Em um documentário a que assisti sobre o magnata grego Aristóteles Onassis, descobri que depois que os convidados elegantes que ele recebia em seu iate se retiravam para dormir, ele ficava no convés, bebendo conhaque e simplesmente olhando para o céu buscando encontrar solução para problemas e receber a inspiração para aumentar seu império empresarial.

Ficar perto da natureza é uma maneira consagrada de relaxar a mente e fazer sua engenhosidade fluir.

Quando me dirigia à saída do museu, o sol brilhava sobre a rua de paralelepípedos lá fora; vi a seguinte citação de Leonardo da Vinci que gostaria de deixar para você:

> Adoro pessoas que conseguem sorrir em meio aos problemas, que conseguem reunir forças na angústia e tornar-se corajosos por meio da reflexão. É tarefa das mentes pequenas encolher-se, mas aqueles cujo coração é firme e cuja consciência aprova sua conduta perseguirão seus princípios até a morte.

Lindo, não é?

49.

A atitude "Você não vencerá se não tentar"

É simples assim: você não vencerá se não tentar.

Muitas vezes, temos uma grande ideia, que pode elevar nossa carreira a um novo patamar. Que levará nossa vida à Primeira Divisão. Que fará nós nos sentirmos totalmente despertos (e mais íntimos de nossa capacidade de admiração). Mas adivinhe o que acontece? Quem assume o controle é a voz da razão, sob a qual muitas vezes vive uma emoção chamada medo. E então...

Começamos a ceder diante de todas as coisas que podem acontecer e que garantirão nosso fracasso.

Passamos a nos preocupar e pensar se temos a capacidade de realizar o sonho, concretizar a aspiração e materializar a realização.

Seduzimos nossas emoções fantásticas fazendo-as acreditar que não são mais dignas de nossa atenção.

Até que aquela ideia maravilhosa e audaciosa que fez nosso coração rugir e nosso espírito voar alto nos parece boba e ridícula. E, por isso, não agimos. Na verdade, *nem tentamos.*

Imagine um atleta que deseja vencer, mas nem sequer entra na competição. Pense em um gerente de negócios querendo levar sua equipe ao nível Classe A absoluto, mas nem sequer vai à primeira reunião de estratégia.

Imagine um inventor brilhante que pretende revolucionar sua área, mas nem começa a se mexer.

Nada acontecerá enquanto você não se mexer. Você nunca será a atração principal se ficar esperando. O destino premia quem toma iniciativa. A Fortuna recompensa os motivados e a vitória nunca será sua se você permitir que a apatia o paralise.

Nos momentos de minha vida em que me vejo resistente a iniciar coisas, releio estas palavras do sábio indiano Patanjali:

> Quando nos sentimos inspirados por um grande propósito, um projeto extraordinário, todos os nossos pensamentos se rompem. Nossa mente transcende as limitações, nossa consciência se expande em todas as direções e nos encontramos em um mundo novo, grande e maravilhoso. Forças, faculdades e talentos adormecidos ganham vida, e descobrimos que somos uma pessoa muito melhor do que jamais sonhamos ser.

Portanto, eu defendo com entusiasmo que você...

Nunca abandone uma grande ideia sem que faça algo para torná-la realidade.

Sempre lembre que nunca é demais perguntar (a pior coisa que pode acontecer é você ouvir um sonoro "não", que é apenas um "talvez" em formação).

Não perca a coragem quando o pensamento e o sentimento de derrota aparecerem.

Saiba e confie que a rejeição é o ensinamento exigido dos heróis do cotidianos para que sejam honestos com seus dons e grandeza. E se você esperar até ter qualificação, habilidades e confiança suficientes para conseguir o que deseja, talvez tenha que esperar muito, muito tempo. Não existem condições perfeitas e esperar por elas é, muitas vezes, só uma desculpa porque você está com muito, muito medo de começar.

Talvez você diga: "Mas, Robin, e se eu tentar e fracassar?

Eu responderei gentilmente: "E se você não tentar? E se passar o resto da vida arrependido, pensando em tudo que poderia e deveria ter sido, sem ter tido nem sequer um vislumbre de quem realmente é?."

"Só nos conhecemos na medida em que somos testados", escreveu a vencedora do Prêmio Nobel, a polonesa Wisława Szymborska.

Os Deuses da Conquista Avançada adoram pessoas que lançam seu empreendimento visionário e só recompensam aqueles que entram no ringue.

Você não pode perder quando se apoia nos desejos e sonhos luminosos de seu coração. Se conseguir o que deseja, você vence. E se o que deseja não acontecer, você cresce.

50.

O esforçado que nunca progrediu

Eu estava na aula de exercício físico hoje de manhã, antes de voltar ao meu quarto de hotel na cidade onde ficarei para escrever esta parte do livro para você (sim, preciso ficar em vários lugares diferentes para manter minha criatividade, energia e inspiração em alta; a Musa adora *variedade*).

Pouco depois do nascer do sol, fui para a academia para uma aula na qual levantei pesos, fiz séries de flexões, sequências de prancha e suei tudo o que tinha para suar.

Foi fantástico e maravilhoso. Para mim.

Nesse treino específico em grupo, os movimentos precisam ser feitos ao ritmo da música. A ideia é fazer os exercícios como um todo coreografado para que todos se movam juntos. Assim, todos nós nos unimos, todos éramos um.

No início da aula, a instrutora celebrou um aluno. "Esta é a milésima aula de Joel", anunciou ela, alegremente.

Joel sorriu, acelerou o passo e levantou os pesos com mais vigor.

Mas o problema era o seguinte...

Durante a aula, em cada exercício, o homenageado estava completamente fora de ritmo, totalmente fora de sincronia e era pouco atlético.

Ele demonstrara comprometimento, vontade e persistência para chegar a mil aulas. Uma façanha incrível, sem dúvida. Muito bem, Joel!

Mas achei curioso que, depois de tantas aulas, ele ainda não mostrasse o menor indício da maestria demonstrada pela instrutora.

A lição que fica é que não podemos confundir experiência com maestria. Nem tempo investido com habilidade otimizada.

O verdadeiro princípio é que o treinamento que não for intencionalmente programado para nos tornar melhor não nos tornará melhor.

Anders Ericsson foi um pesquisador pioneiro em desempenho excepcional. Li pela primeira vez sobre ele e sua Regra das 10 Mil Horas há mais de 25 anos, muito antes de o conceito ficar famoso pelas mãos de outros escritores. A Regra das 10 Mil Horas, extraída dos estudos de Ericsson sobre atletas de elite, prodígios do xadrez, músicos e outros talentos criativos, é que é preciso investir aproximadamente 10 mil horas de condicionamento antes que os primeiros sinais de desempenho padrão Classe A comecem a aparecer.

Ericsson também foi pioneiro no termo "prática deliberada". Seu trabalho confirmou — e é *muito importante* observar isso — que o mero treinamento de uma habilidade específica durante um longo período de tempo não leva necessariamente à maestria. O que torna os pesos-pesados tão impressionantes é que eles se comprometem com *um tipo específico de prática.*

Quando pessoas com desempenho avançado procuram capitalizar seu talento, o treinamento é projetado justamente para melhorar suas habilidades. Elas treinam com a intenção clara de melhorar cada vez mais. Cada prática é importante, pois é um trampolim para o ideal vividamente imaginado de virarem uma lenda no que fazem. Cada pequeno avanço no treinamento resulta em uma revolução na experiência, quando feito de forma consistente durante muito tempo. Os pequenos triunfos deliberadamente obtidos acabam se tornando grandes transformações comportamentais, e os dias investidos na otimização na área que é seu foco se transformam, inevitavelmente, em décadas de maestria. O processo é intencional e deliberado, não aleatório e acidental.

Os atletas que simplesmente iam treinar faziam os exercícios e executavam os lances sem o compromisso consciente de melhorar sua potência, não alcançaram o próximo nível.

Pintores que simplesmente iam para o estúdio e pintavam como sempre pintaram não refinaram sua arte nem aceleraram suas habilidades.

Neurocirurgiões que simplesmente realizaram mais cirurgias ao longo de uma carreira nunca se tornaram astros. Continuaram sendo médicos comuns.

Portanto, uma prática que não for cuidadosamente calibrada e executada com paixão para melhorar seu desempenho e ampliar sua maestria não é realmente prática. É só faz de conta.

Como aquele homem suado na aula de condicionamento matinal. Mas eu o aplaudo sinceramente por sua milésima aula.

51.

Os lados sombrios de suas virtudes

Todo dom traz consigo uma espécie de maldição. Cada personagem heroico das tragédias de Shakespeare possuía tanto um talento especial que os tornava grandes, quanto um defeito trágico que os levava à queda.

As bênçãos que nos tornam incríveis são as mesmas qualidades que podem nos causar tristeza. Cada ponto forte é associado a uma fraqueza. Os seres humanos são especialistas em dualidade.

Alguns exemplos para deixar isso um pouco mais nítido:

O olhar crítico que permite a alguém elaborar sua obra-prima e fazer brilhar sua luz é o mesmo que o faz criticar os defeitos dos outros, ser hipervigilante, perceber cada imperfeição de seu ambiente, levando-o a reclamar e a passar muito tempo frustrado.

O impulso incendiário de realizar grandes feitos, em uma era em que muito poucos conseguem se libertar das correntes de ferro da diversão e interrupção para produzir resultados inspiradores, muitas vezes implica o trágico defeito de ser extremamente impaciente com os outros e brutalmente rígido consigo mesmo.

A integridade artística que torna seu trabalho tão honesto, excelente e de alto potencial também pode levá-lo a ficar fanático pelo aperfeiçoamento de sua performance, fazendo com que os outros o considerem uma pessoa difícil.

A obsessão por se manter no padrão Classe A, operar com excelência e desenvolver incansavelmente sua arte é a mesma maneira de agir que faz você achar que nunca alcançou o suficiente.

A confiança suprema que faz com que um indivíduo acredite em seu esforço entusiástico e em suas esplêndidas capacidades também é uma característica que pode se transformar em arrogância, na falsa crença de que você não pode fazer algo errado.

Ser ultracompetitivo pode levá-lo ao ápice. É também um comportamento que, quando não controlado, pode destruir bons relacionamentos, criar ansiedade ao redor e corroer significativamente sua serenidade. Porque tudo vira uma competição, e perder aniquila sua identidade.

Preparar-se, por meio de treino infinito, para trabalhar duro pode levar a uma grande produtividade. Mas isso também pode impedi-lo de curtir os pequenos prazeres da vida, de ficar em silêncio, com sua alegria tão bem conquistada. Porque você ficou viciado em fazer e esqueceu como apenas ficar parado.

A autodisciplina que o sucesso estrondoso exige também pode levar ao comportamento rígido e robótico do qual a alma não gosta.

Quer dizer, então, que tudo isso significa que você deve recuar diante de sua eminência, prejudicar seu brilho ou violar sua obra-prima, negligenciando seus dons? Retardando a busca por seus encantamentos?

Claro que não.

O fato de seu talento inerente vir com sabotadores e desvantagens significa apenas que cada um de nós — como criadores, produtivos e líderes — precisa permitir que a luz de nossa consciência aumente nossa clareza em relação aos comportamentos nada ideais que não nos servem (nem às pessoas ao nosso redor) e administrá-los de maneira inteligente, responsável e precisa.

Destaque seus talentos humanos, aplique-os para alcançar resultados excelentes. Seja sempre uma pessoa de habilidade incomum e um verdadeiro mágico para o mundo (sim, você trabalha para o mundo). Mas permita-me sugerir humildemente para você nunca deixar que os lados sombrios de suas habilidades máximas derrotem a positividade, a autoridade moral e a espiritualidade avançada.

Porque o que você tem de melhor merece prosperar.

52.

A fórmula do sucesso em três passos (e meu hábito de comer brócolis)

Se você já acompanha meu trabalho há algum tempo, conhece bem a máxima da *2x3x Mindset*.

Em resumo, esse princípio recomenda: "Para duplicar seu rendimento e impacto, você deve triplicar seu investimento em duas áreas principais: seu maestria pessoal e sua capacidade profissional."

Estudar é, de verdade, uma vacina contra a disrupção. O líder que aprende mais, vence.

Porque quanto mais souber, mais capaz você será de fazer melhor. O conhecimento, quando aplicado de forma competente, tem um poder extraordinário. Você não precisa ser o maior talento para liderar em sua área e ter uma vida superior; basta ser o melhor aluno.

"Estudar é acender uma chama, não encher um recipiente", observava Sócrates.

"A sabedoria não é produto do estudo, e sim da eterna tentativa de adquiri-la", é a contribuição de Einstein.

Sobre crescimento transcendente, ensino um modelo que os leitores de *O Clube das 5 da manhã* do mundo todo consideram extremamente útil para aumentar a liderança, a produtividade e a positividade. Por isso, quero compartilhar com você *A fórmula do sucesso em três passos*:

MECÂNICA DO HEROÍSMO DO DIA A DIA:
A FÓRMULA DO SUCESSO EM TRÊS PASSOS

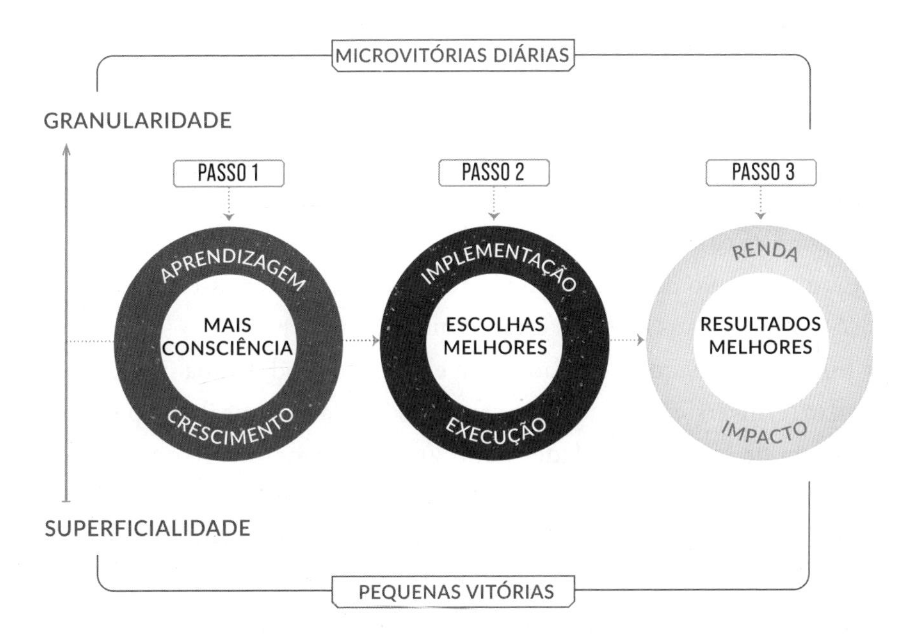

A principal tese que fundamenta essa estrutura é que, com mais consciência diária, você se colocará em posição de fazer melhores escolhas diárias. E, claro, conforme começar a fazer melhores escolhas diárias, automaticamente começará a obter melhores resultados diários. Para simplificar, a fórmula do sucesso em três passos é esta: *Mais consciência gera melhores escolhas, que proporcionam melhores resultados.*

Quanto mais você aprende e, assim, aumenta sua consciência, mais sabedoria tem para se tornar uma pessoa que toma decisões mais inteligentes. Tais decisões garantem resultados excepcionais.

Vejamos alguns exemplos:

Descubra o que as pessoas mais longevas do mundo comem e você ganhará uma nova consciência para fazer melhores escolhas diárias, que gerarão melhores resultados diários em termos de energia, vitalidade e longevidade.

Estude as rotinas de artistas lendários e você reunirá as informações que, quando postas em prática com hiperfoco, ampliarão a beleza de seus resultados exuberantemente imaginados.

Leia sobre a psicologia, as emoções, os regimes e os rituais dos ultrarricos e você estará armado com a consciência diferenciada que poderá aplicar para obter melhores retornos financeiros.

Explore os métodos que os criadores de impérios usaram para construir grandes empresas e você terá a inteligência que, praticada de maneira soberba e com constância, resultará em uma empresa Classe A.

Descubra como os grandes mestres espirituais realizaram seus grandes feitos e, por meio de decisões dedicadas a implementar esse aprendizado, você terá acesso aos mesmos estados que eles habitavam.

Sim, o estudo, quando usado com elegância, produz uma imensa força criativa (e, inversamente, ideação sem execução leva a uma ilusão perigosa).

A seta de "superficialidade" para "granularidade" no eixo vertical do modelo visual também é importante. Estude *qualquer* desempenho de elite e verá que *não houve* superficialidade na abordagem dessas pessoas em sua área de especialização. *Elas sabem muito sobre poucas coisas.* E conforme avançam na jornada de sua maestria, sua abordagem vai se tornando cada vez mais granular.

O cientista Charles Darwin estudou exclusivamente cracas no longo período de oito anos. Mas essa obsessão foi fundamental para sua jornada como naturalista e crucial para a revolucionária teoria da evolução que desenvolveu mais tarde.

O gerente do Eleven Madison Park, que recebeu o título de "Melhor Restaurante do Mundo", exigia que todos os seus funcionários colocassem o emblema do restaurante em uma posição específica, mesmo que ficasse fora da vista de todos os clientes porque estava na parte inferior do prato. Achava que esse grau de granularidade colocava o servidor no estado correto para que o serviço que prestasse fosse igualmente preciso.

As equipes de Fórmula 1 aspiram o chão da área dos boxes para que nem uma mínima molécula de lixo entre no motor dos carros e cause uma catástrofe.

Vejamos um exemplo estranho de minha vida (que o instinto me diz que devo compartilhar) sobre o valor da aprendizagem continuada para melhores resultados diários.

Ultimamente tenho me interessado muito por brócolis.

Depois de ouvir um podcast, fiquei fascinado com os benefícios maravilhosos de um composto chamado sulforafano, como a neutralização de toxinas corporais, a redução de radicais livres, níveis mais baixos de inflamação e melhora da função cerebral.

Acho essas coisas frescas que encontramos no hortifrúti difíceis de comer. São muito grandes, parece que estou enfiando um tijolo na boca. E minha família acha o mesmo. Eles me dão só uma estrela quando faço essas coisas para comer, sério.

Então, fiquei testando incansavelmente para encontrar uma solução que nos oferecesse as recompensas do vegetal sem as desvantagens de sua versão fresca. E acabei comprando um pacote de brócolis congelado.

Comprei porque os pedaços pareciam menores na foto da embalagem. As cabeças de brócolis não pareciam ser do tamanho da minha. Os talos não lembravam a Torre Eiffel. Achei que seria melhor para nós. Talvez recebesse três estrelas, no futuro.

Levei-o para casa, descongelei, cozinhei com um pouco de óleo de abacate, alho, um pouco de açafrão e cebola roxa. Depois, polvilhei um pouco de sal do Himalaia e pimenta-do-reino. Fiz um acompanhamento delicioso para o jantar daquela noite. Minha família adorou.

Então, eu me perguntei: brócolis congelado tem a mesma quantidade de sulforafano que o produto fresco?

Fiz algumas pesquisas, que me ensinaram: congelar o brócolis remove o sulforafano do vegetal. Ou, para ser mais preciso, bloqueia sua liberação.

Mas veja que coisa linda descobri depois de uma leitura vigorosa:

Descongelar o brócolis e polvilhar sementes de mostarda sobre ele, ou acrescentar um pouco de mostarda Dijon, faz com que a enzima mirosinase seja produzida. Ela desencadeia uma reação química que aumenta a biodisponibilidade do sulforafano. Legal, não é?

Adorei aprender isso. Fiquei muito feliz por descobrir essa dica. Viu o poder bruto do aprendizado? E o valor da fórmula do sucesso em três passos? (Ser excelente em pesquisa é outra VCG — Vantagem Competitiva Gigantesca — neste mundo de superficialidade e de pessoas que não estão dispostas a investir foco, paixão e tempo para estudar algo *a rigor.)*

Informações avançadas e mais granulares desenvolveram em mim mais consciência, o que me permitiu fazer melhores escolhas diárias para mim e minha família no que diz respeito à nossa saúde. E entregar melhores resultados diários.

Exemplo estranho, talvez.

Mas espero que a fórmula do sucesso em três passos faça mais sentido para você agora. Porque quando a questão é melhorar uma habilidade, um hábito ou outra área importante de sua vida, funciona. Muito, muito bem.

53.

O que eu penso quando penso nas dificuldades

Eu era um corredor. Até que me machuquei. Portanto, não corro mais (só na esteira; acho que isso ainda faz de mim um corredor, pensando bem).

Enfim; adoro um livro de Haruki Murakami, o famoso escritor japonês, maratonista e ex-proprietário de um bar de jazz chamado Peter Cat. Chama-se *Do que eu falo quando falo de corrida.*

Neste capítulo, queria transformar as palavras dele em um novo título chamado *O que eu penso quando penso nas dificuldades.* Apresentarei nove crenças fundamentais que treinei psicológica e emocionalmente — até o ponto da automatização — e que me ajudaram pessoalmente a superar as adversidades. A natureza de uma vida vivida com vigor e sem restrições significa que muitas vezes você enfrentará convulsões e até sofrimentos graves. Portanto, faz muito sentido desenvolver sua experiência para navegar bem em tempestades.

Legal. Vamos lá.

Crença 1: Isso também vai passar

Há muitos anos, enquanto eu passava por um divórcio doloroso, um respeitado mentor me ofereceu esta sabedoria para me consolar durante minha crise. Não parecia que essas quatro palavras poderiam fazer diferença, mas fizeram (e ainda lhe sou muito grato por seu generoso conselho). Foram para mim como um bálsamo para uma ferida sensível e me ajudaram a lembrar que haveria um futuro melhor e recordar a realidade: que experiências são passageiras, mas pessoas pacientes e firmes sempre permanecerão.

Crença 2: Toda situação aparentemente terrível termina inevitavelmente bem

O filósofo Arthur Schopenhauer escreveu sobre este princípio quando sugeriu que a vida deve ser vivida com previsibilidade, mas só pode ser compreendida em retrospectiva.

Somente quando olhamos para trás na vida é que podemos ligar os pontos e ver como tudo que aconteceu foi para nosso bem maior e para nosso crescimento. O que víamos como um fardo, no auge da dificuldade, com o passar do tempo acaba sendo uma bênção. Isso torna nossa vida muito melhor. Por favor, nunca se esqueça disso. Fez muito bem para mim.

Crença 3: Se nos ajuda a crescer, não é um problema, e sim uma recompensa

Para mim, o propósito principal de uma vida plena é curar nossas feridas passadas, acessar integralmente nosso talento inato e ascender a tudo que nascemos para ser, ao mesmo tempo que ajudamos o maior número possível de pessoas. Foi uma frase longa, mas afirma o que acredito ser verdade.

Um dos principais objetivos de estarmos aqui na escola terrestre é capitalizar *todas* as experiências que vivemos para transformar fraqueza em sabedoria, medo em fé e a dor que ainda carregamos em um poder invencível. Sim, o processo de recuperação do heroísmo perdido para ficar mais forte, mais corajoso e mais nobre está cheio de momentos complicados, desconfortáveis e difíceis.

No entanto, quando minha vida parecia estar em seu pior momento foi que eu mais cresci.

Foi graças aos meus problemas que eu conheci minhas virtudes. A miséria é o fogo que forjou a coragem e a persistência, a paciência e a gentileza, o otimismo para perdoar e a devoção para trabalhar pelo mundo. Esses benefícios inestimáveis foram desenvolvidos em mim não em dias de calmaria, e sim em épocas de sofrimento mais profundo. Foram as recompensas que a Sorte me enviou por permanecer presente nas dificuldades e por transformar as dificuldades em cura, purificação e ascensão espiritual. Tudo o que o ego afirma ser "negativo" e "um problema" está em sua vida por uma razão altamente positiva e extremamente útil. Você simplesmente não consegue ver a recompensa porque ainda não é o momento. Precisa vivenciar plenamente o que está enfrentando, e então, bênçãos ilimitadas inundarão seus dias.

"O que não mata, fortalece", escreveu Nietzsche. Minha experiência de vida me diz que ele estava certo.

Crença 4: A adversidade aparece para testar o quanto desejamos nossos sonhos

"Quando a vida parecer difícil e você se perguntar por quê, lembre-se, o professor está sempre quieto durante uma prova", diz o provérbio.

Para esperançosos, excepcionalistas e possibilitadores como você e eu, a vida envia experiências decepcionantes e desconfortáveis para medir nosso compromisso com nossos objetivos mais maravilhosos e ideais mais eufóricos.

Agora, quando o destino me lança uma bola curva, sou muito mais capaz, graças a todos os meus anos de oração, meditação, visualização, autossugestão, registro em diário, respiração e crescimento com conselheiros espirituais, de lembrar que um problema só é um problema quando visto como tal. Então, respiro fundo, arregaço as mangas e mostro à situação que vim para jogar.

Crença 5: O caos traz oportunidades

Quando eu tinha trinta e poucos anos, li o clássico *Pense e enriqueça*, de Napoleon Hill. Esse livro mudou minha vida (a propósito, o foco dele não é ganhar muito dinheiro, e sim como criar uma vida rica).

Guardo comigo uma das frases de Hill: "Toda adversidade, todo fracasso, toda dor de cabeça carrega consigo a semente de um benefício igual ou maior."

Quando as coisas ficarem muito difíceis, seja um aventureiro em busca de oportunidades. Pergunte a si mesmo como pode *lucrar* com o revés para revelar o auge de seus poderes, transformar a calamidade em vitória e converter o aparente fracasso em uma vida *ainda melhor* que a desfrutada antes. É assim que os guerreiros operam, e os pesos-pesados também.

Crença 6: Os heróis nascem em tempos difíceis

Os heróis não são feitos em períodos de estabilidade, mas sim em dias de desconforto.

Mandela se tornou Mandela na Ilha Robben.

Rosa Parks se tornou uma lenda ao enfrentar maus-tratos.

Martin Luther King Jr. evoluiu para Martin Luther King Jr. enquanto lutava contra a brutalidade do racismo.

E Gandhi se tornou Gandhi lutando contra um império.

Aquilo que tenta quebrar você também lhe oferece a oportunidade de conhecer seus pontos fortes invisíveis, e ao mesmo tempo, desenvolver novas habilidades que lhe servirão pela vida toda. A romancista Jennifer DeLucy abordou isso de maneira clara:

> Mas houve um tipo especial de dádiva que veio ao abraçar o caos, mesmo que eu praguejasse durante a maior parte do caminho. Tenho certeza de que, quando tudo é esquecido, é a maneira que a vida tem de forçar você a se familiarizar e a ter consciência de quem é agora, de quem pode se tornar. De qual é a realização de sua alma.

Crença 7: Viver sem aventuras não é viver de verdade

Uma grande história de Hollywood precisa de tragédia e triunfo, perda e amor, e de um vilão que acaba perdendo para o vencedor imperfeito.

Essa tem sido a narrativa de minha vida até agora. E muito provavelmente sua história de herói também.

Quanto mais alto você chegar, maior será a queda. Mais riscos, mais tropeços. Mais influência e impacto, mais atiradores de pedras e de flechas. É assim que o esporte funciona, não é?

Mas eu prefiro lutar corajosamente por essas ambições e fracassar a chegar ao meu último dia cheio de arrependimento e raiva por perceber que assisti ao jogo da arquibancada, em vez de jogar no campeonato.

A verdadeira derrota é escolher não apostar tudo e apenas brincar com os dons que o universo lhe deu. Ficar coberto de sangue faz parte da vitória. Portanto, ostente suas feridas como medalhas de valor.

Crença 8: A vida sempre está do seu lado

Mesmo quando acha que seu poder superior não está protegendo você e que seu anjo da guarda não está cuidando de você, eles estão. Na verdade, você estará mais próximo dos céus de seu eu mais forte no momento em que se sentir mais sozinho (lembre-se, também, de que o ego grita mais alto quando está mais perto da morte).

Descobri que as noites escuras da alma são, na verdade, experiências no processo de andar com fé. Em outras palavras, aparecem no momento perfeito para ajudá-lo a confiar em uma força maior que você. Quando as coisas pareciam estar desmoronando em minha vida, elas e eu estávamos simplesmente sendo quebrados e refeitos em formas mais maravilhosas (e inteligentes), como percebi depois.

Para que eu tivesse mais confiança de que tudo que estava acontecendo era realmente para o meu melhor.

Para que meu eu egoico tivesse menos voz e meu lado heroico tivesse uma voz mais clara.

Para que o medo se transformasse em confiança, a dor conhecesse a paz e o egoísmo aprendesse a arte de doar.

E para que eu abrisse mão do controle sobre tudo e aprendesse a permitir que a sabedoria de uma fonte mais soberana que eu me levasse aonde fosse melhor para mim.

Acredito que a vida se desenrola como uma orquestração mágica de eventos aparentemente aleatórios para sua evolução. E mais ganhos. Então, por que lutar contra a corrente se, na verdade, ela o está levando a um lugar melhor? Simplesmente aceite e curta o passeio.

Crença 9: A vida é curta demais para levar a tragédia muito a sério

Trabalhei muito em mim mesmo nas últimas décadas. Ainda tenho um longo caminho pela frente. Ainda tenho muito o que aprender, muitas fraquezas ainda a atender e mais inseguranças ainda a liberar. Mas se me permite dizer: eu me sinto bem vendo o quão longe cheguei.

Como compartilhei com você antes, uma das lições mais valiosas que minhas lutas me proporcionaram foi ficar mais confortável quando as coisas estão mais desconfortáveis. Vivi muito o processo de deixar que as coisas simplesmente acontecessem. Ciclos difíceis me ensinaram a me desapegar dos resultados, fazer minha parte e permitir que a natureza faça o resto. A construir um núcleo interior tão invencível que minha alegria, paz e liberdade dependessem menos do mundo exterior.

Ainda me importo (um pouco, mas certamente muito menos que antes) com o que os outros pensam de mim. Ainda anseio por fazer grandes coisas na sociedade e sou parcialmente motivado pelo que conquisto no mundo. Ainda fico magoado quando alguém me trata mal. Mas não tanto. Muito menos que antes, isso é certo, do que quando eu era mais jovem, com menos senso de identidade.

Vou adentrar um área mais profunda...

Ainda tenho fogo nas entranhas e sou imensamente ambicioso. Mas, agora, sou ambicioso de uma forma muito diferente e em relação a coisas diferentes também.

Tenho a ambição de melhorar minha maestria e aprimorar minhas habilidades com uma audácia discreta.

Tenho a ambição de ser menos carente de aprovação, aplausos e apreciação e ser mais humilde, obstinado e fiel a mim mesmo.

Tenho a ambição de inspirar, incentivar e proteger minha família, melhorar o ambiente e dar ainda mais de mim às causas que me movem, como reduzir o analfabetismo e ajudar crianças com lepra a ter uma vida melhor (isso é muito trágico, ainda mais para uma criança).

Tenho a ambição de usar o que me resta de vida para pisar na Terra com leveza, ser atencioso com todos e fazer tudo em meu alcance para ser um servidor leal aos outros.

Tenho a ambição de aprofundar meu relacionamento com meu criador e obter mais felicidade e entusiasmo por meio da exploração de meu mundo interior do que de minhas várias viagens no mundo exterior.

Essa mesma filosofia, que é minha bússola moral, meu imponente farol espiritual, foi forjada por um coração partido. Pela traição de pessoas em quem confiei e a quem amei. Por ser maltratado por humanos a quem ajudei e com quem fui generoso. Por ser dramaticamente decepcionado por pessoas que eu exaltei e a quem abri meu coração. Portanto, como posso ousar menosprezar esses mestres maravilhosos e sábios? Como ousar dizer que todas as dificuldades pelas quais passei foram uma batalha brutal se, na verdade, foram um campo de treinamento organizado para me transformar em uma versão melhor de mim mesmo? Eu vejo tudo de uma forma (em grande parte) positiva...

E não levo nada disso tão a sério. Não mais.

É óbvio que passei por um verdadeiro horror. Mesmo assim, ainda rio quando meu amigo me fala sobre o bicho-preguiça que adotou, e ainda choro quando assisto a uma comédia romântica, e ainda sei que sou só um homem relativamente insignificante que não terá lugar no panteão da história. Ninguém especial.

Levar-se muito a sério garante que ninguém o levará a sério.

Esteja no mundo, mas não muito. Adoro estar vivo, mas não exijo suas recompensas para levar uma vida satisfatória. Gosto do que faço, dos benefícios que conquistei e das graças dos meus dias. Mas nada disso me define, em absoluto. Cada vez mais, meu senso de identidade, eixo de influência e base de poder vem do que está dentro de mim, e não do que está fora.

E isso tem me proporcionado muita tranquilidade. É para que você tenha esse tipo de paz que eu rezo.

Na verdade, um dos presentes mais gloriosos que uma provação passada me deu foi chegar a um ponto em que, mesmo que eu perdesse *tudo* que havia ganho e *tudo* que possuía, ainda ficaria *completamente* bem. Agora, sou muito grato por essa "tragédia". Porque me libertou.

Uma última frase para encerrar este capítulo. Acho que merece sua atenção. Além disso, acredito que lhe dará esperanças e força quando estiver deprimido. É uma citação de John Lennon:

> No fim, tudo dá certo. Se não deu certo, é porque não chegou ao fim.

54.

Por que escrevo ouvindo músicas country românticas

Certa vez, eu me sentei ao lado de um artista em um voo para Paris.

Ele me disse o seguinte: "Eu escolho mulheres que partem meu coração. É bom para minha arte."

Isso me fez rir. Depois, me fez pensar.

Exímia criatividade exige profunda sensibilidade, uma que vem da crescente intimidade com nosso emocional, nosso coração, nossos sentimentos.

Nenhuma obra-prima jamais foi produzida por um artista preso ao intelecto. O coração humano torna a magia real.

Um dos métodos que utilizo para abrir portas para minha criatividade mais elevada é o uso estratégico da música.

Faço playlists para cada projeto artístico meu. E, muitas vezes, faço uma curadoria daquelas que se aprofundam em feridas há muito esquecidas, pois uma montanha de ouro criativo se esconde ali. O sofrimento é uma terra fértil para qualquer artista, contém as sementes de sua obra mais livre de ego, mais sincera, ilimitada e, portanto, influente.

Enquanto escrevo isto para você, estou ouvindo música country romântica.

Você sabe, dessas que o cantor diz que bebe uísque demais, que queria ter amado tanto quanto sente falta dela agora e da juventude desperdiçada na traseira de picapes bebendo Bud Light.

Por que sigo essa prática excêntrica para criar, você me pergunta...

Porque a música abre meu coração, inunda minha alma com um tipo de sabedoria além do racional, com uma inspiração fora do normal que aprimora minha arte e alimenta minha criatividade.

O tipo certo de música eletrifica o acesso à Musa que há dentro de você, de mim e de todos os outros criativos. Uma boa música me abre, me anima e, às vezes, quando ouço uma especial, parte meu coração em mil pedacinhos. Isso pode ser muito bom para meu arrebatamento e a arte que pretendo entregar.

Seu trabalho como realizador consistente de empreendimentos monumentais é lutar contra seus demônios, matar seus dragões e combater as mentiras que limitaram seus sonhos. Ótimas músicas o ajudarão a fazer isso.

Dizem que a música é a forma mais forte de magia.

Eu acredito nisso.

55.

O paciente que piscou um livro

Jean-Dominique Bauby era um homem que amava a vida boa e tinha tudo.

Editor-chefe da *Elle* francesa, adorava carros velozes, comida de primeira e os amigos poderosos.

Então, de repente, enquanto dirigia com seu filho, Théophile, na zona rural nos arredores de Paris, sofreu um grave AVC que o deixou completamente paralisado.

Exceto pela pálpebra esquerda.

Essa condição, conhecida como síndrome do encarceramento (ou pseudocoma), não afetou sua mente, que continuou surpreendentemente clara para registrar suas experiências.

Para que ele pudesse se comunicar, seus terapeutas do hospital de Berck-sur-Mer lhe ensinaram um código que consistia em piscar, letra por letra, para formar palavras. Era um processo meticuloso e cansativo para explicar até suas necessidades mais simples. Mas Bauby conseguiu, mostrando um heroísmo excepcional em sua triste situação.

Ele decidiu compartilhar o relato de suas circunstâncias, seus pensamentos sobre a vida e suas reflexões sobre a condição humana em um livro de memórias. Assim, durante meses, ele piscou 200 mil vezes para terminar o livro, para uma assistente de confiança que capturava suas palavras.

O escafandro e a borboleta se tornou um grande best-seller. Vejamos uma passagem:

Por meio de um tubo enfiado em meu estômago, dois ou três sacos de um líquido acastanhado suprem minhas necessidades calóricas diárias. Para sentir prazer, tenho que recorrer à memória vívida de sabores e cheiros [...] Já fui mestre em reciclar sobras. Agora, cultivo a arte de refogar memórias. Posso me sentar para comer a qualquer hora, sem complicações nem cerimônias. Se for em um restaurante, não preciso ligar antes.

Bauby morreu de pneumonia dois dias após a publicação do livro, deixando memórias que são um testemunho inesquecível da positividade, da possibilidade e da expressão mais plena da humanidade.

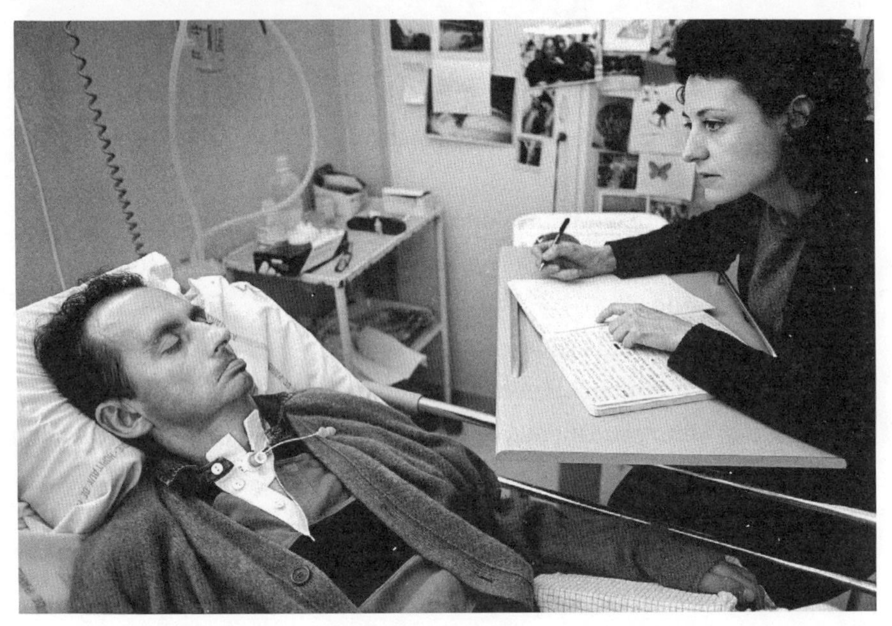

56.

O segredo do possibilitador

Vivemos em tempos de imensa volatilidade, incerteza e mudanças velozes. A disrupção está destruindo as fundações de muitas organizações e ferindo o espírito de muita gente boa.

Muitos perderam a confiança em um futuro previsível. A maioria das pessoas tem preocupações constantes. A maior parte da população foi dominada por uma negatividade inútil.

No entanto, uma minoria espetacular de seres humanos é capaz de continuar surpreendentemente positiva e otimista diante de convulsões exponenciais e em meio a questões pessoais desafiadoras.

Uma de suas principais estratégias para permanecer centrados nas possibilidades, em vez de cair na toxicidade, é encher a mente com sonhos tão grandes que simplesmente não sobre espaço para preocupações estressantes.

Vou reforçar a ideia para que possamos processá-la juntos: Preencha sua mente com ótimos sonhos, assim, não sobrará espaço para pequenas preocupações.

Imagine que sua mente é um poço. Encha-o até a borda com pensamentos sobre suas aspirações nobres, seus entusiasmos encantadores e seus conhecimentos edificantes que blindam sua energia aplicada a seus empreendimentos visionários, ao bem com o qual você foi abençoado e aos objetivos deslumbrantes que falam de seu potencial. Você *eliminará* todas as ansiedades obscuras e duvidosas. "A luz solar é o melhor desinfetante", disse o juiz da Suprema Corte Louis Brandeis.

Vejamos outro princípio fundamental para a liderança pessoal: *A força humana é fabricada em momentos de restrição.*

Com isso, quero dizer que toda vez que você exercita seus músculos de autocontrole (não importa se estão fracos neste momento) para conter um impulso que sabe que não lhe serve, sua força de vontade acaba por ficar mais forte. Toda vez que você faz o que é certo, em vez do que é fácil; o corajoso, em vez do que é manso; o excelente, em vez do que é medíocre; e o benevolente, em vez do que é egoísta, você ascende em seu poder. Se fizer isso todos os dias, alcançará a maestria nas áreas-chave de sua vida.

Faça o que é certo, em vez do que é fácil. É uma instrução simples de seguir, que reestrutura nossos resultados. Mas também é tão simples que é fácil de esquecer e negligenciar.

Um dos meus hábitos favoritos é caminhar à noite. Tarde da noite, quando estou com vontade, exploro as ruas de minha cidade ou de onde estiver. São as minhas amadas "caminhadas de sabedoria", porque durante duas, às vezes três horas, sob as estrelas e no escuro, reflito sobre quem estou me tornando, o que estou aprendendo, ideias que me parecem fascinantes e elementos de minha esfera profissional e privada que desejo melhorar. Ontem à noite testemunhei algo que preciso lhe contar.

Na escuridão, havia um homem atrás de seu cachorro, usando a lanterna do celular para encontrar as fezes do bichinho.

Talvez o que vi não o impressione tanto quanto a mim (durante muitas horas, não conseguia parar de pensar no homem e em sua consideração pelos vizinhos).

Mas a questão é a seguinte: ele fez o que era certo em uma cultura em que muitas pessoas preferem fazer o mais fácil.

O dono do cachorro não sabia que eu o estava observando. Ele não fazia aquilo para receber reconhecimento. Fazia porque era o certo, e isso o torna ótimo.

Sempre que você expulsa pensamentos de apatia, fraqueza, mediocridade e derrota e os substitui por reflexões sobre conquistas, beleza, bondade e vitória, seu poder humano aumenta. Consideravelmente. Sua mente fica ainda mais cheia daquela positividade que desinfeta, eliminando o medo, a carência e a insegurança.

O que faz um vinho fantástico ser fabuloso é o *terroir* — o ambiente — onde as vinhas são cultivadas. O clima, o solo, o terreno e as práticas agrícolas contribuem para o *terroir*. Da mesma maneira, sua mente tem o próprio *terroir* — o ambiente que molda cada pensamento que você produz. Um ambiente negativo gera pensamentos degradados. Um *terroir* imaculado promove pensamentos positivos. Portanto, escolha bem o seu. Por favor.

Vejamos quatro táticas específicas para ajudá-lo a se tornar um possibilitador que vê fascínio, admiração e oportunidade em circunstâncias em que a maioria das pessoas vê apenas negatividade:

Tática 1: A técnica da ficha inspiradora

Escreva as citações que mais apelam a você, sejam de livros sagrados, autobiografias heroicas ou poesias maravilhosas, em pequenas fichas e leve-as a todos os lugares. Quando tiver um tempo livre, talvez na fila do supermercado ou no trem, decore-as. Permita que essas palavras repovoem os pensamentos que habitam sua consciência. Sim, claro, você pode implantar essa estratégia usando um dispositivo digital, mas será menos eficaz, porque você se sentirá tentado a checar as mensagens, a navegar nas redes sociais ou ler as notícias.

Tática 2: Implemente os 3 S: Silêncio, Solidão e Serenidade

Essas três influências poderosas proporcionam o tipo de ecossistema que acalma uma mente preocupada e um coração turbulento. Ambientes barulhentos criam uma psicologia barulhenta e também uma alma cheia de medo. Quanto mais tempo você passa em serenidade, mais dissolve as energias tóxicas e as substitui organicamente por esperança, felicidade e liberdade espiritual. A meditação o ajudará nisso. Eu criei uma série de meditações guiadas muito poderosas que otimizarão significativamente sua positividade, aumentarão sua produtividade e o auxiliarão a se livrar de mágoas do passado que talvez esteja carregando. Acesse-as em TheEverydayHeroManifesto.com/PositivityMeditations.

Tática 3: Implantar gratidão na cadeia de valores

Refletir sobre suas bênçãos, e não sobre seus fardos, altera sua neuroquímica, o que, por sua vez, eleva seu humor. Lembre-se de que as células cerebrais que funcionam juntas se conectam, portanto, buscar *ativamente* coisas que você pode apreciar em sua vida criará caminhos neurais mais fortes em torno da gratidão. Quanto mais grato você for, menos espaço haverá para o desânimo e para a distorção da realidade e percepção da negatividade. Mas não pratique a gratidão apenas escrevendo alguns tópicos apressadamente em seu diário. Olhe para dentro, engaje-se no que chamo de "gratidão da cadeia de valores", demonstrando gratidão do início ao fim por todo benefício que fizer com que sua vida seja melhor. Por exemplo, no caixa de um supermercado, faça uma oração de gratidão mental pela pessoa que vai lhe atender, por quem colocou os produtos na prateleira, pelo motorista do caminhão que levou a mercadoria até a loja e pelo agricultor que cultivou os alimentos que você e sua família comerão. Execute essa estratégia em todas as áreas de suas experiências diárias e, em pouco tempo, toda a sua vida será uma experiência gigante e imersiva de gratidão granular. E, consequentemente, de alegria inescapável.

Tática 4: Seja um observador de soluções

Todo problema vem com uma solução de fábrica instalada, mesmo quando não a vemos. É *extremamente* importante compreender esse princípio e implementá-lo à medida que for se livrando de fardos e banindo as assombrações do pensamento derrotista. Assuma o compromisso de melhorar sua acuidade como solucionador de problemas. Assim, suas preocupações desaparecerão, permitindo que expresse seus maiores dons para um mundo acolhedor.

Quero compartilhar com você algo muito especial para mim.

Quando eu era advogado, na casa dos vinte anos, e morava em uma cidade longe de minha família, meu pai me escreveu um bilhete em seu velho receituário e o enfiou dentro de um livro que me mandou pelo correio. Ele explicava que o símbolo sânscrito da pira funerária é quase idêntico ao símbolo da preocupação.

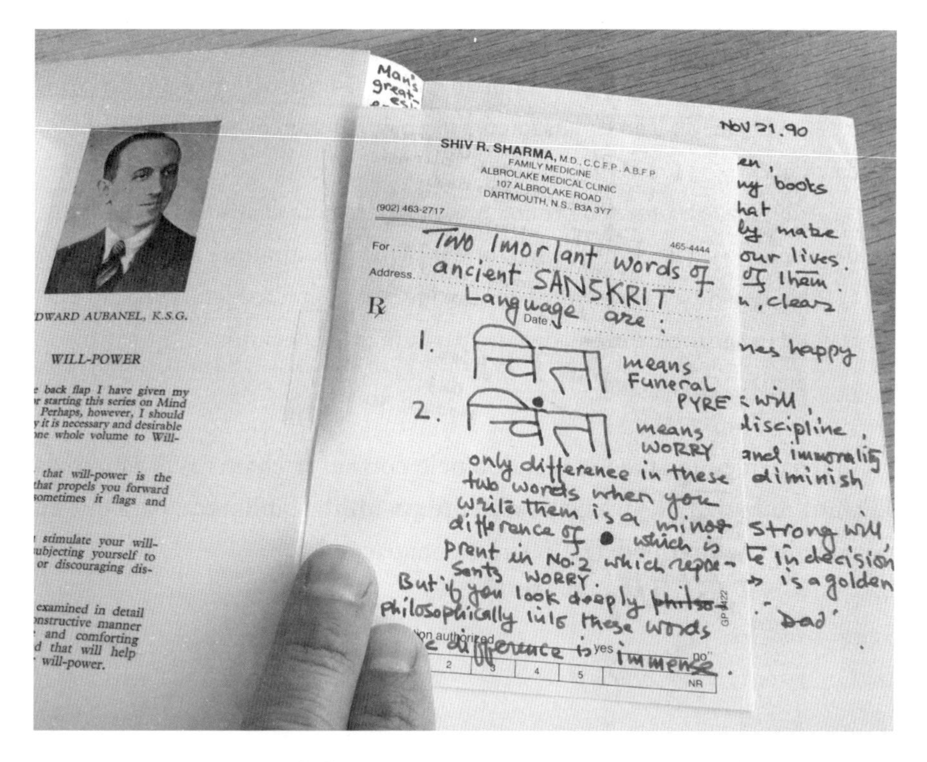

O bilhete que meu pai escreveu para mim

Ora...

Leia, e você verá que ele escreveu que a única diferença nessas duas palavras escritas é o ponto.

Essa é uma distinção bastante interessante, não acha?

Meu pai me explicou que, embora a única diferença técnica entre os dois caracteres sânscritos fosse um único ponto, a verdadeira diferença era esta: *uma pira funerária queima os mortos, ao passo que a preocupação consome os vivos.*

Portanto, evite-a a todo custo.

São palavras sábias para nós que navegamos nas marés de nossos dias.

E caso esteja se perguntando o que está escrito embaixo do bilhete, é o seguinte:

Muitas vezes, vários livros aparecem em nosso caminho e, de forma assertiva e segura, impactam positivamente nossa vida. Este livro é um deles. Resolução, meditação e pensamento claro aumentam os tesouros felizes da vida.

A dúvida, a fraqueza da vontade, a letargia, a falta de disciplina, a falta de propósito e a imoralidade são formas seguras de diminuir a força vital.

Caráter, honestidade, força de vontade, consideração, determinação e franqueza são um caminho de ouro para uma vida de ouro.

Seu pai

O livro que meu pai me mandou pelo correio se chama *Will-Power,* de Edward Aubanel. Ele fica bem na frente em minha biblioteca, para que eu possa lê-lo com frequência e evitar preocupações.

57.

A grande mentira do pensamento positivo

Muito bem, vou arriscar (mais uma vez) e lhe oferecer outra visão que talvez você considere bastante controversa, talvez uma contradição em relação ao capítulo que acabou de concluir. A ideia é a seguinte: o pensamento positivo não funciona.

Para ser mais preciso, o pensamento positivo não funciona (nem dura) *sem que* certas condições sejam implementadas para que funcione (e dure). Permita-me contextualizar essas declarações pouco ortodoxas.

Eu li muitos livros clássicos (e não tão clássicos) que ensinam a transformar situações desfavoráveis em favoráveis, dificuldades em vantagens e problemas em triunfos. Sinceramente, aprendi muito com essas obras e valorizo de coração os maravilhosos esforços desses autores para ajudar pessoas que enfrentam desafios.

Mas uma coisa nunca me pareceu muito correta em suas recomendações de buscar a recompensa dentro do problema, de ser grato por tudo de bom que ainda temos durante os períodos dolorosos e de sair de uma crise o mais rápido possível, sem dar mais energia à preocupação.

Sim, para ter uma vida feliz, serena e inspirada, não podemos ficar chafurdando em nossos infortúnios. Nisso estamos de acordo. Ficar preso ao passado, obcecado por um cenário que nos decepcionou é perda de tempo total. Nada de bom acontecerá se nos recusarmos a abrir mão de algo.

Mas nunca fez sentido para mim não encarar as coisas como elas são. Nunca me pareceu certo não reconhecer como eu me sentia quando meu coração doía e meus sentimentos eram pesados em meio a uma situação difícil, e simplesmente correr direto para o pensamento positivo, sem honrar (e depois processar) as emoções que a dificuldade gerou. Manipular meu pensamento sem aceitar e abraçar meus verdadeiros sentimentos me parecia falso, forçado. A mais pura negação.

O que quero dizer é que, se você está passando por um momento complicado na vida, reestruturar seu pensamento para identificar todos os benefícios e destacar todos os aspectos positivos é ignorar toda a realidade emocional que surgiu naturalmente.

Se você perdeu o emprego ou está enfrentando outro tipo de sofrimento na área financeira, focar puramente nas oportunidades dentro da adversidade faz com que a raiva, a tristeza, o medo, a vergonha ou o constrangimento sejam suprimidos, criando toda uma gama de problemas futuros em seu coração.

Se enfrentar a dor causada pelo fim de um relacionamento — ou outra forma de perda de um ente querido — fingindo que não está de luto, abaixando a cabeça, mantendo-se ocupado (como muitos coachs aconselham) e praticando um falso otimismo, trairá uma angústia que precisa ser superada.

Caso esteja sofrendo a dor emocional devido a uma doença séria, ou um processo judicial potencialmente catastrófico, ou um acidente grave, correr para fazer exercícios intelectuais para revelar o lado positivo da situação é um desrespeito aos sentimentos tão reais que qualquer ser humano — quando não enterra suas emoções — sentiria. Aumenta a toxicidade invisível que já está dentro de você por causa das feridas do passado não processadas (que agora você conhece muito bem).

Voltar-se para o pensamento positivo sem realizar a cura emocional só vai piorar as coisas. Isso estabelece um muro entre você e a sabedoria, a vitalidade, a criatividade, a produtividade, a compaixão e a coragem, o que é sua natureza mais verdadeira (a propósito, a palavra "coragem" deriva do francês antigo *cure,* que significa "coração").

Se não lidar com os sentimentos que surgem, você fechará o enorme poder de seu coração e viverá apenas dentro de sua cabeça, tornando-se um autômato frio e lógico, e não um ser humano de alto funcionamento conectado ao coletivo, bem como à própria magia inata. Se você se desconectar da dor, também se desconectará da alegria e dos dons primordiais. Por outro lado, se sentir sua dor, recuperará a capacidade de sentir o fascínio e a admiração que o destino lhe reservou.

Vou ainda mais longe: muitos problemas atuais do planeta, como as guerras, a injustiça racial e de gênero, a decadência ambiental e a ganância financeira, são causados por pessoas dissociadas de seu coração, trancadas em sua mente (será que a síndrome do encarceramento pode acontecer psicológica e fisicamente?). Porque ninguém nunca lhes ensinou a ser melhor...

E porque a sociedade as educou para pensar que "a mente é tudo".

E porque os especialistas lhes ensinaram que o pensamento positivo é a salvação definitiva.

E que o *sentimento* positivo é para os tolos, fracos e improdutivos, e que deveria ser varrido para baixo do tapete.

Se não conseguir mais sentir (porque evitou sentir durante tanto tempo), como será capaz de sentir a compaixão necessária para tratar bem o outro? Se não conseguir mais acessar seu deleite e vitalidade, como poderá reunir a inspiração e a química espiritual necessárias para fazer seu movimento ou produzir sua obra-prima? Muitas pessoas, nos negócios e na sociedade, sofrem com o que chamo em meu currículo de mentoria de "otimismo disfuncional". Nós nos esforçamos para ter pensamentos edificantes, mas estamos em guerra com o reservatório de emoções tóxicas escondidas dentro de nós. Essa é uma fórmula perfeita para a autossabotagem total.

Se não conseguir vivenciar seu universo emocional, cada movimento que fizer passará a ser uma forma de cálculo mental. Você será mais máquina que humano, mais um robô que uma pessoa. Se tudo o que fizer for acumular micro e macrotraumas, você usará uma armadura todos os dias diante dos outros. Sim, ela pode protegê-lo, mas também o impedirá de ouvir os sussurros de sua grandeza, de sentir a profunda inspiração que impulsiona sua obra-prima e de interagir com educação e paciência, compaixão e amor com cada ser humano que encontrar.

Se reprimir suas emoções desconfortáveis, você criará um vasto mundo inconsciente de escuridão, raiva e culpa que o acorrentará à vitimização e o deixará viciado em fugas como excesso de trabalho, drama, distração digital e consumismo desenfreado, porque estará fugindo de si mesmo. Será muito difícil ficar sozinho, por isso, precisará estar demais no mundo.

Não sei se estas palavras de Dostoiévski cabem aqui, mas minha intuição está me implorando para que as coloque, portanto, aqui estão:

> Você sentiu que deveria seguir um caminho diferente, mais ambicioso. Você sentiu que estava destinado a outras coisas, mas não tinha ideia de como alcançá-las, e, em sua miséria, começou a odiar tudo ao seu redor.

Administrar inconscientemente todos esses sentimentos não processados é também desgastante (o deixam muito menos produtivo) e lança toxicidade em seu corpo, criando desarranjo em seus órgãos e diminuindo sua saúde. É muito, muito importante que você saiba disso.

"Então, o pensamento positivo é uma perda de tempo, Robin?", você pode me perguntar.

Minha resposta é: É um *excelente* uso de seu tempo *depois* que você trabalhar as emoções naturais e as sensações físicas que surgem durante uma crise. Caso contrário, você apenas acrescentará mais trauma a seu sistema emocional, que pesará sobre seu otimismo, desempenho, impacto e cuidado essencial para com a humanidade, por meio do Campo da Ferida e de toda a sua energia pesada que irradiará de seu corpo e sua mente para degradar seu poder inato. Na verdade, aceitar e se aproximar dos sentimentos que surgem durante as dificuldades, até que sejam liberados e dissolvidos, aumenta poderosamente sua energia espiritual, o que *automática e naturalmente* aumenta sua positividade. Irônico que o melhor caminho para o pensamento positivo sustentado seja a cura emocional, não é?

"E como posso saber quando deter o processamento emocional e passar para a reformulação cognitiva e escrever listas de gratidão para melhorar minha mentalidade, além de fazer todas as coisas que aqueles especialistas em pensamento positivo me ensinam a fazer? Não posso ficar nesses sentimentos desconfortáveis para sempre, certo?", questiona você.

Claro que não, eu respondo com muito amor e respeito. É aconselhável vivenciar as emoções para evitar suprimi-las e poder começar o exercício de liberá-las, mas, definitivamente, você não vai querer se *afundar* nelas. Você saberá quando chegar a hora de fazer a mudança e iniciar o processo intelectual de valorizar suas bênçãos e olhar com alegria para o futuro. Confie em seu instinto.

Porque você é mais sábio do que entende, mais poderoso do que pode imaginar e está destinado a viver uma vida deliciosamente positiva.

58.

A vez em que fui acampar

Confesso que não sou muito de acampar.

Não poder tomar banho de manhã não é um grande prazer para mim.

Noites com moscas, insetos e ursos simplesmente não são a minha praia.

Mas eu tive uma experiência com acampamento...

Na preparação para a grande viagem, meus dois amigos e eu fomos a uma loja e compramos uma lanterna, cantis, panelas e frigideiras leves, fósforos impermeáveis, sacos de dormir e uma barraca chique.

Dirigimos por quatro horas. Saímos da cidade, atravessamos os campos e chegamos à selva. Foi lindo.

Encontramos o camping. Colocamos a lona na terra, fincamos as estacas de metal e montamos a barraca.

Foi difícil, pois eu devo ser a pessoa menos indicada para montar coisas (ou seja, eu e os manuais de instruções somos como óleo e água. Ou como atum e geleia).

Enfim, conseguimos montar a barraca. Ficou meio disforme, raquítica e desarticulada. Mas era nossa barraca, por isso, estávamos felizes e orgulhosos.

Quando o sol começou a se pôr, acendi uma fogueira. Eu me sentia como um explorador; como aqueles sobreviventes intrépidos e aventureiros desbravando novas terras.

Como Vasco da Gama ou Américo Vespúcio.

Ou talvez como Fernão de Magalhães, com um pouco de Giovanni Caboto e Cristóvão Colombo.

Foi um momento emocionante para a minha vida. Eu me sentia meio invencível, se é que me entende.

Claro que, seguindo a tradição, pegamos um saco de marshmallows e procuramos gravetos para assá-los nas chamas. Comemos os sanduíches que havíamos preparado com esmero e fizemos chocolate quente conforme foi ficando mais fresco.

Começamos a contar histórias e a rir.

Era uma visão bastante especial, quase mágica, de certa forma. Mas então, aconteceu algo que eu adoraria lhe contar...

Ouvi um farfalhar nas árvores. Depois, galhos se quebrando, o que começou a me incomodar. Depois, um monte de barulhos estranhos de animais gritando, e ficamos assustados.

Seria um coiote? Um lobo? Um urso-pardo gigante?

Não sei o que era (ou eram). Só o que sei é que eu não pretendia ficar ali para descobrir.

E então — não estou brincando —, desmontamos a barraca com a energia de um hippie com os cabelos pegando fogo, pisamos nas chamas da fogueira como se fôssemos membros do Riverdance e juntamos tudo, lanterna, cantis, panelas e frigideiras como se estivéssemos fugindo do capeta.

Saímos correndo para o carro. Rápido como Jesse Owens. Velozes como Flo-Jo.

Enquanto eu corria, só conseguia pensar que não precisava correr mais que aquele animal violento. Só tinha que correr mais que meus amigos.

Lá estávamos nós, três jovens de vinte e poucos anos com todas as nossas coisas nas mãos, correndo para o carro. Os sons assustadores ainda reverberavam sob as estrelas de um céu incrivelmente escuro.

Conseguimos. Entramos no carro, trancamos as portas e saímos voando como James Bond fugindo do vilão. Aliviados por estarmos vivos.

Já era tarde, mas os céus cooperaram e logo avistamos um velho hotel perto da estrada principal. Todas as luzes estavam apagadas, exceto uma no saguão. Pegamos um quarto para cada um e passamos a noite lá, longe do coiote. Ou do lobo. Ou do urso-pardo.

A lição que tirei foi: acampar, nunca mais.

E que esta vida é uma viagem preciosa. Nunca se contenha, sempre tenha tempo para se divertir.

A jornada em que você e eu estamos oferece aventuras e oportunidades para explorar, experiências encantadoras para desfrutar e aprender mais sobre nós mesmos.

Ocasiões para descobrir mais sobre o que amamos e do que não gostamos. Para aprender a administrar a surpresa e formas de valorizar os tesouros das grandes amizades. Convites para celebrar o arroubo dos céus estrelados, a beleza da natureza e a simpatia genuína de nosso universo.

"Quando você cria beleza ao seu redor, restaura a própria alma", escreveu a escritora americana Alice Walker.

Portanto, diga sim às novas perspectivas e faça o sinal da vitória quando encontrar uma sensacional oportunidade de respeitar mais plenamente seu destino. Nunca adie a vida real. Nunca adie algo para um momento melhor no futuro. Porque não há nada melhor do que o agora para estar em uma aventura, no crescimento e na emoção.

É só comprar uma boa barraca e evitar os ursos-pardos. Se é que me entende.

59.

As treze características ocultas dos bilionários que aconselhei

Como eu me relacionei com muitos bilionários e outros pesos-pesados da área financeira (só trabalho com os éticos) durante tantos anos, percebi que a maioria deles tem uma série de qualidades em comum que fazem com que a sociedade os rotule como dotados por Deus de dons sobrenaturais; mas, na verdade, eles apenas pensam e agem como poucos. Lembre-se: para ter os resultados que só 5% das pessoas têm, é preciso fazer os outros 95% que não estão dispostas a fazer.

Dado que a prosperidade econômica é uma grande batalha para tantas pessoas, pensei que seria valioso compartilhar treze das características predominantes dos magnatas que aconselhei.

Característica 1: Um grau de fé em si mesmo que beira a imprudência

Os super-ricos se mantêm firmes em sua crença de que suas ambições criativas e entusiásticas aspirações se tornarão realidade perante todos aqueles que alegam que suas visões são ridículas, impraticáveis, absurdas e impossíveis. São questionados, ridicularizados, rejeitados, condenados e contestados mas, mesmo assim, permanecem fiéis à beleza de seus ideais.

Característica 2: Uma ofuscante visão de um futuro melhor

Relacionada com o primeiro ponto, embora ligeiramente diferente, está a qualidade dos mestres empreendedores de ver possibilidades magníficas onde a maioria, erroneamente, acha que tudo que poderia ser feito já foi feito. A natureza da invenção e da inovação é que dizima o normal e degrada o *status quo*. Eu chamo essa capacidade de desbloquear valor e magia onde a maioria não vê de "Dom do Visionário". Onde a maioria vê um problema, essas almas corajosas veem possibilidades e um futuro melhor para a humanidade.

Característica 3: Uma sede incrível de se rebelar

Os bilionários que eu oriento são pioneiros, abrem caminhos, são muitas vezes rebeldes e sempre revolucionários declarados. Eles demonstram um desrespeito consistente pelas regras, são combatentes em busca da liberdade e piratas disfarçados de luminares dos negócios. Têm a descarada coragem de adaptar seu mundo à visão que estabeleceram para si mesmos. Além disso, detém a resistência para fazer o que for preciso para tornar sua visão real.

Característica 4: Um nível infantil de curiosidade

Você e eu éramos feiticeiros quando crianças. Tínhamos sonhos heroicos, pintávamos fora do contorno e víamos a vida como um parque de diversões. Tínhamos gosto por aprender coisas novas e experimentar novas habilidades. O tempo todo perguntávamos "Por quê?" e queríamos saber as respostas para nossas maiores dúvidas. Mas, conforme crescemos, nossa curiosidade sagrada foi sendo destruída. As pessoas mais ricas do planeta blindam sua curiosidade contra uma sociedade entediada, comum e muitas vezes sombria. São estudantes *extremamente dedicados*. Leem o tempo todo (nem sei dizer quantas vezes ouvi um magnata dizer: "Eu leio tudo que encontro pela frente"). Investem avidamente em coachs e guias. Fazem cursos, participam de conferências (muitas vezes, sentados na primeira fila e fazendo anotações diligentemente) e aprimoram incansavelmente suas habilidades. *Eles entendem que quanto melhor ficamos, mais valor podemos agregar.* Quanto mais obras-primas divulgamos, para o maior número de pessoas possível, mais dinheiro ganhamos (o dinheiro é, simplesmente, o retorno do mercado sobre os benefícios entregues). Isso é uma parte daquilo que os torna excelentes economicamente.

Característica 5: Um forte desapego às opiniões dos críticos

Você pode desejar ser reconhecido por todas as pessoas ao seu redor, ou incendiar o mundo com sua genialidade. Duvido que consiga realizar as duas coisas. As opiniões dos outros nada mais são que opiniões, e dos outros, como eu já disse antes. Só isso. Não dê a elas tanto poder. A opinião de alguém é apenas sua declaração sobre o que ele acha que é possível, com base em seu arraigado sistema de crenças e em suas experiências passadas. *Na verdade, não é problema seu,* portanto, não deixe que sabotem seu sucesso. Não permita que as percepções limitadas (e a inveja) daqueles que se sentem ameaçados por seu brilho ocupem espaço (de graça) dentro de sua mente, de seu coração e espírito. São coisas preciosas demais para que você deixe que elas ocupem. Os ícones de vasta riqueza se recusam vigorosamente a permitir que sua ambição seja limitada por crenças com base no medo e alimentadas pela inveja. São como cavalos de corrida campeões mundiais com antolhos, com visão de túnel focada em sua missão. Distrações não importam.

Característica 6: Um compromisso gigantesco com consistência e persistência

Todos os realizadores Classe A são *extremamente consistentes.* Entendem o poder da mundanidade — repetir as mesmas rotinas, os mesmos rituais e métodos dia após dia — para criar níveis sobre-humanos de produtividade, valor e impacto. A consistência é um dos caminhos mais seguros para se tornar lendário. Além disso, meus clientes com um patrimônio líquido altíssimo também apresentam uma persistência incomum. Quando são derrubados, se levantam. Quando se deparam com um muro, eles o derrubam. Se lhes disser que um problema não pode ser resolvido, talvez eles nunca mais falem com você. Esses sujeitos combatem a rejeição e ouvem somente o sim. Para esses seres humanos, o fracasso nada mais é que uma porta de entrada para um sucesso maior. São imparáveis, invencíveis e imbatíveis. Regularmente. Em um evento ao vivo que realizei há alguns anos, um participante — um jovem maravilhoso, com um sorriso capaz de iluminar um estádio — me abordou ao fim da experiência daquele fim de semana. "Tenho que reconhecer, Robin", disse ele em tom elogioso, "você é realmente *consistente*." Eu achava que havia entregado um conteúdo resplandecente de inspiração, além de informações de riqueza incomum, e tudo que ele pôde dizer foi "Você é realmente consistente"? Mas, depois, na calma de meu quarto de hotel, entendi a intenção dele. Aquele era um célebre jogador universitário de futebol americano, um atleta de elite e havia estado em muitos eventos meus ao vivo. Ver-me operando sempre no mesmo nível, honrando as mesmas virtudes e sendo fiel à mesma filosofia representava *consistência*, o DNA de qualquer grande atleta.

Característica 7: Um grande amor por vencer e ser o melhor do mundo

Ah, como os ultraprósperos adoram a sensação de progredir, avançar e traduzir seus projetos apaixonados em evidências diárias! Muitos deles são ex-atletas. Seu esforço para ganhar o título e garantir o campeonato os ajudou a instalar uma obsessão pela vitória em todas as outras áreas da vida. Eles não querem apenas ser bons e moderadamente bem-sucedidos. Esses indivíduos precisam ser absolutamente os melhores. Do mundo. (Nunca esqueço uma frase da declaração de missão de uma empresa cliente nossa: "Estamos comprometidos em ser os melhores em nossa área. *Disparados*.")

Característica 8: Uma capacidade profundamente treinada para resistir ao prazer instantâneo

Quase todos os bilionários com quem trabalhei tinham uma disciplina pessoal sobrenatural, uma capacidade de autocontrole imaculada. Hercúlea, até. Eles são fiéis às suas ambições éticas, seus planos refinados e suas metas de alto valor não só quando estão cheios daquela energia inicial, mas também muito depois de essa energia ter se transformado no trabalho penoso necessário para fazer coisas difíceis. Sua perseverança obstinada é maravilhosa. Muitos desses titãs financeiros comem menos do que a maioria das pessoas, levantam de madrugada para começar o dia com vantagem, preocupam-se *enormemente* em manter a forma e conduzem seus dias como uma campanha militar exatamente calibrada. É importante ressaltar que eles adiam os prazeres fáceis, pois entendem que, com foco diário, paciência, uma ética de trabalho suprema e dedicação inabalável, certamente colherão pequenas recompensas constantes por seus esforços. Eu chamo essa maneira de ser de "incrementação sustentada". As superestrelas econômicas apostam no longo prazo, ao passo que os pesos-leves querem a vitória já.

Característica 9: Uma habilidade aprendida de multiplicar riqueza

A maioria das pessoas é consumidora. Compram coisas o tempo todo, muitas vezes sem nem precisar. Preenchem um buraco emocional e uma necessidade não atendida, o que as deixa felizes — por um ou dois minutos. Até que percebem que estão endividadas, o que as torna infelizes — durante muitos anos. Os heróis da prosperidade são criadores. Fazem as coisas que a maioria das pessoas compra. Além disso, conforme sua fortuna vai crescendo, vão fazendo com que seu dinheiro trabalhe para eles enquanto dormem — por meio de investimentos inteligentes, evitando o círculo vicioso e insuportável da dívida. Por favor, não caiam na armadilha de pensar que um rendimento passivo que aumenta exponencialmente ao longo do tempo é o único caminho para a riqueza de nível Classe A. Quero chamar sua atenção para um termo pouco utilizado: renda *ativa*. Meus clientes desfrutam de uma fortuna incomum porque focam na geração de renda *passiva* (fazem o dinheiro trabalhar para eles, em vez de trabalhar pelo dinheiro, em vez de trocar trabalho por dinheiro) e renda ativa (dinheiro ganho contribuindo com ricos fluxos de valor em suas áreas).

Característica 10: Uma recusa a estar perto de pessoas negativas

Os grandes visionários blindam sua energia otimista. Cada conquista inspiradora foi criada por um ser humano extremamente inspirado. Se perder esse estado, você perderá o fogo que torna real sua luz estelar. Portanto, os mestres do dinheiro evitam os criadores de desculpas e os queixosos como se fossem uma praga, e passam seu tempo com pessoas que almejam esperança, com os construtores do mundo e outros criadores de impérios.

Característica 11: Um senso quase infinito de ação, em vez de realização

A vítima diz que a sociedade deve sustentá-la. Pede ajuda ao governo e a seus familiares ou a qualquer pessoa que encontre disposta a escutar sua história sobre como é difícil sobreviver e vencer em um clima econômico turbulento. O líder visionário possui seu poder humano para executar suas aspirações e tem *um senso de ação* que o torna seguro de suas habilidades. Ele tem a sabedoria, a coragem e a criatividade para saber que o verdadeiro eixo de poder de um ser humano plenamente vivo vem de dentro, nunca de uma força externa. Já vi gente assim se recusar a comprar um bilhete de loteria por causa da mensagem que esse ato passaria a seus "eus" mais fortes: a mensagem de que, para experimentar uma vasta riqueza, é necessária a intervenção da sorte, e não que o sucesso se desdobra como uma consequência direta de suas ações. Essas pessoas entendem que quanto mais você cumpre o que promete a si mesmo, mais sua confiança aumenta para realizar empreendimentos ainda mais desafiadores e que estando hiperfocado em suas prioridades, inovando mais do que todos em sua área, produzindo bens e serviços que são distintivos e preciosos, trabalhando mais que qualquer outra pessoa, e tudo isso com integridade pródiga, você entrará no Hall da Fama da Prosperidade com muito mais facilidade do que esperando uma esmola.

Característica 12: Aplicação do paradigma assimétrico de risco-recompensa (PARR)

PARR é um termo que utilizo para descrever a prática dos bilionários de investir sua perspicácia, sua energia e seu tempo puramente em oportunidades nas quais a vantagem é *exponencialmente* maior que qualquer desvantagem. Em outras palavras, as possíveis recompensas não terão absolutamente qualquer simetria ou proporção com os riscos se o empreendimento ou investimento fracassar. É um mito que os magnatas correm riscos tolos, que consistentemente fazem movimentos imprudentes e só seguem a intuição. Não. Os ultrarricos tendem a ser mais conservadores, ponderados e deliberados do que seria de se esperar, procurando empresas que possam oferecer retornos surpreendentes sem ter que apostar muito.

Característica 13: Um modo contrário de distribuição de capital

Por fim, a maioria dos bilionários que aconselhei opera de forma completamente diferente de gastar (e ver) o dinheiro. Chamo isso de "cálculo de investimento rebelde". Essencialmente, descreve a habilidade rara (conquistada e desenvolvida, não inata e dada por Deus) de *identificar valores ocultos*. Sejam os ativos ações, arte, imóveis ou metais preciosos, eles veem um tesouro onde a multidão vê um perdedor. Pessoas que são os Classe A da Abundância são *prescientes*, olham bem para o futuro e usam distintivos de honra por estarem à frente de seu tempo. Entendem que, no momento em que a grande mídia está informando sobre uma oportunidade financeira, já é tarde demais para entrar. Mais uma vez, seu dom de ser capaz de ver para onde vai o disco — em vez de onde está agora (no estilo do grande jogador de hóquei Wayne Gretzky) — na verdade não é um dom, mas sim o resultado de estudo paciente, preparação, testes e treinamento que a maioria das pessoas simplesmente não está disposta a fazer.

Deixo você com a filosofia de John D. Rockefeller, a pessoa mais rica que já existiu, mesmo depois dos ajustes pela inflação:

> Acredito na dignidade do trabalho, seja com a cabeça ou com as mãos; que o mundo não deve a ninguém o sustento, mas que deve a cada pessoa uma oportunidade de ganhar a vida.
>
> Acredito que a parcimônia é essencial para uma vida bem ordenada e que a economia é um requisito primordial de uma estrutura financeira sólida, seja no governo, nos negócios ou nos assuntos pessoais.
>
> Acredito que a prestação de serviços úteis é um dever comum da humanidade e que somente no fogo purificador do sacrifício a escória do egoísmo é consumida e a grandeza da alma humana é libertada.
>
> Acredito em um Deus onisciente e amoroso, de qualquer denominação, e que a maior realização, a maior felicidade e a mais ampla utilidade do indivíduo podem ser encontradas em uma vida em harmonia com Sua vontade.
>
> Acredito que o amor é a melhor coisa do mundo; que só ele pode superar o ódio; que o direito pode e irá triunfar sobre o poder.

P.S.: Para receber uma versão digital do *The Billionaire Blackbook*, um manual para criar uma empresa com hipercrescimento, acelerar sua fortuna financeira e proteger sua prosperidade em condições voláteis, acesse TheEverydayHeroManifesto.com/BillionaireBlackbook.

60.

As oito formas de riqueza

Minha metodologia de mentoria tem como um de seus fundamentos filosóficos um conceito transformacional chamado *As oito formas de riqueza,* que eu gostaria de lhe oferecer, pois tem sido muito útil para meus clientes na organização e orquestração de uma vida que pode realmente ser classificada como de nível Classe A.

Nossa cultura nos treina para acreditar que a riqueza só vem de uma forma: dinheiro. Discordo. Muitas pessoas têm muito dinheiro, mas não muito mais que isso. Essas almas são ricas em dinheiro, mas pobres em alegria. Têm liquidez econômica, mas pobreza de positividade e escassez espiritual.

APL (alegria, paz e liberdade) são um milhão de vezes mais valiosas que FFA (fama, fortuna e aplausos), pelo menos da maneira como eu vejo a vida.

Existem *oito* dimensões principais de riqueza nas quais trabalhar se você leva uma vida repleta de abundância genuína e verdadeiras riquezas a sério.

Quando dou consultoria privada ou no início de um grupo de coaching on-line, um dos primeiros passos é fazer com que o cliente avalie seu desempenho atual em cada uma dessas oito áreas, de um a dez, sendo um extremamente baixo e dez Classe A.

AS OITO FORMAS DE RIQUEZA

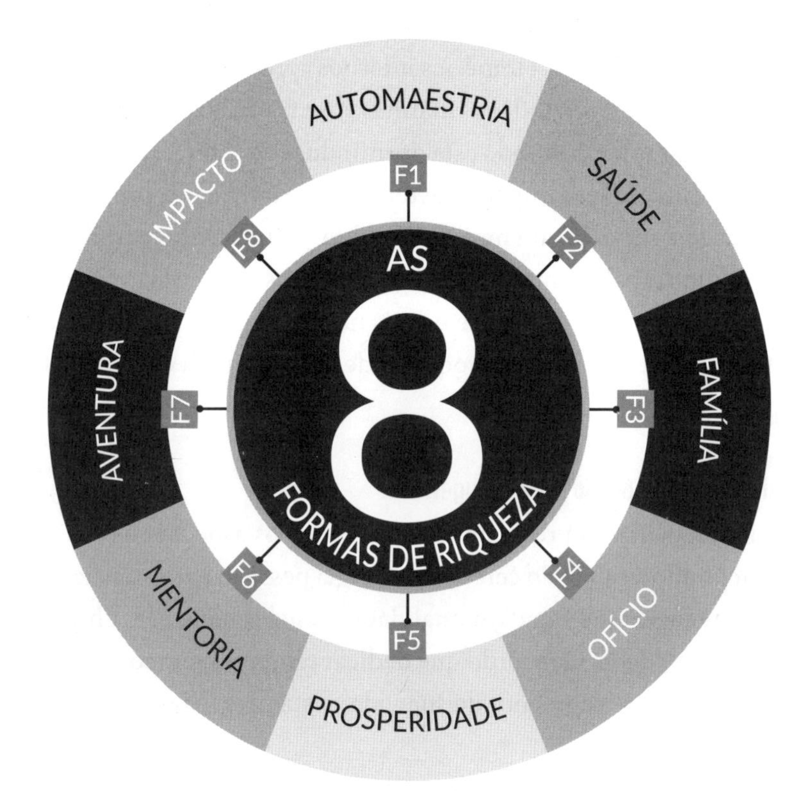

Este exercício traz uma avaliação poderosa de como estão se saindo em cada um dos campos da *verdadeira* riqueza. A clareza precede a maestria. Não é possível resolver um problema do qual não se tem consciência. Grande parte do desempenho de elite e da criação de uma vida maravilhosa tem a ver com construir intimidade com seus pontos cegos e acabar com a hipnose do autoengano.

Se quiser fazer essa análise transformacional on-line e acessar um vídeo de treinamento muito útil sobre as oito formas de riqueza, acesse TheEverydayHeroManifesto.com/The8FormsofWealth.

Muito bem. Vamos examinar cada forma de riqueza juntos:

Forma de riqueza 1: Automaestria + heroísmo genuíno

Esta esfera representa seu progresso quanto a conhecer, recuperar e expressar sua natureza heroica. A maestria pessoal consiste em calibrar o seu Mindset, purificar seu Heartset, otimizar seu Healthset e aumentar seu Soulset, maximizando os 4 impérios internos apresentados anteriormente. Instale a prática de fazer, todas as manhãs, esse trabalho essencial à missão, enquanto o restante do mundo está dormindo, e você terá a garantia de ver grandes ganhos em seus impérios externos de criatividade, produtividade, prosperidade e serviço para muitos. Lembre-se: liderança, grandeza e impacto são um trabalho interno. Você nunca construirá uma vida exterior que seja mais elevada, mais forte e mais nobre do que a que construir em seu interior. Materializar o que você tem de melhor é uma verdadeira forma de riqueza.

Forma de riqueza 2: Aptidão física + longevidade

Esta esfera da vida está relacionada com todos os aspectos de seu estado físico, incluindo a saúde do cérebro, a energia pessoal, a resistência, a capacidade de recuperação rápida, a qualidade de sua imunidade, a higiene do sono e a longevidade. Concordo que dedicar tempo e recursos necessários para florescer neste segmento de sua vida custa caro. Mas a doença (ou a morte) custa ainda mais.

Uma saúde esplêndida é um elemento-chave da fortuna genuína. Invista nela (como qualquer excelente investidor), pois os retornos que fluirão serão de uma ordem de magnitude além de qualquer coisa que você possa imaginar. Como dizem os mais velhos de uma tradição de sabedoria: "Quando jovens, estamos dispostos a sacrificar a nossa saúde pela riqueza financeira; mas quando envelhecemos e somos sábios, estamos dispostos a abrir mão de toda essa riqueza por um único dia saudável."

Sim, a saúde, ou Healthset, aparece nesta categoria também, além de fazer parte da forma de riqueza 1. Faço isso intencionalmente porque, embora uma boa saúde faça parte da maestria pessoal, também merece seu próprio espaço. Portanto, faça de sua saúde prioridade máxima no processo de construir uma vida Classe A. Porque, sem ela, você não tem nada.

Forma de riqueza 3: Família + amizades

Ninguém, em seus últimos momentos, gostaria de ter passado mais tempo com seus advogados, fornecedores e parceiros de golfe. Não. Todo mundo espera, no fim da vida, estar cercado de familiares e amigos que tratamos bem e que estão cheios de reconhecimento e adoração por nós. Muita gente, na hora do crepúsculo, está cheia de arrependimento por não ter passado tempo suficiente com aqueles que amam. Se essa prioridade é importante no final, a sabedoria nos instrui que a tornemos *essencial* agora. Ainda mais quando se trata de crianças. Como pais, temos uma pequena janela de oportunidade para demonstrar amor incondicional e moldar nossos filhos antes que eles tenham vida própria. Depois que essa janela se fecha, é difícil abri-la de novo quando não fizemos o trabalho de tornar esse um relacionamento profundo.

Forma de riqueza 4: Trabalho + carreira

Toda pessoa tem a promessa de atingir altos níveis de alegria, significado e paz interna ao se tornar esplendidamente hábil naquilo que faz para viver e operar no auge de seus poderes, talentos e capacidades. Poucas atividades proporcionam tanta satisfação psíquica quanto fazer seu trabalho com maestria, tornando-se o melhor do mundo (*disparado!*) em seu campo, resolvendo problemas difíceis que enriquecem muitas pessoas e tendo o melhor momento de vida sendo o realizador que seu heroísmo interior implora que você seja. Dedique muita energia para aumentar seu desempenho na tarefa.

Aplique sua devoção à maximização de seu ofício e à correspondente amplificação de sua carreira profissional como uma forma poderosa de riqueza digna de celebrar (e aumentar).

Forma de riqueza 5: Dinheiro + patrimônio líquido

Sim, claro, sua renda e seu patrimônio líquido (acredite em mim, algumas pessoas pensam que são a mesma coisa, mas são *muito* diferentes) são uma forma de riqueza em sua vida.

É fundamental alcançar um belo equilíbrio de vida, ter dinheiro suficiente para criar memórias fantásticas para sua família, atender facilmente às necessidades dela (e também às suas) e aproveitar os frutos de seu trabalho comprando os bens materiais (e as experiências) que nos fazem feliz. A prosperidade econômica é causa de muito estresse e é certo que muitas coisas boas podem ser feitas no mundo quando se tem uma boa quantia de dinheiro.

Eu adoraria que você entendesse que um dos maiores erros que as pessoas cometem na vida financeira (depois de acumular muitas dívidas e deixar de praticar a regra já aprovada pelo tempo, mas em geral quebrada, de viver dentro de suas possibilidades) é melhorar seu estilo de vida cada vez mais, em vez de aumentar seus rendimentos. É um erro enorme. Se sempre que você ganhar mais dinheiro aumentar suas despesas, nunca construirá um patrimônio líquido. Estará sempre na roda do hamster.

Também recomendo que evite ser hipnotizado pela "sedução top de linha", que é a atração psicológica de se impressionar com a renda pessoal (ou corporativa) em vez de olhar o lucro. Sua renda anual e mensal importam muito menos do que quanto sobrou para economizar e investir depois de pagar suas despesas e seus impostos. Não confunda renda bruta com lucro líquido. Nunca. Por favor.

Para concluir a forma de riqueza 5, confie e saiba que o dinheiro não é ruim. Só quem não tem dinheiro diz isso para justificar sua pobreza. A prosperidade *pode sim* trazer felicidade para você e os seus, desde que o dinheiro seja usado com sabedoria, entusiasmo, consideração e exercício disciplinado de sua integridade.

Forma de riqueza 6: Mentores + influenciadores

Nós geralmente buscamos estar à altura de nossas conversas, associações e de nossos relacionamentos. *Seu círculo interno impulsiona sua maestria externa.* A sexta forma de riqueza é passar mais tempo com pessoas cuja vida você sonha viver. Pessoas que, pela forma como pensam, sentem, operam e contribuem, revelam uma maneira totalmente nova de trabalhar e de viver. Influenciadores que *o incentivam,* por meio do exemplo, a viver com ainda mais otimismo, excelência, originalidade e decência.

Além disso, se quiser realmente alcançar o nível Classe A, busque conviver com pessoas que atuam em um patamar tão incrível que você nunca será capaz de alcançá-lo! Esse modelo acenderá um fogo inextinguível em suas entranhas e alimentará sua magnífica ascensão à magia que deveria habitar, espalhando sua luz estelar no universo. Se você for a pessoa mais bem-sucedida que conhece, talvez seja hora de conhecer gente nova. Encontrar modelos excepcionais para orientá-lo vai mudar radicalmente sua vida, garanto.

Forma de riqueza 7: Aventura + estilo de vida

Ficamos mais felizes quando progredimos. Exploramos. Saímos em aventuras nos vívidos oceanos azuis de lugares, potenciais e atividades que já imaginamos e que nos incitam. Você e eu, em um nível primordial, somos nômades. Somos viajantes. Pioneiros, de certa forma. Desejamos aprender novas habilidades, abraçar novas experiências, conhecer culturas estrangeiras, virar amigos de estranhos e avançar pela vida com olhos brilhantes e o coração dançante.

Para alcançar o equilíbrio da vida, é importante injetar um pouco de "aventura institucionalizada" em suas semanas, seja uma visita a uma galeria de arte, a uma biblioteca ou uma caminhada até um restaurante que serve o tipo de comida que você ainda não experimentou. Nutrir regularmente seu explorador interior alimentará sua inspiração e explorará sua criatividade.

Parte do aprimoramento na forma de riqueza 7 também requer a escalada consistente de seu estilo de vida geral. Comprometer-se com a construção de um nível de vida Classe A é um objetivo esplêndido. Pense na casa em que deseja morar, na qualidade dos bens materiais que possui, na quantidade de tempo que deseja tirar para se renovar, nos vários países em que deseja morar para energizar seu talento artístico (em vez de comprar uma segunda ou terceira casa, o que drena seu capital e faz você se sentir compelido a passar um tempo nela, pense no uso estratégico de ótimos hotéis) e na qualidade geral em que você vive. Fazer algo semanalmente para otimizar seu estilo de vida renderá excelentes dividendos.

Forma de riqueza 8: Impacto + contribuição

Sei que concordamos que uma vida que não impacta a vida dos outros é terrivelmente vazia. Portanto, comprometa-se ainda mais a investir nesta forma final de riqueza, a cada semana planejando alguma atividade que aumentará sua utilidade e seu serviço, de alguma forma pequena (ou grande). Quando abandonar o mundo, terá conhecido a honra e a dignidade de uma vida vivida por muito mais que você mesmo.

Muito bem, é essa a estrutura das oito formas de riqueza. Assim, você experimenta uma excelência de vida genuína e duradoura, em vez de chegar ao fim de seus dias e descobrir que passou suas melhores horas escalando montanhas que levaram aos cumes errados. Não queira viver a vida que a sociedade moderna lhe vende como sendo bem-sucedida, negligenciando o que a sabedoria universal nos ensinou que é viver maravilhosamente.

Compartilhar meus pensamentos sobre as múltiplas formas de riqueza me leva a relembrar estas palavras humorísticas do diário do leão literário Henry James:

> Quando alguém tem boa saúde, boa fortuna, consciência limpa e completa isenção de parentes constrangedores, suponho que seja obrigado, por delicadeza, a se descrever como feliz.

61.

O algoritmo para uma vida perfeitamente equilibrada

Observação: este capítulo contém informações calibradas sobre meu processo de planejamento semanal. Fiz o meu melhor para deixar isso claro e também criei um vídeo instrutivo que menciono ao fim do capítulo. Durante anos me pediram para compartilhar esse procedimento publicamente, por isso o faço aqui.

Pois bem, vamos começar.

Agora que você sabe que existem *oito* formas de riqueza (sendo o dinheiro só uma delas), gostaria de orientá-lo em um método transformacional que o ajudará a integrá-las perfeitamente em sua vida, para que suas boas intenções se traduzam em resultados fantásticos.

Esse sistema é o mesmo que eu uso para o meu planejamento semanal. É uma das ferramentas mais valiosas que já usei para construir uma vida criativa, produtiva e útil. Se quiser compreender por completo a metodologia deste capítulo e obter seu valor total, acesse TheEverydayHeroManifesto.com/WeeklyDesignSystem e imprima as planilhas táticas. Assista também ao vídeo que fiz com todo o cuidado e que o orienta nos oito passos do processo de planejamento. Fazer isso deixará mais claro e muito mais benéfico para você isso que estou compartilhando aqui.

Existem três fundamentos para construir semanas Classe A que sejam, ao mesmo tempo, imensamente produtivas e extraordinariamente equilibradas:

1. Aquilo que é programado é feito.
2. Planejamentos vagos produzem metas vagas.
3. Semanas Classe A logo se transformam em trimestres sensacionais, que levam a anos espetaculares, que geram décadas sublimes.

Tendo essas informações fundamentais em vista, vamos dar uma olhada no modelo de aprendizagem abaixo, que oferece uma visão de alto nível do sistema que aumentará substancialmente seu desempenho, felicidade e liberdade interior.

SISTEMA DE PLANEJAMENTO SEMANAL

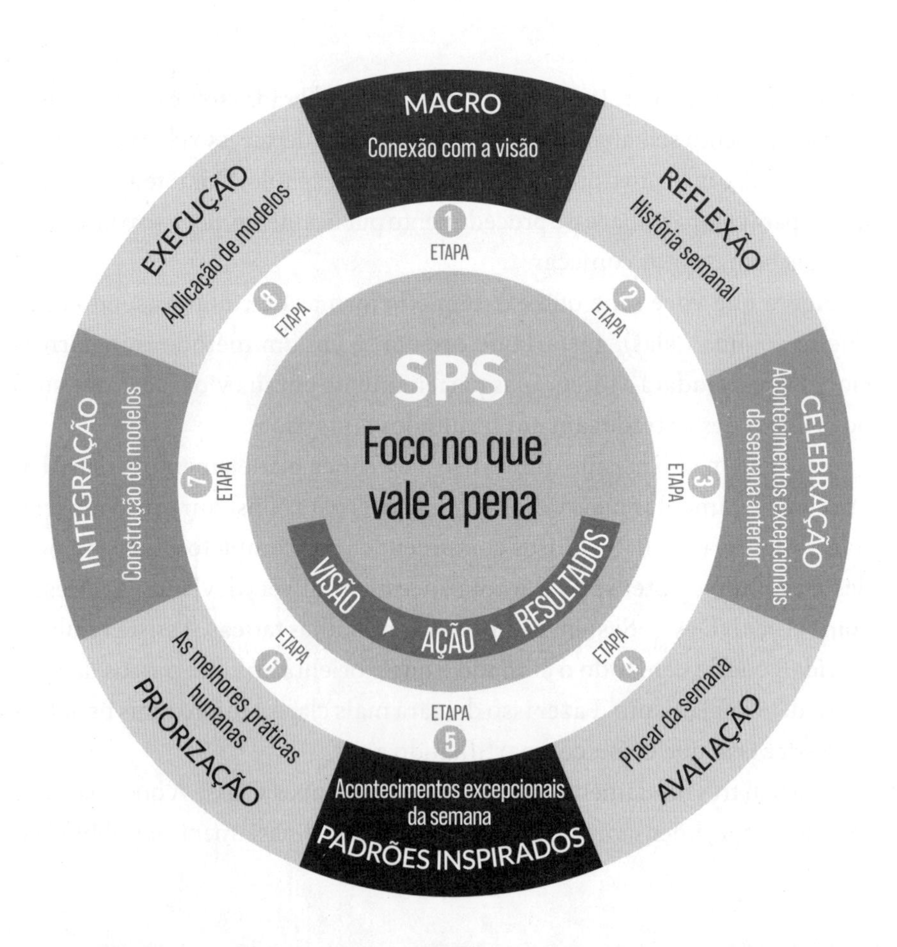

Eu reservo uma hora todo domingo de manhã para planejar a semana que se inicia (como disse o escritor estadunidense Saul Bellow: "Um planejamento claro nos alivia do tormento de ter que escolher"). Minha família está dormindo, a rua está silenciosa, meus dispositivos estão em um modo ótimo chamado "desligados" e eu estou entregue ao belo luxo da contemplação; pensando no que é mais importante e planejando os sete dias que tenho pela frente e como conduzi-los da maneira ideal (a mais ideal possível em um mundo imprevisível, é claro).

Também é importante notar que uma das melhores maneiras de multiplicar sua autodisciplina e capacidade de ser consistente é ser muito, muito bom no planejamento semanal (e depois, cumprir as pequenas promessas diárias que definiu).

Agora, vamos ver cada etapa do processo:

Etapa 1: Pense no macro + conecte-se à sua visão

Seu ponto de partida é avançar no tempo e pensar no que você desejaria que sua vida tivesse representado e o que precisa ter alcançado quando envelhecer para se sentir satisfeito por ter sido fiel aos seus ideais. Isto garantirá que sua próxima semana seja estratégica e não reativa, intencional e não automática.

Nas primeiras vezes em que explico o sistema a um cliente, eu lhe peço que crie sua Declaração Lapidar: quatro parágrafos detalhando o que esperam que sua família, seus amigos e colegas digam sobre eles depois que morrerem. Isso se baseia nas metas vitalícias dos 5 Grandes, um conceito que expliquei no capítulo sobre a pirâmide de estratégias de produtividade máxima. Depois, peço que escrevam suas Dez Principais Devoções Diárias — aqueles hábitos e aquelas rotinas diários que, quando organizados, melhoram seu desempenho.

Todos os domingos de manhã, com grande intenção e presença total, eles revisam esses dois documentos da forma mais sincera possível para se reconectar com o que é mais importante, antes de começar a montar seu planejamento para uma semana ideal. Isso lhes proporciona uma visita ao seu farol pessoal que os guiará com clareza. Mais uma vez, deixo para você as planilhas que utilizo em meu coaching no site mencionado no início deste capítulo. Ou você pode escrever sua Declaração Lapidar e as Dez Principais Devoções Diárias em seu diário. Faça como achar melhor.

Etapa 2: Reflexão sobre sua história semanal

A seguir, escreva uma história semanal que explique nos mínimos detalhes como você viveu cada dia da semana anterior. Depois de começar a usar o modelo de planejamento semanal que faz parte deste método, você poderá executar essa etapa com muito mais facilidade, pois terá uma programação organizada de cada um dos últimos seis dias. Por enquanto, pense apenas no que você fez todos os dias da semana passada e liste suas realizações profissionais, os exercícios físicos que fez, os períodos de aprendizagem, o tempo com a família e amigos etc.

Escrever sua história semanal lhe dará uma consciência surpreendente sobre onde você está ganhando. Assim, poderá decodificar que campo da sua vida vai bem, para que possa repetir a fórmula vencedora durante a semana seguinte (imagine a inspiração, o impulso e a produtividade que desfrutará semana após semana fazendo isso de maneira consistente). Além disso, a prática de revisar detalhadamente toda a sua semana identificará quais oportunidades de melhoria estão mais disponíveis para você. Com mais consciência de desempenho, você ficará motivado para fazer as melhores escolhas diárias, garantindo melhores resultados diários (lembre-se de meu hábito de comer brócolis e da fórmula do sucesso em três passos).

Etapa 3: Comemore os acontecimentos excepcionais da semana

Depois que começar a usar o organizador (de uma só página) do sistema de planejamento semanal (disponível para você no site), você identificará três metas profissionais e três resultados pessoais excepcionais que se comprometerá a alcançar até o fim da semana seguinte. Nesta fase do processo matinal de planejamento de domingo, você celebra o cumprimento dessas metas escrevendo com paixão sobre a sensação de alcançá-los e de tê-las concluído.

Etapa 4: Avaliação e medição semanal

Como pode ver se baixou o modelo, forneço um índice de medição para você avaliar, de um a dez, a semana que acabou de viver. Isso enriquecerá ainda mais sua consciência sobre o que está funcionando em sua vida (para que possa replicar e depois ampliar) e o que precisa melhorar.

Etapa 5: Os acontecimentos excepcionais da semana seguinte

Neste ponto do processo de planejamento semanal, você anota as três metas profissionais excepcionais que precisa alcançar durante a semana que começa, e assim, a que acaba parecerá ter sido uma semana de muito sucesso. No lado profissional, pode ser terminar um projeto criativo essencial, fazer uma apresentação de vendas importante com habilidade e reservar uma noite sem distrações para estudar um aspecto de seu ofício que aumentará sua experiência de maestria. No lado pessoal, pode ser "cinco treinos intensos", "meditar quatro manhãs", "três refeições em família com minha atenção total e nenhum dispositivo eletrônico" e "sábado até o meio-dia só para mim".

Etapa 6: Melhores práticas humanas e priorização

A seguir, você examinará por alto a lista de práticas recomendadas em cada uma das oito formas de riqueza que registrará ao definir o sistema. Isso permitirá que você, antes do início da semana, veja que comportamentos nas oito áreas principais de sua vida, quando praticados, a fazem funcionar da melhor forma.

É simples, não é? Para ter mais sucesso e felicidade, planeje e depois faça as atividades que a experiência mostrou que promoverão tais sentimentos. Por exemplo, na forma de riqueza maestria pessoal, sua lista pode incluir "acordar às 5 da manhã e executar minha rotina matinal", "aplicar o Protocolo das 2 Massagens", "uma hora para rezar em silêncio", "uma caminhada de duas horas pela natureza", "três horas de leitura e estudo" e "escrever no diário e planejar meu futuro".

Faça o mesmo tipo de processo de lista para cada forma restante de riqueza e você terá uma relação clara e poderosa de todos os melhores comportamentos nas áreas primárias de sua vida para traçar seu planejamento dos sete dias que seguirão.

Todos os domingos, revise a lista e escolha uma, duas ou talvez três atividades da lista da forma de riqueza que mais deseja aprimorar e anote o que descobriu em seu organizador impresso. Assim, garantirá que nunca deixará de realizar as atividades de extrema importância porque caiu na rotina de estar ocupado.

Etapa 7: Integração e construção de seu organizador (para uma linda semana)
Usando o organizador que deixei para você em TheEverydayHeroManifesto.com/Scheduler, você conclui seu planejamento da semana seguinte. Mas isto é crucial: registre suas reuniões de trabalho e tudo que tiver de entregar profissionalmente. Também anote seus treinos, suas caminhadas pela natureza, suas refeições em família, sua massagem e seus momentos de meditação etc., e todos os tópicos pessoais que normalmente não são colocados na agenda (por isso não são realizados). Isso garante que *tudo* aquilo de essencial entre em sua programação, não só o que você precisa para ser ultraprodutivo, mas também o que precisa para se manter conectado com sua família, manter a boa forma física, bem como continuar financeiramente forte e espiritualmente confiante.

No início do organizador há um espaço para registrar seus três resultados excepcionais pessoais e as três metas excepcionais profissionais, para que fiquem bem no foco de sua atenção o dia todo e todos os dias durante a semana seguinte.

Um exemplo de um organizador recente meu

Quando concluo uma tarefa durante o dia, coloco um "V" de "vitória" ao lado dela. Isso me deixa feliz, libera a energia da conclusão e aumenta meu ímpeto. Às vezes, faço anotações ao lado de algo que acabei de realizar para eu ter em mente o porquê de ter dado certo. Outras vezes, acrescento algumas palavras sobre como estou me sentindo durante determinado período ou durante uma oportunidade de otimização. Tudo isso vai para o relato semanal que escrevo em meu diário no final da semana, conforme a reviso.

Etapa 8: Execução + viver o modelo

A etapa final do sistema de programação semanal é reservar alguns momentos todas as manhãs da nova semana para revisitar suas metas e realizações excepcionais e sua programação para o dia que tem pela frente. Isso lhe trará clareza e ativará sua capacidade de dizer não às distrações e sim apenas às atividades que prometeu a si mesmo realizar, para alcançar o máximo de produtividade, desempenho e equilíbrio na vida, enquanto escala os cumes rumo aos seus 5 Grandes.

É isso! O sistema de programação semanal para exercitar consistentemente as semanas de nível Classe A, que se tornam meses de nível Classe A, depois trimestres, depois anos e depois décadas que produzem toda uma vida Classe A.

Quanto mais regularmente você o usar, mais fácil ficará a prática.

E maiores serão as recompensas que você desfrutará.

Sei que este material é robusto e desafiador, mas meu dever é lhe oferecer a metodologia que o ajudará a realizar seu potencial. Parabéns por ser um aluno e líder peso-pesado que adota informações granulares em uma cultura em que muitos valorizam apenas o fácil. Para assistir ao vídeo de treinamento completo sobre o processo, visite TheEverydayHeroManifesto.com/WeeklyPlanning.

Conforme vamos nos aproximando do fim de nosso tempo juntos, alguns capítulos serão mais curtos.

Uma última coisa: alguns clientes questionam se o sistema de programação semanal não sufocaria a espontaneidade. Na verdade, esse processo lhe dará mais tempo livre para fazer coisas divertidas, muito mais do que já teve. Como alguém me disse uma vez: "Deixe que o planejamento seja seu trampolim para que a espontaneidade possa ser seu mergulho."

62.

O código "Só porque" para heróis cotidianos

Um pouco mais de minha "poesia" para proteger seu otimismo e fortalecer sua fé em todas as bênçãos e maravilhas que o destino colocou em seu caminho...

Só porque seu passado foi doloroso, não significa que seu futuro não será milagroso.

Só porque você não fez algo ontem, não significa que não possa realizá-lo hoje.

Só porque você não conseguiu achar uma solução para um problema há pouco, não significa que uma solução não esteja surgindo agora.

Só porque alguém quebrou uma promessa que lhe fez, não significa que você não deva cumprir a que fez aos outros.

Só porque alguém recebeu mais do que deu, não significa que você não deva ser um doador majestoso e extremamente generoso.

Só porque uma pessoa sempre se atrasa, não significa que você deva se atrasar também.

Só porque a leitura diária não é tão popular em um mundo de ciberzumbis, não significa que você não deva ser um amante de livros pelo restante da vida e a pessoa mais experiente em sua área.

Só porque alguém em quem confia traiu sua confiança, não significa que você não deva ser confiável.

Só porque um sonho de que você foi atrás o levou a uma grande decepção, não significa que não deva continuar sendo um sonhador encantado e um possibilitador fervoroso.

Só porque alguém que você ama se comporta de maneira pouco amorosa, não significa que essa pessoa não mereça seu amor (por baixo da raiva sempre existe mágoa, e por baixo do ataque sempre existe tristeza).

Só porque muitas pessoas são negativas e pessimistas, não significa que você não deva se destacar e ser genuinamente esperançoso, espalhando sua magia para todo mundo ver.

Só porque uma educação impecável e maneiras meticulosas são raras, não significa que você não deva ser de uma raça única, e ser a pessoa mais atenciosa, sofisticada e digna de sua comunidade.

Só porque ir além não é mais tão comum, não significa que você não deva fazê-lo e com requintada habilidade. Sua integridade exige que você se recuse a participar de qualquer tipo de mediocridade, não é?

Só porque você cometeu um erro, não significa que o respeito que as pessoas lhe dão é equivocado.

Só porque alguns seres humanos se preocupam consigo mesmos, não significa que você não deva defender a ajuda, o serviço e a gentileza, com alguns limites.

Só porque você tem feridas para curar e limites para dissolver, não significa que é problemático.

Só porque outras pessoas são, atualmente, melhores que você em uma habilidade, não significa que não possa praticar para dominar essa área e para alcançar o virtuosismo no mundo.

Só porque ainda não tem a vida que tanto deseja, não significa que o destino vai negá-la a você.

Só porque poucas pessoas sabem perdoar, não significa que você não deva abandonar velhas queixas e seguir em frente com tudo o que lhe dá entusiasmo.

Só porque muita gente ao seu redor tem muito medo de ser totalmente humana, não significa que não haja valor em você ser exemplo de grandeza, amor e excelência, que são as moléculas que tornam cada um de nós real.

Só porque a vida é uma viagem relativamente curta, não significa que você não deva se preparar para ficar por aqui por muito tempo e deixar sua extraordinária marca.

—

63.

A morte é apenas um upgrade de quarto de hotel

Eu sinto medo. Porque sou humano.

Ei fiquei aterrorizado quando me pediram para falar diante de dez pessoas no laboratório de biologia da universidade.

Quando conheço celebridades, visito alguém novo ou sou questionado intensamente por agentes de controle de fronteira, costumo ficar nervoso (li que só os bandidos ficam calmos perto desse último grupo).

Como introvertido que sou, fico desconfortável em eventos sociais como casamentos, comemorações de aniversários e — a câmara de tortura definitiva — jantares formais.

Sim, eu me treinei para falar diante de grandes audiências e relaxar em situações públicas intensas (assim como você também pode fazer), mas não é minha coisa favorita de fazer. Estou apenas sendo sincero.

Mas se há uma coisa da qual nunca tive medo foi morrer.

Recentemente, conversei com um grande amigo sobre a morte.

Ele me dizia que passa muito tempo pensando em seu fim. Parece que ele se preocupa com como vai acontecer, como será a experiência e se ouvirá harpas tocando música clássica do outro lado.

Quanto a mim, estou *ansioso* para morrer, se me permite dizer.

Devo deixar claro: amo a vida intensamente, imensamente, e estou vivendo uma jornada e tanto.

Eu vivo para minha família.

Adoro meu ofício e o privilégio de servir. Lágrimas vêm aos meus olhos agora enquanto escrevo isto e reflito sobre a maneira como meus leitores me tratam. Não sei se mereço, mas agradeço.

Eu me sinto abençoado por ter amigos tão maravilhosos que me fazem pensar, rir e, às vezes, comer muito *cacio e pepe*.

Adoro as pilhas e mais pilhas de livros que encantam os aposentos de minha casa, meus passeios de mountain bike, minhas viagens frequentes a lugares que adoro, que incluem Roma e Alba, Maurícia e Puglia, TriBeCa e Franschhoek, Zurique, Londres, Dubai e Mumbai.

Sou muito grato pelas palestras de liderança que fiz no mundo todo, pelos clientes incrivelmente excelentes com quem tive a honra de trabalhar, pelas refeições sublimes que desfrutei e pelos nasceres do sol gloriosos que meus olhos envelhecidos puderam presenciar.

Tudo isso é legal. Às vezes engraçado, por vezes até emocionante. Mas eu não preciso de nada disso. Não estou mais *apegado* a isso. Eu *não me identifico* com isso, o que significa que não preciso de tudo isso para sustentar minha autoestima e me dar uma sensação de verdadeiro poder.

É estar no mundo, mas nunca pertencer a ele, entende?

Entendo totalmente que a vida é uma viagem passageira e que tudo acaba cedo demais. Cada dia na Terra (mesmo com suas inevitáveis tragédias) é uma dádiva muito preciosa e perfeita.

Mas não tenho medo de partir porque acredito sinceramente que, depois que nosso corpo se degrada até virar pó, tudo que realmente somos *permanece*.

Nosso eu mais elevado, mais sábio, mais forte, invencível, mais nobre, eterno e todo amoroso — nossa alma — retorna à fonte de onde provém. E avança rumo ao infinito.

E não acho que esse lugar para onde nossa alma volta — ou mais justamente, onde fica mais imersa — seja um lugar ruim, que devamos temer porque tem fogueiras ardentes e cruéis governantes do submundo agitando seus forcados para os anjos e xingando os santos.

Não. De jeito nenhum.

Acredito que, depois que morremos, simplesmente voltamos para a luz. Um estado de ser que é criatividade completa, verdade total, felicidade épica, amor ilimitado. E um lugar com um café muito, muito bom.

Tudo bem, talvez eu tenha exagerado com o lance do café.

Mas permita que eu apresente esse discurso filosófico de outra maneira...

É como se, enquanto fazemos nossa caminhada na Terra, ficássemos hospedados em um hotel de três ou quatro estrelas.

E então, morremos. Nenhuma tragédia acontece. Na verdade, fazemos um upgrade para uma propriedade cinco estrelas.

O lugar anterior parecia bom, mas o novo é surpreendente.

Por que você resistiria à transição, se é para um destino ainda melhor?

64.

Por que Aristóteles dormia no chão

Um dos meus confidentes é um dos escritores mais vendidos do mundo.

Não estou falando de um autor de best-sellers com alguns milhões de cópias. Estou falando de vendas realmente fenomenais (sim, mais de 100 milhões de cópias).

Certa noite, enquanto estávamos jantando em uma cidadezinha da Europa onde ele havia se isolado, meu amigo compartilhou algo que ainda guardo comigo.

Esse escritor explicou que sua rara realização implica a tendência a parar, aceitar os limites atuais de seu ofício e entrar em modo defensivo para proteger seu sucesso, em vez de continuar no ataque para ser ainda mais habilidoso no trabalho que faz. Ele conquistou mais em sua área do que a maioria das pessoas jamais conseguirá, por isso sente uma forte tentação de descansar sobre os louros e deixar de trabalhar. Ele não precisa de nada e tem pouco a provar.

No entanto, ele entende que nada falha tanto quanto o sucesso e os criadores de história sempre protegem a paixão que tinham quando eram amadores. *O problema de um mestre é que ele nunca acha que é um mestre.* As lendas nunca param de tentar dominar seu gênero e liderar seu campo e chegar a ser tão boas que operam em uma órbita completamente diferente de todos os outros. O grande jogador do golfe Bobby Jones, ao ver Jack Nicklaus mostrar sua genialidade no Masters, observou: "Ele joga um jogo com o qual não estou familiarizado."

A principal razão para continuar buscando o melhor, mesmo quando você está no auge, não é mais fama, fortuna e adulação. É experimentar um crescimento pessoal ainda maior, fazer ainda mais amizade com seus talentos invisíveis e aumentar o calibre de seu caráter, esforçando-se para produzir ainda mais joias enquanto serve obedientemente aos sussurros de seu eu espiritual mais supremo (sim, acredito de verdade que operar em nível Classe A é um exercício muito espiritual, porque você honra a força que governa o mundo enquanto enriquece seus irmãos e suas irmãs).

Pois bem, adivinhe o que meu amigo fez.

Reservou um quarto em um hotel muito barato (aqueles de beira de estrada) e começou a escrever seu próximo grande best-seller.

Ele se obrigou a fugir dos luxos e das conveniências de seu dia a dia para voltar ao básico, pôr os pés no chão e sentir o desconforto. Porque a luta é uma fonte profunda de originalidade. E a contenção nos faz muito mais fortes.

Esse reverenciado (e muito rico) escritor morou em um quarto de hotel barato *durante um ano inteiro*. E escreveu o melhor livro de sua carreira.

Li que Aristóteles costumava dormir no chão de pedra a cada poucas semanas para permanecer forte, firme, ágil e humilde.

Também li que os jovens espartanos treinavam no frio, com nada além de uma túnica e sandálias, para se preparar para as provações brutais que enfrentariam na guerra. As mães recitavam enquanto eles marchavam para a batalha: "Voltem vitoriosos ou mortos. Caso contrário, não voltem."

Nós nos tornamos membros de uma cultura dos que se machucam com facilidade, dos terrivelmente frágeis e que se enfraquecem por qualquer coisa. Somos uma sociedade de flocos de neve, queixosos e hedonistas que desejam apenas facilidade, prazer e luxo o tempo todo.

Mas fazer um trabalho imponente que resista ao teste do tempo e construir uma vida da qual você terá muito orgulho exige que se coloque em lugares difíceis e que se force a fazer coisas difíceis. Para que a luta faça brotar sua força oculta, sua confiança e seu brilho.

Adoro estas palavras do filósofo estoico Epíteto: "Mas nem um touro nem um homem de espírito nobre chegam a ser o que são de uma só vez; devem realizar *um duro treinamento de inverno* e se preparar, e não se lançar precipitadamente naquilo que não é apropriado para eles."

Faço o meu melhor para viver a mensagem de austeridade voluntária que incentivo neste capítulo, forçando-me incansavelmente a experimentar coisas novas, testar novas oportunidades, desafiar minhas fórmulas vencedoras, acordar ainda mais cedo, jejuar ainda mais e exercitar-me mais e com mais afinco. Estender-me e crescer o tempo todo é o único caminho para evitar a obsolescência e a apatia que levam à morte prematura.

Em Hollywood, usam um termo no qual penso com frequência: "Pular o tubarão", que é usado para que as pessoas se lembrem de que o sucesso nunca está garantido.

Quero falar mais sobre isso.

Há muitos anos, havia uma série de TV muito popular chamada *Happy Days*. O personagem principal superlegal (interpretado por Henry Winkler) nessa sitcom era um *bad boy* chamado Arthur Fonzarelli, conhecido como Fonzie ou simplesmente "Fonz". Milhões de pessoas ligavam a TV para assistir a cada episódio semanal e a série virou uma sensação (eu adorava, e tinha até uma jaqueta de couro falso, preta, como a de Fonzie, para provar).

No auge do sucesso da série, algo aconteceu.

O enredo começou a ficar um pouco sem sentido e o fascínio dos episódios passou a diminuir. O diálogo foi se tornando repetitivo e enfadonho, e muitas das ideias outrora imaginativas pareciam desgastadas.

Eu acho que, depois de muitas temporadas no auge nas redes de televisão, alguns dos atores extremamente bem-pagos ficaram entediados, muitos roteiristas entraram no piloto automático, com medo de tentar algo inovador que pudesse fazê-los cair de cara no chão. O caráter especial que antes impressionava os espectadores simplesmente desapareceu.

Em um episódio, a premissa parecia ter sido calculada apenas para atrair a atenção: Fonzie ia colocar um par de esquis aquáticos e pular por cima de um tubarão. Difícil de acreditar, não é?

Apesar de Fonz ter conseguido o feito, "pular o tubarão" se tornou um termo usado no meio do entretenimento quando uma série ultrapassa seu prazo de validade. É usada como uma frase de advertência para desafiar os criativos a não recorrer a formas preguiçosas de chamar a atenção porque estão confortáveis demais para subir ao próximo nível de inovação, e para que evitem ficar tão preocupados em proteger o sucesso que geraram a ponto de deixar de crescer e de correr os riscos que os farão ganhar ainda mais.

65.

Rasgue sua fórmula vencedora como fez Miles Davis

Noite passada, assisti a um documentário sobre o peso-pesado do jazz Miles Davis. Você teria adorado.

Aprendi que...

Miles Davis provinha de uma família rica, mas foi submetido a preconceitos raciais. Saber disso me deixou de coração partido.

Ele tocou com virtuoses como Charlie Parker e Duke Ellington, copiando o estilo deles até desenvolver coragem para quebrar o *status quo* e determinação para criar uma maneira inteiramente nova de tocar.

Ele adorava Ferraris, ternos sob medida e outros atrativos da boa vida, e desenvolveu vício em álcool, heroína e cocaína.

Miles pouco se importava com as opiniões dos outros e parecia ser quase completamente fiel ao homem que era (Nossa, como isso é raro e importante!).

Desde o momento em que acordava até a hora de ir dormir ele pensava praticamente em uma única coisa: música. Nada mais importava. Sério.

Mas o que se destaca nesse gigante do trompete, que morreu subitamente de um AVC aos 65 anos, é sua firme relutância em repetir sua fórmula vencedora.

Miles Davis revolucionou o jazz com *Kind of Blue,* com suas melodias perturbadoras de beleza etérea.

Então, quando o final dos anos 1960 trouxe o rock e o funk, ele surpreendentemente mudou de rumo; tirou seus ternos sob medida e entrou em uma nova e glamourosa fase (usando óculos de sol grandes, tipo Jackie O, camisas com borlas e calças de couro).

Com *Bitches Brew,* álbum que o guitarrista John McLaughlin descreveu como "Picasso da música", ele apresentou um estilo revolucionário (e rebelde) que beirava o psicodélico.

Depois, vieram suas experiências com música eletrônica, que produziram o jazz de formas completamente inovadoras.

Em uma cena do documentário, o filho de Miles Davis revelou que o pai nunca guardava seus discos antigos em casa. Ele não tinha interesse no que havia feito antes, só no que o ocupava no momento. O que mais o fascinava era ir além, explorar novas fronteiras e acompanhar a expansão artística que sempre vive do outro lado do normal, aceitável e comercialmente viável.

Como observou um dos músicos de sua banda: "Ele não queria que tocássemos o que sabíamos. Queria que tocássemos o que *não* sabíamos."

Assim, eles estavam sempre na vanguarda da área em que atuavam. E, assim, exibiam um estilo inovador que permaneceria moderno, relevante e inspirador em um futuro generosamente colorido.

66.

O artista resiliente de terno roxo brilhante

O conceito de "antifrágil" de Nassim Taleb, que fala da capacidade de ficar mais forte diante de uma desordem maior, ecoa tanto no guerreiro quanto no poeta que há em mim.

Em minhas orações, meditações e nos meus registros no diário, pratico muito para me tornar o tipo de força criativa e de ser humano que fica mais inabalável e corajoso conforme as coisas ficam mais desafiadoras e confusas.

Saber reconhecer o triunfo diante da turbulência representa um avanço ilimitado.

O que me leva a um quadro que fica em frente à sala em que escrevo, em minha casa.

Quem me deu esse quadro, presente pelo qual sou grato, foi um leitor muito generoso que disse que meu trabalho o ajudara muito.

Coloquei-o ali para poder vê-lo antes de começar a escrever, pela manhã. E assim que saio, no fim do dia.

Para me lembrar do que os verdadeiros artistas fazem. E como operam os excepcionalistas genuínos.

A imagem é de Gord Downie, vocalista de uma banda chamada The Tragically Hip, uma das maiores bandas de rock de todos os tempos (mesmo não sendo tão conhecida globalmente).

Eu os vi tocar ao vivo quatro vezes, incluindo uma experiência quase religiosa no Fillmore, em São Francisco. Seu último show foi em sua cidade natal, Kingston, no Canadá, e minha filha e meu filho estavam em pé nas cadeiras ao meu lado, com os braços para cima e os olhos bem abertos em uma noite inesquecível. Mas essa experiência também teve um lado um tanto trágico. Permita-me explicar por quê.

Um símbolo de maestria que me inspira diariamente

Downie era um luminar de um reino sobrenatural. Suas capacidades de composição e canto eram magníficas e vivazes. A maneira como se movimentava no palco era diferente de qualquer outro vocalista que eu já vi. Jagger, mesmo em sua melhor forma, só chegava perto.

Um verdadeiro astro do rock no Fillmore

Gord Downie era um showman, ele hipnotizava o público, criava feitiços no palco e incorporava outras lendas como poucos. Seu público levava cartazes que diziam "In Gord We Trust" ["Nós confiamos em Gord", uma referência a "In God We Trust", "Nós confiamos em Deus", famoso lema norte-americano] . E milhões de pessoas realmente confiavam e acreditavam nele.

Mas então, tudo mudou. Como tudo sempre muda na vida.

Em dezembro, em Kingston, aonde fora passar o Natal, Downie desmaiou enquanto andava por uma rua movimentada e teve uma convulsão na frente de espectadores atordoados.

Após uma intensa bateria de exames, o médico deu a notícia em uma coletiva de imprensa lotada: o músico tinha uma forma rara de câncer no cérebro conhecida como glioblastoma. O prognóstico era que a doença estava em fase terminal.

Downie foi aconselhado a encerrar sua carreira, despedir-se e nunca mais fazer turnê com a banda que tanto amava.

Mas Downie era resiliente. Então, continuou.

Os Hip — como são carinhosamente conhecidos por sua legião de fãs — iniciaram sua última série de shows para entregar seu amor a todos aqueles que os apoiaram por tanto tempo. Cartolas personalizadas, lenços esvoaçantes, deslumbrantes camisas brilhantes e ternos de lantejoulas roxas foram feitos para o astro usar na turnê. Equipes de emergência ficavam de prontidão em todos os shows.

Dada a doença de Downie, a banda temia que ele sofresse uma convulsão no palco ou que não tivesse energia para terminar os shows, devido aos exaustivos tratamentos de quimioterapia.

Mas o mais extraordinário, que sinto necessidade de mencionar, é que conforme fazia seus shows, Gord Downie ficava *mais forte*. Conforme visitava cidade atrás de cidade em turnê, sua eletricidade crescia, seu carisma aumentava e sua magia se ampliava.

O último show, transmitido ao vivo pela TV e assistido por quase doze milhões de pessoas, foi resumido em um tweet do Departamento de Polícia de Toronto, que dizia: "Querido mundo, gostaria de avisar que o Canadá estará fechado hoje à noite a partir das 20h30."

Como mencionei, meus filhos e eu assistimos a esse show. Aplaudimos, batemos palmas, dançamos e choramos. Todo mundo sabia que Downie estava morrendo.

Quando eu estava em Montenegro para um evento de liderança, cerca de um ano depois, um amigo me mandou uma mensagem. Enquanto o sol se punha sobre o mar Adriático e eu estava sentado no terraço de uma cabana que fazia parte de uma vila de pescadores, li que Gord Downie, o artista resiliente de terno roxo brilhante, havia falecido. Havia ido a um lugar melhor.

67.

A teoria de manter seu fogo vivo para uma vida inteira de audácia

Está muito cedo enquanto escrevo este artigo para você. A escuridão envolve minha casa, há uma xícara de chá de hortelã fresquinho em minha mesa de madeira, ao lado da pilha de papéis do manuscrito. "Roads", do Portishead, está tocando. E o clima está perfeito.

Você adoraria se estivesse sentado aqui, comigo.

Na tranquilidade da madrugada, reflito sobre o furioso fogo que tantas almas boas tinham ardendo dentro de si para realizar seus desejos sagrados e materializar seus anseios heroicos, antes que um mundo de contas a pagar, dívidas a saldar e obrigações a cumprir transformasse o inferno de possibilidades em brasas de oportunidades perdidas.

Saiba que o desconforto do crescimento é sempre menor do que a dor do arrependimento.

Isso me faz pensar nas palavras de Ayn Rand:

> Não deixe seu fogo se apagar, faísca por faísca insubstituível nos pântanos sem esperança do "não exatamente", do "ainda não" e do "não em absoluto". Não deixe que o herói que há em sua alma pereça, em frustração solitária pela vida que você merecia, mas que nunca conseguiu alcançar. O mundo que você desejou pode ser conquistado, ele existe, é real, é possível, é seu.

Portanto, ao seguir o chamado de sua vida para tornar seus sonhos reais e suas emoções verdadeiras, nunca permita que o zelo agressivo que é fundamental para sua vitalidade seja sufocado pelas responsabilidades de sua vida adulta.

Em uma civilização de seres humanos que andam adormecidos durante os melhores anos de sua vida, alimente a majestade de sua audácia, alcançando regularmente o que o rebanho afirma ser impossível.

68.

Como os pesos-pesados trabalham

A forma como a maioria das pessoas trabalha remonta a uma era antiga.

A ideia de que trabalhar mais e com mais afinco torna você mais produtivo e melhor está ultrapassada. É profundamente falha.

Vem de uma época em que a maioria das pessoas atuava na linha de produção; e ao trabalharem mais tempo, fabricavam mais produtos. A produtividade estava vinculada ao número de horas gastas no trabalho.

Mas, agora, existimos em um período bem diferente. A Era das Fábricas se transformou na Economia da Maestria. Como trabalhadores cognitivos e líderes criativos, você e eu somos recompensados não pelas horas gastas trabalhando, mas sim pela riqueza, pelo impacto e pela experiência de magia que nosso ofício proporciona aos outros (sim, sua área de atuação é ajudar os seres humanos a participar da *magia*). Os pesos-pesados que colocam obras-primas no mercado são os que recebem mais dinheiro, elogios, liberdade de estilo de vida e satisfação espiritual.

O ponto principal que tento oferecer a qualquer pessoa que esteja no ramo de produção artística indiscutível é: *ao trabalhar mais, em geral, produz-se menos.*

Mas é raro o tipo de trabalhador moderno que compreende essa verdade fundamental (e transformacional) e que reserva tempo para atuar de forma concentrada quando cria, e depois se recupera de forma surpreendentemente profunda quando descansa.

Quero que você medite sobre esta máxima: Realizadores extraordinários são "descansadores" profissionais.

Pessoas capazes de realizar um trabalho extraordinário de forma consistente são aquelas que vão além do foco, da inventividade e do trabalho de todos ao seu redor. Quando trabalham, trabalham de verdade (em vez de se distraírem no celular, conversando com amigos e comprando sapatos, camisas novas e férias em locais exóticos).

E depois de expressar sua maestria em uma explosão de glória gigantesca, elas se recolhem.

Sim...elas viram fantasmas. Ficam indisponíveis. Invisíveis.

Elas se regeneram, se reabastecem, se renovam. Elas leem, caminham, aprimoram seus dons culinários, assistem a ótimos filmes e se divertem com a família, além de cochilar (que é minha arma secreta).

Esta é a maneira sazonal ou cíclica de viver um dia, depois uma semana, depois um mês e depois seus anos, trabalhando com a maior paixão e depois recuando e se recuperando totalmente. Assim, você leva de volta seus ativos de genialidade à sua capacidade máxima para mais uma excelente rodada de trabalho magnificamente criativo, focado e inspirado.

Esta maneira de operar é incomum e vista como contraproducente, dada a forma como fomos socialmente programados para pensar a produtividade. Nossa cultura nos treina para sentir vergonha quando não estamos "ralando" a maior parte do tempo. Mas trabalhar a maior parte do tempo nos deixa exaustos, irritadiços e vazios. Corrói nossa energia. Esgota a sensação de exuberância e espírito que é absolutamente necessária para realizar um trabalho que se eleve acima do de seus colegas e deixe sua marca sincera na história.

Eu simplesmente não gosto do jeito "apressado e opressor" de ser. Porque é insustentável ao longo de uma carreira (ou mesmo de um trimestre). O excesso de trabalho, creio eu, muitas vezes é insegurança disfarçada de produtividade. E bravata pública.

"Há um tempo para muitas palavras e também há um tempo para dormir", escreveu Homero em *Odisseia*.

Portanto, lembre-se de que o segredo para realizar mais obras de destaque é trabalhar *muito menos*. Equilibre períodos de pico de intensidade com ciclos de recuperação genuína. Para que nessas horas em que produzir, cada grama de sua destreza veja a luz do dia.

69.

As pequenas coisas são as grandes coisas

Enquanto escrevo este capítulo bem curto para você, estou com dor.

Não é uma dor macro, séria e brutal.

Não. Graças a Deus.

É pequena.

Não sei como, ontem à noite, um inseto entrou no meu quarto. E se alimentou de mim (provavelmente com muita alegria) durante grande parte de uma longa noite.

Agora estou com manchas vermelhas e inchaço onde a maldita criatura fez sua arte em meu corpo desavisado.

Enquanto mergulhava na banheira hoje cedo, pensei no que a fundadora da The Body Shop, Anita Roddick, disse uma vez: "Se você acha que é pequeno demais para causar impacto, tente dormir com um mosquito."

As pequenas coisas realmente podem ter consequências gigantescas.

Na verdade, de muitas maneiras, descobri que as pequenas coisas são as *grandes coisas.*

Repassar os microdetalhes de seu *tour de force* por mais seis meses, quando acha que está praticamente pronto, é o que fará de você um mestre (e trará um ótimo Karma para você).

Comer de uma forma que garanta microvitórias em seu plano nutricional resulta em uma saúde exponencialmente boa ao longo do tempo.

Escrever uma nota de agradecimento ao chef de um restaurante que o tenha encantado, ou a um prestador de serviços que entregou mais que o esperado, é um ato pequeno com grandes ganhos.

Reservar um tempo para refletir sobre a estratégia que tornou seu negócio bem-sucedido e, a seguir, criar planilhas de batalha para acelerar a inovação, a criação de valor e o serviço não é a maior jogada do mundo, mas agir de acordo com o que você descobrir pode mudar o mundo.

Cumprir aqueles pequenos atos de disciplina, como acordar cedo, ser consistentemente simpático, não faltar aos treinos e cumprir cada uma de suas promessas podem parecer coisas insignificantes, mas *cada uma dessas ações tem uma consequência,* e cumprir esses pequenos atos proporciona uma liderança extraordinária e sucesso quando colocados ao longo da vida.

Portanto...

Lembre-se da tatuagem cerebral que venho ensinando nas últimas décadas e reforçando gentilmente ao longo deste livro, porque ela é essencial para seu heroísmo cotidiano: *pequenas melhorias, diárias e aparentemente insignificantes, quando feitas de forma consistente ao longo do tempo, levam a resultados impressionantes.*

E não se esqueça de fechar todas as janelas e portas antes de dormir.

70.

Torne-se um atleta criativo

Não pratique exercícios só pela aparência. Queira ficar forte para levantar o mundo nas mãos.

Fique fisicamente forte para ter mais concentração. Para aumentar sua resistência quando se sentar para criar. Para maximizar sua capacidade de gerar grandes ideias que resolvam problemas enormes.

Exercite-se regularmente para ser um artista melhor. Trabalhe mais para ser um líder melhor. E passe mais tempo na esteira para poder agir como um criador de movimentos.

Descobri, em minha própria vida, que existe uma relação direta e profunda entre a nota do meu Heartset e a qualidade de meu trabalho.

Quando estou em excelente condicionamento físico, treinando bastante, comendo bem, jejuando com frequência, me hidratando adequadamente, e descansando de forma inteligente, tenho um desempenho ótimo no meu trabalho. Meu cérebro fica mais sagaz, eu me sinto mais feliz (nosso humor tem um impacto drástico no nosso desempenho), consigo ficar sentado à minha mesa por muito mais horas, imerso em um estado de fluxo, e tenho acesso a muito mais força de vontade (assim, não fico com vontade de enrolar e acessar redes sociais para evitar escrever um texto tecnicamente exigente).

Intensificar seu condicionamento físico lhe renderá mais dinheiro (porque você será capaz de aumentar sua produtividade), o fará mais paciente, pacífico e amoroso quando na presença de sua família (graças ao processo neuroquímico aprimorado que o exercício físico ativa) e aumentará sua capacidade de espanto e admiração e sua vitalidade.

Portanto, meu incentivo amoroso, mas resoluto, é que esteja em boa forma para lançar poesia ao universo, para ver até onde você pode ir e para tornar a vida de outras pessoas um pouco (ou muito) melhor com seu encanto enquanto otimiza sua experiência de vida.

Isso, seja um atleta criativo. Não apenas para ter abdominais mais definidos e glúteos mais durinhos. Mas para a construção de um mundo melhor.

71.

Como fazem os super-realizadores

Em um dos estudos mais fascinantes já realizados no campo da psicologia social, oito homens na casa dos 70 anos foram levados para um mosteiro onde os pesquisadores fizeram um trabalho minucioso para que ficassem exatamente como eram *22 anos antes*.

No início do experimento, alguns homens que entraram no mosteiro andavam curvados, outros usavam bengalas. A música que tocava era de uma época passada; os livros e as revistas nas prateleiras eram dessa época anterior; artefatos dessa época haviam sido organizados nos mínimos detalhes, de modo que realmente parecia que os participantes haviam entrado em um túnel do tempo.

A líder do estudo, Ellen Langer, dissidente professora de Harvard agora aclamada como "a mãe da psicologia positiva", instruiu os homens a pensar, sentir, falar e agir como se fossem seus "eus" mais jovens de 22 anos antes. Instruiu-os a *habitar* aquele período anterior como se de fato estivessem lá.

Após cinco dias no mosteiro, uma série de biomarcadores de idade foram analisados. Notavelmente, os homens estavam com uma aparência mais jovem, fisicamente mais flexíveis, apresentaram mais destreza manual e até a visão havia melhorado. Enquanto esperavam pela van que os levaria de volta para casa, jogaram futebol americano, gritando e berrando como adolescentes.

Ao estudar o resultado desse ensaio impressionante, Langer concluiu que a ilusão criada quando os participantes assumiram suas versões mais jovens causou uma religação de suas percepções e uma reformulação de suas identidades. Em vez de acreditar nos preconceitos culturais (e na lavagem cerebral social) sobre o desempenho das pessoas na faixa dos 70 anos, eles ignoraram essa história e rejuvenesceram. Porque se viam de uma maneira diferente.

Para mim, esse é um exemplo transformador de que mudar sua identidade transformará sua capacidade de expressar sua maestria. Além disso, um fantástico modelo de como sua história pessoal sobre suas habilidades determina quão bem você manifesta seu potencial. Os seres humanos nunca se comportam de uma forma que seja inconsistente com sua percepção de quem são. Nunca.

Se você não se vê como uma pessoa que tem tudo que é preciso para alcançar resultados de nível Classe A, nem mesmo começará a fazer o necessário para alcançar resultados desse nível. Para quê?

Se achar que não tem condições de executar seu empreendimento visionário, não buscará orientação, não investirá no aprendizado e não tomará todas as medidas necessárias para realizar sua fantasia porque, em sua mente e em seu coração, o final negativo já foi traçado.

Se não acreditar que tem o poder de moldar nosso mundo e influenciar seu destino, você não protegerá o meio ambiente, não tratará bem os estranhos e não ajudará os menos afortunados, porque já tem uma conclusão predeterminada de que realmente não faz diferença e o seu destino está nas mãos de outrem.

Essa forma de operar — e é muito importante saber disso — cria uma profecia autorrealizável.

A percepção de sua capacidade cria sua realidade. Seus falsos programas psicológicos, emocionais, físicos e espirituais são os obstáculos que o impedem de ir rumo a seus desejos mais grandiosos. Uma fé parcial em sua grandeza individual causa resultados parciais, que fazem você se sentir ainda menos confiante. O que me leva a falar de como os super-realizadores fazem o que fazem.

Pensamos que vemos a realidade todos os dias, mas o que de fato vemos é nossa *percepção* da realidade. *Processamos* tudo que está fora de nós — todos os eventos, todas as condições e experiências — por meio de nosso filtro único. Por meio de nossas lentes pessoais. É uma espécie de "vitral", para usar o termo do mitólogo Joseph Campbell.

Esse filtro foi construído, ao longo de sua vida, pelo que chamo em minha metodologia de mentoria de *As cinco ferramentas criativas.* Se você as refinar e otimizar, recriará completamente sua narrativa pessoal sobre como a vida funciona e sobre sua capacidade de produzir resultados surpreendentes dentro dela. Se refizer e refinar sua história particular, começará a perceber um mundo totalmente novo, do tipo que a maioria quase nunca vê, pois fica presa no pessimismo, na escassez e na insegurança constante, raramente tendo vislumbres do oceano de possibilidades e oportunidades que está bem diante dos olhos das pessoas.

Se melhorar sua identidade própria de forma consistente, seu comportamento corresponderá à sua nova compreensão sobre o que é possível criar, alcançar e se tornar. Se agir assim diariamente, você terá a garantia de que está iniciando um ciclo de feedback positivo: seu comportamento positivo continuará causando resultados excelentes, que alimentarão sua nova identidade mais saudável, o que levará a um comportamento ainda mais positivo.

Esse é o processo transcendente que *qualquer* ser humano pode seguir, não importa sua idade, sua nacionalidade, seu contexto econômico ou sua educação, para transmutar radicalmente sua produtividade, prosperidade, felicidade e impacto.

Veja a estrutura de aprendizagem que costumo ensinar apenas aos clientes de meu programa de coaching on-line The Circle of Legends, mas que quero muito compartilhar agora com você:

COMO FAZEM OS SUPER-REALIZADORES

Como você pode ver, as cinco ferramentas criativas que precisa implantar para reestruturar e renovar totalmente uma história pessoal, que retrabalharão sua identidade pessoal, são estas: seus pensamentos, suas emoções, suas palavras, suas ações e suas influências. Estas são as forças que, ao longo do tempo, criam o filtro através do qual você processa o mundo, formando sua explicação única de como o jogo funciona e de seu papel nele. De novo, se mudar seu filtro da realidade, você mudará sua realidade.

Conforme for melhorando a qualidade de cada uma dessas cinco ferramentas, a forma como você se percebe irá se incrementando para corresponder à melhoria. À medida que for reescrevendo e reprogramando a maneira como se vê, a qualidade de seu sucesso, alegria e paz interna aumentarão automaticamente junto.

Como você pode notar observando atentamente o modelo, o caminho para se tornar um super-realizador (e um ser humano heroico que expressa a plenitude de seus dons, talentos e virtudes) começa pela purificação das cinco forças que criam sua realidade interior e moldam a maneira como você processa o mundo externo.

Se continuar refinando sua vida interna, seu comportamento melhorará para corresponder à sua identidade aprimorada e às suas percepções avançadas. Seu melhor comportamento estabelece um ciclo de feedback positivo, permitindo resultados positivos que confirmam que você agora é o tipo de pessoa que pode alcançar resultados de nível Classe A e uma existência de grande beleza. Isso, por sua vez, torna seus pensamentos, suas emoções, suas palavras, suas ações e sua seleção de influências ainda melhores. Forma-se um ciclo de feedback positivo que cria uma espiral ascendente de sucesso excepcionalmente valiosa que, quando aplicada por longos períodos, resulta em ganhos *exponenciais*.

Ou...

Se suas cinco ferramentas criativas forem medíocres, instalarão um filtro perceptivo negativo e, entendendo a realidade através dele, você estabelecerá uma identidade negativa que produzirá os comportamentos diários negativos que correspondam a ela, criando, assim, uma profecia *negativa* autorrealizável. Porque sua vida interna e uma forma inferior de interagir com a realidade reforçarão que sua forma negativa de ver o mundo é correta. Mesmo que não seja.

Portanto, hoje, meu grande incentivo é que dê uma boa olhada no calibre de suas cinco ferramentas criativas. Comprometa-se a purificar seu pensamento, elevar suas emoções, medir suas palavras, agir com mais maestria e escolher influências edificantes, soberbas e alinhadas com os excelentes padrões pelos quais que você busca operar.

Então, saia no mundo e seja firme em seu processo de se tornar o tipo de super-realizador e pessoa absolutamente incrível que você e eu sabemos que merece ser.

72.

Fuja da aflição do astronauta pós-chegada à lua

O astronauta da Apollo 11 Buzz Aldrin, que esteve na primeira tripulação espacial a pousar na lua, foi questionado sobre como foi estar lá. Sua resposta poética foi: "Uma magnífica desolação."

Mas, com o passar dos anos, esse homem que andou na superfície lunar durante cerca de três horas teve de lutar contra a depressão e o alcoolismo. Ficou tomado por uma sensação de falta de objetivo e de incapacidade de encontrar um empreendimento que despertasse seu entusiasmo após sua experiência transformadora.

Como superar a conquista de ter chegado à lua?

Aldrin escreveu em seu livro de memórias, *Magnificent Desolation* [Desolação magnífica, em tradução livre], que após o pouso lunar "não via nenhum objetivo, nenhum chamado, nenhum projeto ao qual valesse a pena me dedicar".

Portanto...

Ao alçar voos mais elevados para atingir o mais alto potencial e alcançar suas melhores habilidades, tome cuidado com o fenômeno "A aflição do astronauta pós-chegada à lua". É tendência de qualquer artista de elite sentir mal-estar ou viver em estado de apatia depois de atingir as metas que sempre sonhou alcançar.

Você fez tudo que se propôs a fazer. Provavelmente, realizou objetivos audaciosos que nenhum conhecido seu foi capaz de concretizar. Agora, tem uma reputação, uma carreira, a riqueza e o estilo de vida de suas mais ricas imaginações e dos mais luxuosos entusiasmos. Você conseguiu. Você é um destaque, a atração principal e um verdadeiro peso-pesado no planeta. O nível Classe A se tornou seu novo normal. E agora? Assim como Buzz Aldrin, você se pergunta como pode superar isso enquanto sente um vazio e uma angústia existencial.

Mas a solução é simples. Nunca, jamais se acomode. Nunca pare de estabelecer metas de mais alto nível e desafios mais estimulantes e avançar em direção a eles. Dessa forma, o tempo todo você explora lugares criativos ocultos e invisíveis, e aproveita continuamente a luz brilhante de universos desconhecidos e embarca regularmente em aventuras emocionantes.

E heroicamente conhece lados ainda não descobertos de seu eu mais incrível. Porque a maior tristeza da vida é nunca conhecer tudo o que você realmente é.

73.

Lições de resiliência do ser humano que perdeu o rosto

Liderança e coragem têm menos a ver com ter nascido com ousadia e mais a ver com o que fazemos quando sentimos medo.

Pessoas que consideramos salvadores, guardiões e protetores são, em sua maioria, gente boa, comum, que em momentos de adversidade, ameaça ou perigo, encontraram forças que não sabiam que tinham. Veja Mahatma Gandhi, Amelia Earhart, Alan Turing, Helen Keller, Emmeline Pankhurst e Galileu.

Todo mundo tem valor inexplorado dentro de si. Você é muito mais forte do que imagina, sem dúvida nenhuma.

O que me leva a Niki Lauda, ex-campeão mundial de Fórmula 1, e ao que ele viveu em 1º de agosto de 1976.

Foi no início da corrida do Grande Prêmio da Alemanha em Nürburgring. Quando Lauda fez uma curva a uma velocidade fantasticamente alta, perdeu o controle e bateu em um muro, e sua Ferrari explodiu em chamas.

Ele ficou preso no carro por *43 segundos,* em temperaturas que se aproximaram dos *425 graus Celsius.*

Seu corpo ficou todo queimado. Um espectador relatou que parecia que seu rosto estava derretendo. *Derretendo!*

"Mais dez segundos, e eu teria morrido", disse Lauda.

No hospital, as coisas estavam tão feias que um padre foi chamado para lhe dar a extrema-unção. Quando a esposa de Lauda chegou e viu o estado do marido, desmaiou.

A lenda do automobilismo explicou mais tarde a um repórter:

> Quando cheguei ao hospital, estava muito cansado, só queria dormir. Mas você sabe que não é só dormir; é outra coisa. E você luta contra seu cérebro; ouve ruídos e vozes, tenta entender o que estão dizendo e tenta manter o cérebro funcionando para preparar o corpo para lutar contra as doenças. Eu fiz isso e assim sobrevivi.

Em uma demonstração surpreendente de espírito de luta, *apenas quarenta dias depois,* com o couro cabeludo ainda enfaixado, Lauda enfiou o capacete de corrida na cabeça e competiu no Grande Prêmio da Itália, enquanto espectadores surpresos ficavam de queixo caído diante de sua demonstração de coragem e espírito competitivo.

Passando um tempo com a lenda da Fórmula 1 Niki Lauda no Grande Prêmio de Montreal

"Se posso andar e dirigir, por que ficar deitado no hospital?", disse ele. "Este é meu mundo."

Ele ficou em quarto lugar naquele dia.

Depois de se aposentar, Lauda virou um empresário da aviação bem-sucedido; suas aparições em público eram raras sem o famoso boné vermelho que cobria as graves cicatrizes. "Tenho um motivo para ser feio; a maioria das pessoas, não", dizia ele com um sorriso travesso, acrescentando: "O boné é minha proteção contra pessoas idiotas que me olham feito idiotas."

Estas foram as conclusões que ele tirou desse exemplo de invencibilidade ilimitada:

Conclusão 1: Assuma sua força

Resiliência e coragem extrema não são qualidades inatas. Não; são traços de caráter forjados no fogo de condições perigosas. Por que condenar as dificuldades se elas são os remédios e os suplementos que nos farão mais fortes? Aceite-as pelo que são: uma condição necessária que promoverá sua evolução.

Os chamados "problemas" são, na verdade, plataformas necessárias para que o poder prodigioso adormecido em você desperte e se expresse.

Conclusão 2: Volte para o carro, depressa

Lauda admitiu que estava com medo de correr de novo.

Voltar para o carro cerca de seis semanas depois de quase conhecer a Parca parecia, para a maioria dos espectadores, uma insanidade.

Mas Lauda sabia que quanto mais esperasse, maior seu medo ficaria. Então, sentiu a dor, superou o pavor e voltou às pistas. Funciona igual para você e para mim: quando enfrentamos uma provação, uma tragédia ou uma catástrofe, é nossa responsabilidade, se quisermos ter integridade, levantar e seguir em frente o mais rápido possível.

Porque o lugar onde o fracasso acontece também pode ser o espaço onde a coragem se desenvolve. E a vida não espera por ninguém.

Conclusão 3: Nunca pare de acelerar

Lauda continuou correndo, mesmo depois de sair das pistas.

Depois de se aposentar da Fórmula 1, fundou duas companhias aéreas e escreveu um livro, dando continuidade à sua sequência de vitórias.

Para o realizador excepcional, não existe linha de chegada. Artistas avançados adoram tanto vencer que a aposentadoria e a complacência são vistas como danças com a morte. *Essas almas têm praticado o ser espetacular com tanta frequência que o não espetacular não tem lugar em seu sistema operacional.*

A verdadeira recompensa da produtividade de alta octanagem é a realização de sua genialidade e aquilo que a jornada rumo a cumes ainda mais altos de excepcionalismo o leva a abraçar.

Como Niki Lauda, você nunca deve pisar no desacelerador. Você deve à sua natureza grandiosa nunca descansar sobre os louros. Não diminua a velocidade, recuse-se a ser desleixado. Resista à tentação de basear sua identidade nos troféus que ganhou anos atrás. Você é muito maior que isso.

Isto me fez lembrar de algo que o famoso psicólogo Abraham Maslow observou: "O único rival são nossas próprias potencialidades. O único fracasso é não viver à altura das próprias possibilidades. Nesse sentido, cada pessoa pode ser da realeza. Portanto, deve ser tratada como realeza."

Então, se quiser se render quando as condições ficarem difíceis, lembre-se do homem que perdeu o rosto e siga em frente. Em alta velocidade.

74.

Charles Darwin e a vantagem da extrema agilidade

Charles Darwin era um sujeito paciente.

Estudou cracas por oito anos, de 1846 a 1854. Uma das principais características da maestria é ter uma quantidade absurda de paciência, não é?

Navegou por todo o planeta no *HMS Beagle,* e teve a oportunidade de visitar lugares como a Patagônia, o Taiti e a Nova Zelândia, e estudar de tudo, desde formações rochosas exóticas até animais selvagens raramente vistos.

Produziu um diário de 770 páginas, escreveu 1.750 páginas de notas de campo e fez diversos catálogos relatando suas descobertas granulares.

Então, depois de todo o seu raciocínio, prática e experimentação, chegou à Teoria da Evolução.

Pelo que entendi, na raiz da explicação sobre como uma espécie evolui está seu conceito de "sobrevivência do mais apto".

Vamos ir mais a fundo, porque acho que isso ajudará você a navegar nesta era efêmera em que vivemos.

Antes de entrar para a faculdade de Direito, quando estudava Biologia, aprendi sobre as mutações genéticas que ocorrem nos seres vivos.

Quando uma mutação cria algum tipo de vantagem que ajuda um ser a prosperar em um novo ambiente, essa nova forma sobrevive. Ele se propaga. Então, conforme continua vencendo, passa a prevalecer. Esse processo é chamado de seleção natural.

Os pinguins, apesar de serem pássaros que não voam, resistiram porque são excelentes nadadores e porque na Antártida não há predadores em terra para eles.

As girafas desenvolveram pescoços longos para comer alimentos no alto das árvores, fazendo com que prosperassem em condições difíceis, enquanto seus concorrentes morriam.

Os humanos, que conseguiam ficar em pé, tinham a vantagem de poder procurar comida e levá-la ao acampamento. Por isso, ainda estamos por aqui.

Os membros de uma espécie que possuíssem qualidades que lhes permitissem não apenas sobreviver, mas também prosperar, ganharam superioridade em condições de mudanças constantes.

Você e eu vivemos em uma época de mudanças cataclísmicas. Nosso ambiente está passando por transformações radicais nos setores criativos, no comércio, na tecnologia, nos esportes, nas ciências e na vida em geral.

Portanto, tenha em mente que...

O líder presciente o suficiente para enxergar além, guiar sua organização para agregar valor e que estiver à frente de seu tempo, será pioneiro em sua área.

Assim como o profissional que adora aprender, que desenvolve novas competências e é exemplo de conhecimentos especializados será promovido e aplaudido, mesmo em uma economia difícil — e especialmente em uma economia difícil.

O criativo que se recusar a fazer as coisas como sempre as fez e que se dedicar apaixonadamente ao risco da originalidade permanecerá aquecido, enquanto seus colegas esfriarão.

Aquele que desenvolver a qualidade de se adaptar rapidamente, superando-se diariamente e buscando a alegria em meio à incerteza assumirá o domínio tribal.

É a seleção natural que Darwin nos ensinou.

A natureza realmente eliminará aqueles que não forem ágeis, curiosos, trabalhadores, engenhosos e magistrais. Esses não poderão sobreviver porque são fracos e se recusam a se adaptar ao ambiente alterado, ou não conseguem fazê-lo.

A lição é que quando surgirem convulsões, não resista às gloriosas oportunidades de crescimento. Senão, acabará como os dinossauros, empalhados em um museu frequentado por crianças com suas lancheiras de super-heróis.

75.

O modelo de dinheiro livre para prosperidade avançada

Este capítulo é muito relevante para quem busca uma vida com mais prosperidade, abundância e liberdade. Observe o paradigma abaixo. Entendo que, em um primeiro momento, possa parecer algo filosófico, mas garanto que é extremamente prático.

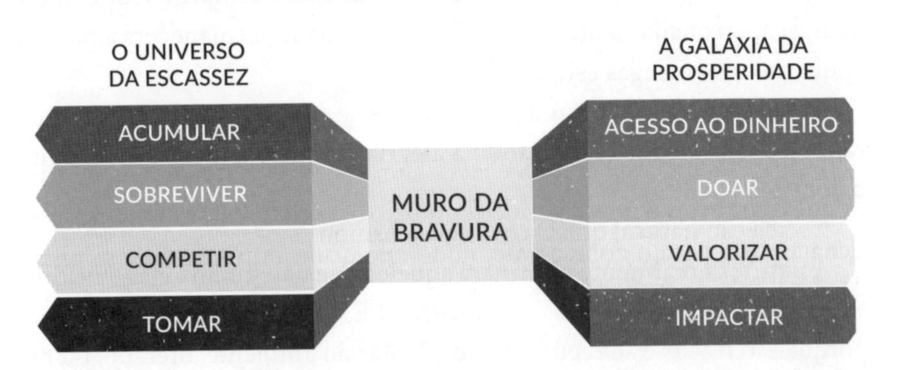

A coluna da esquerda descreve os modos utilizados pela maioria, os hábitos que mantêm muitas pessoas boas sufocadas na escassez e na insegurança financeira.

Vejamos o primeiro: a maior parte da população acumula o que tem, agarrando-se a todos os seus bens (ou simplesmente detém coisas, fazendo compras e se endividando), como uma criança que se agarra firmemente a seu objeto de apego favorito para dormir.

Mas apegar-se com tanto afinco — espiritualmente falando — ao que você tem impede que o universo lhe mande mais. Porque sua insegurança envia uma mensagem à força que governa o mundo, que diz que você não é grato por tudo o que tem. Como você sente muito medo, simplesmente não há espaço para a energia da prosperidade, e para que aquilo que foi feito para você encontre o caminho para sua realidade.

Minha enfática sugestão é que deixe que suas coisas sejam suas servas, nunca suas senhoras. Nascemos sem nada e vamos embora sem nada. Entre esses dois estados, somos *meros zeladores* dos frutos de nosso trabalho, dos quais desfrutamos por bênção e pela vontade da Fortuna. Segure o que você tem com uma pegada bem frouxa. Não deixe que os bens materiais formem a base de sua identidade (ou de seu valor próprio). Ironicamente, quando você desenvolve o poder de manter a calma — mesmo quando perde tudo —, a vida celebra seus sentimentos de abundância lhe enviando ainda mais.

Passemos à próxima armadilha que aprisiona muitos membros da maioria; muitas pessoas são apanhadas no sequestro límbico da sobrevivência básica. Devido ao medo (nascido de um trauma anterior), não acessam o raciocínio mais sábio que está dentro do córtex pré-frontal de seu cérebro. Inconscientemente, elas fecham o acesso a essa inteligência avançada e operam pelo cérebro reptiliano do sistema límbico. Estão fundamentados na resposta de luta, fuga ou paralisação, incapazes de ver o mar de oportunidades para produzir prosperidade que existe a seu redor. O medo também fecha a porta para o coração, de modo que ficam impedidos de se unir à criatividade natural, à sabedoria maior e ao júbilo inato.

O dinheiro é um degrau psicológico e emocional (e sim, espiritual também). Muitas pessoas contam diariamente a fábula de que a riqueza financeira é domínio de trapaceiros, mentirosos e ladrões e que a riqueza econômica só chega aos vencedores sortudos ou aos abençoados com dons que as "pessoas normais" não têm. Esse mesmo conto de fadas cria a realidade delas porque, como bem sabe agora, seu comportamento diário sempre reflete suas crenças mais profundas. Se sua filosofia central é que você não é o tipo de pessoa que pode desfrutar de liberdade em relação ao dinheiro, não seguirá os hábitos e práticas fundamentais que certamente materializarão a riqueza econômica. Uma filosofia de carência é, muitas vezes, acompanhada pela expectativa de que alguém segure sua mão e a ajude. Porque muitos foram seduzidos pela ideia de que não têm poder para manifestar suas visões de sucesso financeiro.

Mas veja as pessoas mais ricas do planeta. Muitas cresceram pobres, começaram apenas com uma ideia inovadora, uma visão que propiciaria benefícios surpreendentes à humanidade e desafiaria a maneira tradicional de fazer as coisas em determinada área. Mas em vez de desistir quando as coisas ficaram difíceis, elas persistiram. Esses heróis criativos superaram todos ao seu redor. Quando os problemas surgiram, não recuaram, permaneceram firmes a seus ideais. Quando críticos invejosos e cínicos irados tentaram derrubá-las, elas não se esquivaram da responsabilidade de cumprir sua poderosa missão.

Ainda analisando a coluna da esquerda do Modelo de Dinheiro Livre, você verá que, para os seres humanos presos no Universo da Escassez, a concorrência está por todo lado. Aqueles que habitam essa órbita veem o mundo como um lugar limitado, não infinito. Os negócios (e a própria vida) são um jogo no qual para que um ganhe, o outro tem de perder. Eles carregam no coração o medo de que não haja suficiente para que todos tenham exatamente o que desejam. Essa é uma crença que não tem base na realidade, e sim em uma psicologia e um emocional falhos, que permanece sem solução naqueles que passam seus dias nesse reino específico.

E, por fim, como se pode ver nesse modelo, em um mundo percebido com recursos escassos, pelos quais é preciso lutar e depois armazená-los ferozmente como os antigos caçadores na savana, as pessoas desse grupo muitas vezes tomam demais.

Elas tiram mais do que dão das organizações em que trabalham. (Se uma pessoa não presta, no mínimo, uma ajuda proporcional ao valor que recebe, está roubando dessa empresa, não acha?)

Elas roubam as ideias mais brilhantes dos outros porque têm pouco domínio de seus poderes pessoais e repudiaram sua originalidade primordial.

Elas aceitam esmolas e benefícios que não merecem e se mostram como vítimas, porque negligenciaram seus dons e não acreditam em sua capacidade inerente de moldar as coisas que existem fora delas.

Muito bem, vejamos agora a coluna da direita do paradigma. Ao estudá-la com atenção, você verá que é *muito* diferente. Você pode entrar nessa galáxia alternativa superando o medo e cruzando o "Muro da Bravura", fazendo o oposto daqueles que povoam o Universo da Escassez. A propósito, fazer o oposto do que a maioria faz é, quase sempre, a melhor estratégia para a vitória.

Veja como quase todos os bilionários que tenho orientado há mais de um quarto de século e os titãs empreendedores que aconselho agem:

Eles entendem visceralmente que todo o dinheiro que desejam já existe. Está no mundo, esperando por um abraço caloroso. Eles acreditam que precisam apenas desbloquear o valor oculto em seus mercados que lhes permitirá acessar *todas* as riquezas que procuram. Esses possibilitadores acreditam profundamente na infinidade de *tudo* na vida. Quando perdem um negócio, ficam tranquilos, pois confiam que outro melhor aparecerá no momento certo. Caso percam um bem precioso, não se importam muito. Eles sabem que a natureza sempre se desdobra a seu favor e obedecem à lei espiritual que diz: *uma vez alcançado um lugar de liberdade interior e de heroísmo cotidiano, onde não existe o medo de perder tudo, você não terá medo de nada.*

Eles entendem que doar eletriza o processo de receber. Em vez de se afogar na energia medrosa da sobrevivência aguda, estão serenos e em sintonia com a verdade de que nossa galáxia é um palácio de oportunidades infinitas que, aproveitadas do jeito certo, confiante e ético, proporcionarão fortunas de prosperidade. Não há limite para as estrelas no céu, para as ideias que uma mente humana pode imaginar ou para os tesouros que você pode experimentar. Portanto, eles doam avidamente as dádivas de seu trabalho e as maravilhas de seu espírito tão *livre* e espetacularmente quanto possível, o que os leva a entrar em uma esfera secreta onde o dinheiro flui *facilmente* e onde os milagres, enviados em resposta à sua benevolência, são reais e surpreendentemente frequentes, porque as recompensas do Karma são reais. E o universo tem um sistema de contabilidade muito justo.

Eles entendem que as coisas pelas quais somos gratos crescem, que tudo que valorizamos se expande em nossa consciência. Comece a celebrar tudo que lhe foi concedido, seja grande ou pequeno — desde a comida na mesa de sua família até um trabalho que lhe permite fazer a diferença; desde bons livros até os amigos que elevam seu estado —, e aquilo que você aplaude será ampliado e mais coisas ainda fluirão, naturalmente, em seus dias.

Eles são nutridos pelo serviço e obcecados pelo impacto e como enriquecem a vida de tantas pessoas, uma realidade amorosa responde com abundância.

Agora que concluímos este capítulo, citarei as palavras da metafísica Catherine Ponder, cujo livro *As leis dinâmicas da prosperidade* recomendo frequentemente a meus clientes para que escalem suas fortunas com integridade:

> A chocante verdade sobre a prosperidade é que é surpreendentemente certo, e não chocantemente errado, ser próspero. Note que a palavra "rico" significa ter abundância de bens ou viver uma vida mais plena e satisfatória. Na verdade, você é próspero na medida em que experimenta paz, saúde, felicidade e abundância em seu mundo. Existem métodos honrados que podem levá-lo rapidamente a esse objetivo. É mais fácil de realizar do que você pensa.

Inspirador, não é?

76.

Desligue o celular e fale com uma pessoa

Hoje cedo, eu fui a um café.

Fui logo depois de uma aula intensa de spinning e ainda estava meio suado. Desculpem.

Estava com a cabeça cheia de ideias, o coração pronto para um trabalho *árduo* (depois de um bom banho quente) e o espírito animado para tornar o mundo um pouquinho melhor por meio de minha pequena contribuição.

Enquanto estava na fila, sonhei com um conceito interessante para um novo curso on-line. Depois de pegar meu café, fui até a mesa mais próxima para registrar as ideias em meu celular.

Então, notei um homem sentado em um banco comprido. Barba grisalha, cabelo despenteado e estava com uma daquelas camisas xadrez que os fazendeiros usam. Curiosamente, havia uma pasta de couro com dobradiças douradas na mesa à sua frente.

Interessante.

— Bom dia — falei.

Ele não poderia ter sido mais gentil.

O homem sorriu e nós conversamos. Ele revelou que cresceu em Connecticut, em uma cidade pequena perto do mar. Falou da família dele, contou algumas decepções e me fez rir com algumas histórias.

Eu também havia crescido em uma cidade pequena perto do mar, contei.

Confessei que tinha o desejo de viver em uma cabana no topo de uma falésia com vista para a água e levar uma vida mais simples, mais monástica e muito mais espartana. O estilo de vida de um artista. A vida de um operário da criação.

Conversamos mais alguns minutos sobre as pessoas maravilhosas que vivem à beira-mar, as alegrias da lagosta fresca e a necessidade de mais respeito, bondade, carinho e amor em nosso mundo.

Inicialmente — tenho até vergonha de dizer —, pensei que meu novo amigo fosse um vagabundo, que estava no café para se proteger do frio. Mas, agora, percebo que ele era uma espécie de rei. Sábio, gentil e sofisticado. De uma forma excêntrica.

Minha sensação enquanto escrevo é de que ele era um pescador próspero, talvez dono de uma empresa de frutos do mar, que estava na cidade para uma reunião com um advogado. Mas não sei.

Tudo que sei é que nunca devo julgar as pessoas pela aparência. E que preciso desligar o celular com ainda mais frequência.

E conversar com mais pessoas. Que me fazem uma pessoa melhor.

77.

O capítulo mais curto da história da produtividade

Pare de ensaiar suas limitações. Comece a explorar sua magia. Você recebeu a oportunidade de uma vida!

Conteúdo alternativo do capítulo: Sonhe grande. Comece pequeno. Aja agora.

(Por favor. E obrigado.)

78.

Os negócios são uma bela guerra

Hesitei antes de escrever este capítulo.

Desejo muito que este livro o inspire a alcançar coisas incríveis, que o motive a se tornar o ser mais elevado e que o faça atingir o auge de seus poderes. Enquanto leva uma vida feliz.

Mas também estou determinado a fazer tudo em meu alcance para proteger sua segurança. Sempre falando com honestidade, mesmo que não lhe agrade.

Portanto, preciso escrever isto: Os negócios podem ser um passeio, mas também podem ser um campo de batalha sangrento.

Quando as coisas vão bem, você se dedica à sua causa criativa, percebe mais seus talentos, espalha seu movimento e constrói um futuro melhor.

E quando as coisas ficam difíceis (e vão ficar)...

Aliados trairão sua confiança.

Colegas que você valorizou, incentivou e tratou extremamente bem o decepcionarão profundamente.

Fornecedores que apoiou tirarão vantagem de você.

Concorrentes invejosos e copiadores implacáveis roubarão de você.

Portanto, embora eu acredite que você precisa fortalecer sua inocência, blindar sua esperança e nutrir seu otimismo para estar sempre positivo e forte, para sobreviver e florescer, você também deve fazer o que for preciso para se proteger de danos e mágoas. Nosso mundo é magnífico, mas também é cruel.

Lembra-se daquele filme antigo, *Menina de ouro*?

O que o treinador dizia constantemente à boxeadora que estava treinando, você lembra?

Nunca baixe sua guarda.

Nem presuma que tudo correrá conforme o planejado.

Proteja-se sempre.

Acredite na bondade das pessoas, claro. A maioria das pessoas que conheci ao longo de todos esses anos em que conduzi negócios foi muito honesta, decente e atenciosa.

Pode esperar que eventos fantásticos aconteçam em seu futuro. Porque, acredite, eles vão acontecer.

Mas também seja cauteloso, esteja sempre atento aos próprios interesses.

"Confie, mas verifique" é a frase que vem à mente.

Além de: "Reze para Alá, mas amarre seu camelo."

Porque os negócios são uma bela guerra, e a vitória celebram apenas os generais mais fortes.

79.

Seja sério quando estiver falando sério

Um seguidor bem-intencionado e educado nas redes sociais me mandou uma mensagem um dia desses, dizendo: "Olá, Robin. Você parece sempre tão sério... nunca se diverte? Nunca relaxa?"

Achei engraçado.

Minha resposta foi: "*Sou sério quando falo sério.* E quando não, eu me divirto muito."

Quando eu apareço, é para jogar. Falo na cara, não mando recado. Se não estiver aumentando meus conhecimentos e me atualizando em meu ofício diariamente, estarei em declínio, rumo ao esquecimento; com um pé no cemitério dos que já eram. No instante em que começar a pensar que sou realmente um mestre, cairei na irrelevância e na obsolescência. Quando estou escrevendo um novo livro, elaborando um e-mail, preparando uma palestra ou gravando um vídeo para os membros de meu programa de mentoria on-line The Circle of Legends, fico sério. Porque sou um profissional (e espero continuar fazendo o que faço por muito tempo).

E porque...

Gerar resultados de nível Classe A para meus clientes e seguidores *realmente* é muito importante para mim.

Praticar e honrar meu ofício de uma forma que represente os valores pelos quais faço o meu melhor faz parte do que entendo ser integridade.

Bloquear as distrações, limitar meus movimentos e começar a forjar o trabalho que traz a salvação intelectual, emocional e espiritual à minha caminhada na Terra é minha missão crucial.

Quando trabalho, trabalho com rapidez, intensidade e um foco que é muito mais que feroz. Eu me mantenho nos mais altos padrões e busco a inspiração de um homem assombrado pelos fantasmas de talentos que a história há muito esqueceu. Isso me faz pensar no que escreveu o dramaturgo George Bernard Shaw:

> Quero estar completamente esgotado quando morrer, pois quanto mais trabalho, mais vivo. Alegro-me com a vida pelo bem da vida. A vida não é uma "vela breve" para mim. É uma espécie de tocha esplêndida que tenho em mãos neste momento e quero fazê-la queimar o mais intensamente possível antes de entregá-la às gerações futuras.

Então, quando termino (e estou totalmente exausto, deixando pouco por fazer), mudo para algo *nada sério*.

Vou dar um passeio com minha filha excepcionalmente sábia ou sentar-me ao sol conversando com meu filho incrivelmente otimista.

Ou vou treinar para melhorar meu *bucatini al limone* (a água em que o macarrão é cozido deve ser mesclada ao azeite, o suco de limão, as folhas de hortelã, o queijo pecorino e o *bucatini* na calibragem perfeita, para que o creme fique na textura certa), ou vou à minha biblioteca ler um livro que comprei e nunca li, ou à academia pedalar um pouco, ou assistir a um filme que me proporcionará um bom entretenimento (e alívio para meu cansaço).

Porque, como eu disse antes, se você se levar muito a sério, *ninguém* o levará a sério.

É sério.

80.

As quatro principais práticas de comunicação dos criadores de movimentos

Quer você escreva roteiros, códigos de computador, trabalhe em uma padaria, lidere uma empresa, seja instrutor de ioga ou gerente de uma equipe de vendas, seu objetivo é construir uma base de seguidores fanáticos que pregarão em nome de seu produto e se tornarão embaixadores fervorosos de sua marca pessoal.

Isso faz de você um criador de movimentos.

Saiba e confie que quanto mais exuberante, magistral e consistente você desenvolver seu movimento, mais ganhos verá em sua renda, influência, seu impacto e sua realização espiritual.

Quanto mais pessoas você inscrever em sua poderosa missão e quanto mais vidas servir, mais coisas boas acontecerão em seu futuro. Muitas vezes por aparente coincidência.

Quanto mais humanos você ajudar, mais a Sorte aparecerá para ajudá-lo, sabia?

Os maiores criadores de movimentos de todos os tempos tinham uma coisa em comum: *eram comunicadores fantásticos*. Por meio de suas palavras e maneira de agir, conseguiram persuadir pessoas a segui-los até o cume da montanha.

"Nunca menospreze o poder das palavras. As palavras movem corações e os corações movem mãos e pernas", disse o estudioso Hamza Yusuf.

Há muito tempo quero partilhar com um público mais vasto minhas melhores ideias sobre como os líderes extraordinários e os pesos-pesados da humanidade se comunicam. Por isso, é um prazer escrever este capítulo para você. Se aplicar totalmente o conhecimento que vai adquirir agora, multiplicará o valor do investimento que fez neste livro. Portanto, preste atenção e aperte o cinto.

O modelo de aprendizagem abaixo desconstrói os quatro elementos-chave para se tornar um comunicador genial:

AS QUATRO PRINCIPAIS PRÁTICAS DE COMUNICAÇÃO DOS CRIADORES DE MOVIMENTOS

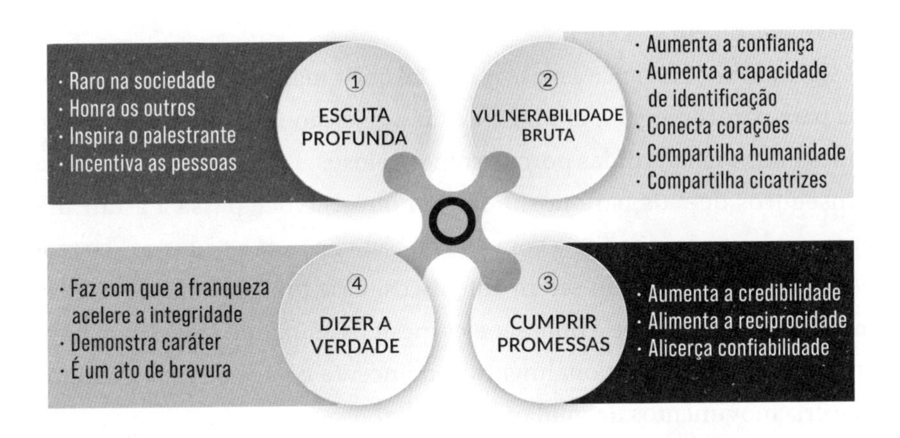

Prática 1: Escuta profunda

Primeiro, entenda que o comunicador que melhor escuta é o líder que mais aprende. Se só você fala, você não cresce.

Segundo, a pessoa que faz as perguntas é quem detém o controle da conversa. Domine a arte de fazer perguntas brilhantes, com o máximo de sinceridade (a manipulação degrada a credibilidade, obviamente).

Terceiro, disponibilizar-se para ouvir mais é um dos melhores atos que conheço para mostrar um respeito grandioso por outro ser humano, ainda mais nesta civilização de tagarelas ininterruptos que adoram o som da própria voz. Não estou brincando: treinar para escutar com interesse genuíno e com um desejo ardente de entender quem fala é um meio poderoso de fazer qualquer pessoa se apaixonar por sua missão, seu movimento e sua pessoa.

Estar perfeitamente presente e engajado de verdade (em vez de ficar olhando mensagens, pensar no que vai jantar ou ensaiar sua resposta) faz com que o outro se sinta exponencialmente importante, conectado e *seguro* com você. Tudo isso acelera bastante a confiança, que é a base de qualquer bom relacionamento, seja no trabalho ou na vida privada.

Prática 2: Vulnerabilidade bruta

Essa é outra característica totalmente rara, o que significa que, depois de implementá-la no seu cotidiano e automatizá-la, você se diferenciará de *todos os outros* em sua área.

Quando você arranca a máscara social que a maioria dos seres humanos usa para parecer legal, popular e evitar a rejeição (ah, quantas oportunidades lindas são perdidas porque somos zelosos demais para correr riscos e inseguros demais para nos mostrar bobos!), você passa a atrair mais pessoas. A autenticidade e a coragem de "ser você" dá a todos ao seu redor permissão para também serem autênticos. Crie uma cultura de seres humanos que sentem que é bom ser eles mesmos enquanto trabalham juntos em uma cruzada emocionalmente convincente e você ativará a alquimia que cria movimentos de mudança mundial.

Fingir ser alguém que você não é só para se encaixar e ser querido também consome enormes quantidades de energia criativa, produtiva e emocional; mas se tiver sabedoria e coragem para ser você mesmo, essa energia será rapidamente devolvida para impulsionar seu desempenho e influência.

Prática 3: Cumprir promessas

Muito simples. Muito *transformador*. Muito raro hoje em dia. Esforce-se ao máximo para não fazer uma promessa que não possa cumprir, para ser o tipo de líder criativo, realizador excepcional e ser humano incrível que cumpre cada promessa que faz, seja entregar uma qualidade fascinante em um projeto (antes de certa data), mandar o livro que disse a um cliente importante, em um almoço, que mandaria, montar o grupo de corrida que você disse a seus amigos que montaria ou jantar com a família pelo menos três noites por semana, como prometeu que faria.

Cada promessa que você cumpre aumenta sua confiabilidade na mente e no coração da pessoa a quem promete. Faça o que prometeu, sem falhar, e logo se tornará um herói aos olhos de todos que o conhecem. A estima, a lealdade e a admiração que eles têm por você aumentarão. Sem dúvida.

Ainda mais importante do que o cumprimento consistente das promessas que você faz aos outros são as promessas que faz a si mesmo e depois cumpre. Pratique isso e você experimentará ganhos *exponenciais* em sua força de vontade, confiança e em seu talento para realizar coisas gigantescas. Também aumentará sua honra e seu respeito próprio, que se transformarão no amor-próprio que o fará se manter firme contra qualquer obstáculo que ameace impedir a realização de seu movimento hipnotizante.

Prática 4: Dizer a verdade

As mentiras que você diz são testemunhadas pelo eu soberano que é sua natureza essencial. Sua melhor dimensão vê todas as desonestidades das quais seu lado mais fraco e egoico tem a necessidade de participar.

Toda mentira mancha seu caráter e toda violação de integridade deixa uma cicatriz em sua alma. Cada agressão a seu excelente poder falando daquilo que não é verdade não só dissolve a fé que outra pessoa investiu em você, como também prejudica sua consciência e o transforma em um ser humano sem qualquer intimidade com os próprios valores, as próprias virtudes e a capacidade de realizar uma missão significativa que eleve a sociedade e de se apossar de seu potencial oculto.

Ao falar sua verdade, mesmo com voz e mãos trêmulas, você multiplicará sua dignidade, ampliará sua credibilidade e avançará gloriosamente no caráter especial que seu destino escreveu em seu futuro.

Quero compartilhar uma ideia final para ajudá-lo a dar vida às suas visões mais intensas e preencher suas ambições mais arrebatadoras com a eletricidade que as traduzirá em experiência.

É muito importante procurar se tornar um criador de movimentos, não para acariciar o ego que o fato de ser líder de um movimento traz consigo, mas porque você tem o sonho extraordinário de um mundo muito mais brilhante. As pessoas que mudam o curso da história raramente têm interesse em fazer história. Aqueles que deixaram uma marca em nossa civilização não se preocuparam em ser famosos e poderosos, e sim em ser úteis.

E em tornar as coisas melhores para todos nós.

81.

Quando aprendi a me render

Moramos na mesma casa há muito tempo.

Sou escritor, conselheiro de liderança e palestrante profissional, de modo que, para mim, foi essencial encontrar uma casa que ficasse em um local extremamente tranquilo, sem vizinhos intrometidos e com uma floresta por perto. Precisava ser um lugar que fizesse minha amada família feliz, onde eu pudesse me dedicar a meu ofício com otimismo, um espaço onde eu pudesse me afastar da intensidade que às vezes decorre de minha vida pública.

Eu me lembro de ter lido uma matéria no *Financial Times* sobre o lendário cantor do The Who, Roger Daltrey. Ele falou de vida em turnê e de seu desejo — assim que a turnê terminasse — de ver seu jardim e sua fazenda de trutas em East Sussex, na Inglaterra. Daltrey chamava essa existência mais simples, lenta e isolada — longe das multidões inebriantes e dos estádios lotados — de sua "vida simples".

Eu também encontrei um lugar para minha vida simples. Na nossa casa...

... quando a comprei.

Mas conforme a cidade onde moro foi se expandindo...

Novos empreendimentos habitacionais surgiram, o que levou a muito mais trânsito, barulho e aglomeração.

A reserva florestal onde eu costumava praticar mountain bike quase todo dia agora fica cheia de turistas, com garrafas plásticas e copos de café feios descartados por todo lado (sem contar que um cachorro sem coleira quase arrancou minha perna semana passada).

O aeroporto compacto que parecia tão distante há muitos anos agora se expandiu, de modo que pequenos aviões sobrevoam meu jardim de tulipas.

Claro, eu poderia me mudar. Entendo isso, pensei nisso e me preparei para fazer exatamente isso.

Mas o problema é o seguinte: esta é *a casa da minha família*. Meus filhos foram criados aqui; escrevi muitos livros aqui; grande parte dos melhores momentos de minha família aconteceu aqui.

E, para ser sincero, meu coração ainda *ama* este lugar. Ele tem um toque de imensa felicidade, criatividade e alma.

Então, hoje cedo, enquanto andava pela floresta, passando pelas garrafas plásticas e copos de café, percebi algo especial.

As condições externas ao redor de minha casa que mudaram foram anjos enviados do céu para ativar minhas partes mais fracas. Assim, eu pude tomar mais consciência delas, processá-las e tratá-las, para então poder liberá-las. Lembre-se: para curar uma ferida, primeiro você precisa senti-la. *Dragões não enfrentados nunca poderão ser derrotados.*

A Fortuna estava me convidando a *usar* o que me enviava para minha elevação, em vez de evitar a oportunidade, esperando que as coisas voltassem a ser como antes.

Meu poder superior pedia que eu aumentasse a agilidade com que enfrentava as mudanças e purificasse meu caráter para enfrentar as novas condições com mais coragem, facilidade e serenidade. Para me adaptar. Evoluir para um ser humano mais poderoso cuja positividade, paz e liberdade fossem ainda menos dependentes das circunstâncias mundanas.

Na verdade, ao refletir mais a fundo sobre o presente surpreendente que a vida me proporcionou, compreendi que estava sendo incentivado a aprender a mais elevada de todas as lições espirituais...

Deixar ir.

Desapegar.

Aceitar *o que vier*.

Render-me e abraçar o desenrolar inteligente da vida.

Aceitar *todas* as experiências como bênçãos destinadas a cumprir minha promessa.

É claro que sei que, fazendo tudo isto — confiando que a Natureza sabe o que faz e usando o novo cenário para ascender pessoalmente em vez de culpar, reclamar e condenar —, todo o barulho, lixo e toda a irritação provavelmente desaparecerá. Simplesmente irão embora. Porque é assim que o jogo funciona. Pelo menos para mim (talvez o dono do cachorro malvado até compre uma coleira realmente boa).

Aceite, em vez de resistir, as lições que a vida está lhe enviando, e tudo começará a fluir para você.

Lutar contra a mudança é procurar problema. Resistir à sua nova realidade é uma receita para a infelicidade. Pelo menos, foi isso que descobri ao longo da vida, ao longo de todos esses anos nesta escola que é o mundo.

Isso me lembra de uma reflexão de Glen Matlock, ex-baixista dos Sex Pistols (que foi substituído por Sid Vicious): "As coisas seguem em frente. O caminho padrão do universo é um estado de fluxo."

Dada esta verdade, por que nos apegar ao passado, se o que acontece agora é ainda maior (mesmo que não pareça — por enquanto)?

82.

Você nunca sabe quem está à sua frente

Trate todos que cruzarem seu caminho com decência, respeito e honestidade. Não só é certo, como também é sábio fazer isso. Porque você nunca sabe quem está à sua frente.

Já me sentei ao lado de um passageiro, no avião, que era irmão de um cliente importante.

Já vi pessoas que assistiram aos meus seminários na fila do supermercado atrás de mim (observando tudo o que eu colocava na esteira do caixa, como uma águia examinando sua presa).

Estive em um restaurante, em outro país, e sentado a uma mesa às minhas costas, vi o CEO da organização que me convidara para falar.

O que me leva a outra história...

Há um bar muito popular em Dublin, frequentado pelos locais.

Certa noite, três jovens estavam bebendo Guinness, conversando e se divertindo muito.

O telefone tocou. O gerente do estabelecimento atendeu e descobriu que Bono, vocalista do U2, estava chegando para beber alguma coisa. A pessoa que ligou pediu que reservassem uma mesa para o icônico astro do rock.

Com um movimento rápido, o gerente se dirigiu à mesa onde estavam os três homens se divertindo.

— Bono está vindo para cá. Vocês se importariam de trocar de mesa?

— Bono? Faríamos qualquer coisa por ele — respondeu um dos jovens, e então se levantaram para ir a outra mesa continuar sua conversa barulhenta.

Trinta minutos depois, Bono entrou no bar, com seus óculos escuros ecléticos e o ar de quem está acostumado a ser observado. Estava acompanhado de um homem calado com uma jaqueta de couro preta.

Os dois ocuparam a mesa reservada e beberam, na deles.

Ao ver Bono, os três jovens correram até a mesa.

— Oi, Bono, somos seus fãs. Podemos tirar uma foto com você? — perguntou um deles com entusiasmo.

— Claro — disse o músico.

Outro amigo olhou para o homem discreto de jaqueta de couro.

— Cara, você poderia tirar uma foto nossa com Bono?

— Claro, será um prazer — foi a resposta educada.

Pouco depois, Bono e seu amigo deixaram o local. O gerente correu até os amigos, que ainda se divertiam bastante.

— Vocês são uns idiotas. Não estou acreditando!

— O que foi? — perguntou um dos jovens timidamente.

— Vocês não sabem quem estava com Bono?

— Não — responderam os amigos em uníssono.

— Aquele homem de jaqueta de couro, a quem vocês pediram para tirar a foto, era o Bruce Springsteen.

83.

O índice VCG para performance de nível Classe A

Nosso tempo juntos está chegando ao fim, por isso, gostaria de lhe oferecer uma estrutura de aprendizagem que unirá uma série de princípios fundamentais de minha filosofia para uma produtividade incomparável, desempenho especializado e uma vida de belo impacto:

Nesta era de dramáticas distrações e mudanças profundas, convido você a analisar as sete Vantagens Competitivas Gigantescas (VCG) que, quando implementadas com consistência, tornarão você imbatível em sua área.

Antes de explicar, convido você a observar dois temas abrangentes em jogo em nosso planeta hoje:

Tema 1: A mediocrização em massa da humanidade

Não estou julgando, estou apenas relatando: hoje, a maioria das pessoas permite que uma grande quantidade de mediocridade predomine em sua vida. Observe como trabalham, o que pensam, as palavras que usam, os alimentos que comem, os hábitos que aplicam e a maneira como se comportam, e verá que elas abriram mão de seu poder soberano para representar a maestria de falsas crenças, mágoas passadas, desafios atuais, distúrbios diários e pretextos inexcusáveis. Essas boas almas foram construídas para a grandeza, mas se resignaram à mediocridade.

Tema 2: A desprofissionalização coletiva dos negócios

Quando foi a última vez que você foi a uma loja, a um restaurante ou a um café e viu um funcionário atuando como um virtuose, totalmente engajado como um maestro, extremamente habilidoso, com um conhecimento inspirador? Muito mais comum agora são pessoas que são pagas, mas que ficam mexendo em seus dispositivos eletrônicos no trabalho, sonhando com a hora do almoço, brincando com os colegas de trabalho e, em geral, procurando maneiras de não ter que fazer muita coisa enquanto se disfarçam de trabalhadores empenhados. Muitos realizadores potencialmente incríveis chegam atrasados, cometem muitos erros, não estão presentes por inteiro, mostram falta de educação, oferecem pouca ajuda e agem como se estivessem nos fazendo um favor gigantesco ao interagir conosco — em vez de entender que é por causa do que nós e seus outros clientes optam por lhes dar que eles têm um emprego e que um desempenho excelente é uma porta de entrada para mais autoestima, alegria pessoal e força espiritual.

Com esse contexto estabelecido, vamos estudar os sete VCG que, se executados à risca, permitirão que você dê saltos quânticos como um realizador Classe A em sua área, descubra a plenitude de suas capacidades e experimente uma vida da qual se orgulha.

Sim, esses VCG são simples. *Porque o sucesso reside em uma consistência magistral aos fundamentos.*

VCG 1: Esteja sempre adiantado

Acredito que seja verdade que se você não chega cedo, está atrasado, e que é mais inteligente chegar a uma reunião com uma hora de antecedência do que com um minuto de atraso. Quando almoço com uma lenda dos negócios, em geral a pessoa já está sentada à mesa quando chego, lendo um livro ou escrevendo em seu diário de criatividade.

VCG 2: Livre-se das distrações

É fácil se tornar vítima de muitas atividades e posses. Durante grande parte de nossa jornada nestas páginas, incentivei você a simplificar sua vida. Seja purista (e minimalista). Construa seus dias e conduza sua vida em torno de apenas algumas atividades importantes. Assim, seus dons e talentos ficam voltados para prioridades, e não espalhados por muitas trivialidades.

VCG 3: Prometa menos e entregue mais

A Obsessão x10 o Valor é um conceito de meu trabalho de consultoria que fala do processo de garantir que, em cada ponto de contato com um cliente, você entregue dez vezes mais valor do que ele tem o direito de esperar. Desde a abordagem inicial até bem depois da venda, você surpreende, deslumbra e impressiona seu cliente com bondade. Assim, acumula recompensas a cada passo, até que se torna um furacão de magia que mudará a vida de quem é atendido para sempre. Se fizer isso de forma impecável e contínua, o mercado inteiro sem dúvida baterá em sua porta, e você ascenderá a um território livre de concorrência, independentemente do estado da economia geral.

VCG 4: Proteja os padrões do NCAA (Nível Classe A Absoluto)

Os padrões que você segue em sua vida são graves indicadores dos níveis de sucesso, influência e heroísmo cotidiano que você alcançará. Veja uma regra valiosa a seguir: *Na vida, não conseguimos o que desejamos, mas sim aquilo a que nos dedicamos.* Em tudo o que fizer, seja fiel aos mais elevados ideais e códigos de desempenho. Nunca faça algo que rebaixe a pessoa de excelência férrea, nobreza imutável e integridade intocável que você prometeu ao seu melhor eu que se tornaria.

VCG 5: Busque granularidade, não superficialidade

Este é um grande problema em uma cultura superficial demais. Muitos seres humanos já não se aprofundam — no pensamento, na maneira como analisam as situações, na qualidade de sua preparação, no calibre de seus rituais diários, no rigor que aplicam a seu ofício e no desenrolar geral de sua vida. Adotar uma abordagem granular é ser um realizador peso-pesado que exerce consideração, paciência, meticulosidade, orgulho e domínio em suas atividades — e se diferencia dramaticamente dos demais em sua área. Faça um trabalho *substancial* e seja uma pessoa de *substância.* Ser granular é rejeitar todo desleixo e resistir a qualquer indício de preguiça, fazendo seu trabalho e percorrendo sua vida pessoal de uma forma quase perfeita, imensamente habilidosa, mas maravilhosamente emocionante. Que privilégio!

VCG 6: Demonstre vivacidade

Eu me lembro de estar diante do balcão de um café em Boulder, no Colorado. Fiz meu pedido e agradeci ao barista. Ele estava ali, mas não *estava ali,* entende? Estava no modo ciberzumbi. Presença zero, em transe. Sua mente parecia ainda estar em casa e seu coração e alma provavelmente estavam de férias sob o sol do Caribe. Só seu corpo estava no café, fazendo os movimentos com pouca paixão. Ah, que palavra importante é "presença" em nossa era de intermináveis interrupções tecnológicas! O maior presente que você pode dar a um cliente, bem como a qualquer ser humano, é a totalidade de sua atenção. O maior presente que você pode dar a um ente querido é o tesouro de sua vitalidade, estar completamente presente quando está com ele. Escutando gloriosamente, sendo sincero e interessado, totalmente envolvido com a pessoa. Isso é raro hoje em dia, mas essencial para uma vida padrão Classe A que se eleva com felicidade, impacto e contribuição.

VCG 7: Entre no jogo

No momento em que você começa a trabalhar, é hora do show. É como se atuasse no *show business*; começar a trabalhar todas as manhãs é subir no palco. Você é tão bom como sua última apresentação, e tudo que faz o aproxima da grandeza ou do comum. Um resultado medíocre é o começo da aceitação do mediano. Portanto, quando fizer seu trabalho, entre no jogo. Opere acima de seu nível salarial e supere sua categoria. Qualquer coisa menos que isso é destrutivo para seu talento primordial.

Muito bem, aí estão as sete práticas recomendadas que, quando aplicadas regularmente, farão com que você obtenha vitórias inovadoras e vantagens gigantescas de padrão Classe A. Convido você a acelerar seu treinamento nelas.

Começando neste mesmo precioso dia.

84.

As últimas palavras de Steve Jobs

As palavras finais de Steve Jobs, segundo sua irmã, foram estas:

"Nossa, nossa, nossa."

Quando li isso, outro dia, fiquei emocionado e me lembrei da impressionante fragilidade da vida.

Acredito que você tem um chamado na vida para tornar a humanidade melhor. Sim, tem mesmo.

Nada de desculpas. Nada de fugas. Nada de adiamentos.

Eu sei que você tem um potencial adormecido ao qual nunca deu voz, bem como uma promessa luminosa que está implorando para ser explorada.

Acredito que seus medos podem servir de base para um sucesso ainda maior, por isso, você não deve perder a coragem quando os problemas aparecerem.

Tenho certeza de que seu passado não tem poder sobre seu futuro, a menos que você permita.

Tenho plena confiança de que sua vida pode ascender ao reino do sublime se você começar a fazer algumas escolhas novas e simples e, depois, prosseguir com um compromisso triunfantemente consistente.

Espero que você encontre um pouco de silêncio nesta cultura de ruído inebriante para se reconectar com o sinal, para revisitar seus desejos de infância, para acessar pontos de entrada esquecidos em seus méritos, para apreciar a sabedoria indiscutível de que até mesmo a vida mais longa é um passeio rápido demais e, antes que perceba, você será cinza e pó. A viagem que você e eu estamos fazendo passa num piscar de olhos, sabia?

Você deve essa reflexão a si mesmo e às pessoas que confiam em você, que o valorizam e mantêm amor por você no coração.

O hoje é como um bônus, transbordando de recompensas que vale a pena celebrar. É um presente de pura oportunidade para analisar os ideais que nunca imaginou e *correr riscos que nunca correu.* Para demonstrar a compaixão que você sabe que deve demonstrar e defender com coragem uma forma exaltada de pensar, sentir, fazer e ser.

Nosso mundo precisa de mais civilidade, dignidade e coragem. Nós precisamos do seu melhor. Todos nós queremos que você voe, para que, quando chegar ao fim, exclame: "Nossa. Nossa. Nossa!"

85.

Quando as coisas parecerem difíceis, confie em sua força

Eu estava fazendo mountain bike na floresta pouco antes de sentar e escrever isto para você.

Estava refletindo sobre a seguinte verdade: que, como humanos, muitas vezes nos sentimos fracos e costumamos nos esquecer de todas as nossas forças.

Então, em uma explosão quente e suada de inspiração, saí da trilha. Larguei a bicicleta e, enquanto o sol se punha, sentei na grama e digitei essas palavras em meu celular. Veja a cena:

Eis o que mais desejo compartilhar com você:

Quando as coisas parecem difíceis, nos foi dada a oportunidade de confiar em nossa força.
Quando a confusão se instala, uma janela se abre para que entre mais claridade.
Quando questionamos tudo, estamos crescendo de fato.
Quando nos sentimos completamente sozinhos, estamos mais conectados à experiência compartilhada de todos.
Estamos, então, unidos.

Em tumultos e tempestades, lembre-se de tudo pelo que você passou.

As ondas violentas acabarão virando água parada.
O desconforto da transformação devolverá a felicidade da nova sabedoria.
E uma energia mais limpa.

Você é mais forte do que imagina,
mais corajoso do que pode admitir,
e mais capaz de navegar em qualquer coisa que a vida lance sobre você, mais do que seu intelecto pode lhe ensinar.

Você é poderoso como a chuva.
Você é invencível como a maré.
Você é bom como a colheita.
Você é brilhante como os céus que guiam caprichosamente seu caminho.

Quando estiver com medo, pergunte: o que o heroísmo faria?
Quando estiver preocupado, pergunte: como se comportaria a confiança?
Quando estiver com raiva, pergunte: como posso encontrar a compreensão?
Quando estiver ferido, vá para onde mora o otimismo.
Quando se sentir inseguro, siga aonde o amor-próprio o levar.

Tudo acontece para o seu bem. Nada existe contra sua felicidade.
Suas provações produzirão triunfos.
Suas boas ações produzirão um nobre sucesso.

Grandes recompensas estão por vir.
Confie em seu processo.
Não perca a coragem.
Não compare sua jornada com nenhuma outra.
Você está perfeitamente protegido.
E é ricamente guiado

Pela força que governa o mundo.

86.

Ninguém pode inspirar se não estiver inspirado

Os célebres líderes, os reverenciados revolucionários e os construtores do mundo que fazem parte da história da humanidade provieram todos de um lugar de rara inspiração.

Sua genialidade não se encontrava em sua capacidade de realizar o sonho, mas sim em sua capacidade de sonhar e, depois, animar os seguidores que possibilitaram a sua visão.

Mas o principal é o seguinte:

Não se pode inspirar os outros se não estiver inspirado.

Eu sei que parece óbvio, e me desculpe se parece banal, mas creio que não seja.

Não acredito muito em títulos. Se você leu *O Líder Sem Status,* já sabe disso. Mas se existe um que eu gostaria de carregar gravado em um distintivo na lapela (ou em uma camiseta preta), é este: CIO — Chief Inspiration Officer, ou Diretor de Inspiração.

O trabalho de um líder Classe A e especialista em desempenho é fazer com que seus colegas de equipe vibrem em torno de um propósito único que os estimule a atingir seu desempenho e sua habilidade máximos. Assim, serão mais do que eram antes de conhecer você.

A vocação do herói servidor (e de uma pessoa lendária) é prender a atenção da mente, do coração e da alma das pessoas que têm fé nele. E então, incentivá-las a realizar feitos incríveis enquanto distribuem benefícios surpreendentes para aqueles a quem servem.

Mas você não poderá elevar os outros se sua energia criativa e seu entusiasmo produtivo estiverem baixos.

Eu levo minha inspiração pessoal muito, muito a sério. É uma ferramenta crucial do meu trabalho.

Em geral, evito a maioria das notícias, pessoas que me fazem sentir mal e lugares sombrios que são desprovidos de fascínio.

Procuro aquilo que aumenta minha esperança, impulsiona minha arte, melhora meu desempenho e alimenta a chama interior que nutre meu ofício.

Passo uma semana em uma cabana distante em uma vila à beira-mar impossível de encontrar. Só porque preciso de ânimo para terminar um projeto importante. Um lugar novo traz consigo energia renovada.

Veja uma foto de uma viagem recente:

No santuário para escrever, à beira-mar

Ou procuro alguém que admiro só para ter uma conversa que me deixe entusiasmado e restaure minha fúria para chegar mais perto da maestria.

Pego um livro que anime meu espírito.

Saio para correr, em vez de passar o tempo nas redes sociais; medito em vez de me anestesiar com um programa de televisão sensacionalista; ou tomo banho de sol em meu jardim ouvindo música country.

Abro meu diário e mapeio minhas intenções (as intenções são criativas, lembra?) para os próximos 24 meses em um diagrama, que pode ser assim:

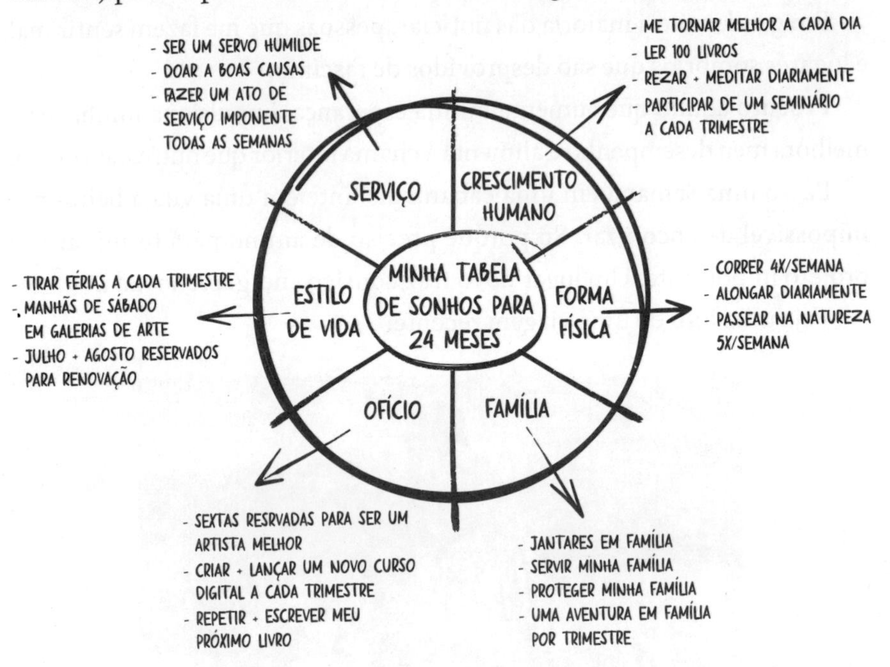

Ligo para meus pais, pergunto a meu pai sobre suas lições de vida e peço orientação, e ouço a sabedoria de minha mãe antes de pegar a receita de um dos meus pratos favoritos da infância que estou tentando replicar (estou trabalhando em sua incrível sopa de legumes atualmente).

Faço uma longa caminhada por minha cidade natal, descubro novos bairros, tiro fotos de pontos turísticos interessantes e converso rapidamente com pessoas fascinantes.

Assisto a um filme que me lembra que ser lendário não é para os fracos e que todos os possibilitadores enfrentam dificuldades antes que tudo fique mais fácil (na verdade, nunca fica fácil: o perigo apenas fica mais familiar, por isso é mais fácil navegar e você não desiste tão depressa).

Faço todas essas coisas para alimentar minha vontade de me destacar; para reativar minha produtividade mais pura e suprema. Para me hipnotizar e evitar fazer o que é trivial e prazeroso e focar de novo em meu dever de ajudar a sociedade. Portanto, não fico muito tempo vazio. A inocência de minha vivacidade permanece altamente viva (no meio de uma população de muita gente zumbi).

Bem, não quero implicar que estou *sempre* inspirado. Isso *não é* verdade. Alguns pensam que estou *sempre* transbordando de alegria, energia e vontade de entregar meus resultados, mas não. Eu sou humano; tenho humores, ritmos naturais e estações pessoais (às vezes, em um único dia!).

Como alguém das artes, aprendi a confiar nesses ciclos alternados de inspiração e desmotivação, percebendo que meu poder superior está me guiando a cada passo. Quando é de meu interesse produzir um trabalho de alta qualidade e cantar minha música, a motivação para fazê-lo simplesmente aparece. Sim, muitas vezes às 5 da manhã. Não sei por quê. Simplesmente acontece.

Como trabalhador criativo, confio nas estações. De verdade.

E quando estou sem inspiração, vejo isso como a Musa me levando para um período de entressafra. E meus melhores instintos me convidam a fazer uma pausa (seja tirando a manhã, o dia ou a semana inteira de folga — ou até mais), e depois volto cheio de exuberância e imaginação. (Meu sonho é tirar um ano sabático em uma terra distante, em breve.)

Sei que artistas como Ernest Hemingway e Stephen King trabalham com consistência diária. Compreendo muito bem a afirmação do vencedor do Prêmio Pulitzer, W. H. Auden: "A rotina, em um homem inteligente, é um sinal de ambição."

A frase de E. B. White, que diz que "um escritor que esperar as condições ideais para trabalhar morrerá sem colocar uma palavra no papel", até faz sentido, mas simplesmente não funciona assim para mim.

A minha realidade é a seguinte: a Musa não me visita todas as manhãs nem me acolhe todas as noites com um conto de fadas e um beijinho. Alguns dias, ela me traz parágrafos inteiros, com uma espontaneidade tão milagrosa que tenho que me esforçar para dar conta de escrevê-los. Em outros, simplesmente fico olhando para a parede, vendo o dia passar.

E adivinhe só: eu entendi que tudo bem, é meu processo pessoal. Resistir a ele é menosprezá-lo. O universo me guia e é vantajoso trabalhar com ele, em vez de combatê-lo.

Acho que o que quero dizer é que quase nunca forço minha criatividade. Quando o faço, o que produzo é, na melhor das hipóteses, medíocre. Então, para que forçar, se terei de fazer de novo?

E mesmo quando estou em um dos ciclos de alta produtividade diária e consistente, se uma manhã me sento para escrever bem cedo e nada aparece (ou aparece algo puramente mediano), eu paro. Vou passear ou almoçar com um amigo, na certeza de que sempre haverá o amanhã.

Inspiração. Eu adoro essa palavra! É essencial protegê-la para fazer um trabalho que faça a diferença.

Essa palavra deriva da raiz latina *inspirare,* sabia? Na verdade, significa "ser inspirado"...

... pela inteligência que confere boa sorte.

... pela corrente que torna os sonhos reais.

... pelas divindades de realizações extremas, conquistas altíssimas e impacto que não conhece limites.

O que eu mais quero, neste momento, enquanto escrevo isto para você, é que administre bem sua inspiração. E então, leve-a com orgulho a um público ansioso por experimentar mais dela.

Sim; quando você trabalha e vive nesse estilo, é chamado de aberração, considerado esquisito e classificado como estranho, em uma cultura onde a maioria perdeu o entusiasmo e descartou seu fascínio.

"E os que eram vistos dançando eram considerados loucos por aqueles que não conseguiam ouvir a música", escreveu Nietzsche.

Que você e eu gravemos essas palavras em nossa mente, nosso coração e nossa alma.

87.

Pergunta sobre os seis meses restantes de vida

O fogo arde enquanto eu trabalho. O crepitar da lenha preenche a sala onde escrevo. Ouço *"Standing Outside a Broken Phone Booth with Money in My Hand"*, do Primitive Radio Gods. Sei que é uma música antiga, mas ela me deixa animado. E me deixa um pouco triste também.

O que me faz pensar...

Imagine, por um instante, que lhe restam apenas seis meses de vida.

Seis meses para fazer todas as coisas que prometeu a si mesmo que faria.

Seis meses para visitar o Taj Mahal e ouvir a sonata *Moonlight,* de Beethoven, e ver a *Mona Lisa* (muito menor pessoalmente, não é?) e explorar a Grande Pirâmide de Gizé.

Seis meses para escrever cartas perdoando quem foi injusto com você (ou cartas de desculpas para aqueles a quem magoou), e cartas de amor incondicional e sem timidez para aqueles que o estimaram e só viram luz dentro de você.

Se você tivesse apenas seis meses de vida, o que *pararia de fazer*?

Talvez parasse de fazer coisas como...

Se identificar demais com seu trabalho.

Desperdiçar tempo com aparelhos eletrônicos.

Gastar muito tempo com entretenimento e pouco com educação.

Se irritar com coisas desnecessárias e assuntos insignificantes, como vizinhos barulhentos, motoristas ruins e familiares teimosos.

Se rebaixar ao ouvir as vozes de crítica e autoaversão de sua cabeça.

Se culpar por seus erros, esquecendo que fez o seu melhor.

Ensaiar o passado, revivendo uma experiência decepcionante um milhão de vezes na mente.

E que coisas, graças à sua sabedoria e força carismática, começaria a fazer?

Escreveria sobre as comidas mais espetaculares que já comeu e procuraria experimentá-las novamente, além de refletir sobre os momentos majestosos que teve a bênção de desfrutar.

Gritaria a plenos pulmões "eu amo você" a todas as pessoas a quem, por falta de segurança, nunca disse isso (mas que precisam ouvir o tamanho de seu amor por elas antes que você retorne ao grande espaço de onde veio).

Faria a viagem de sua vida ou um jardim especial de rosas pelo qual seus amigos se lembrarão de você.

Comeria mais pizza, macarrão e sorvete.

Dançaria nu sob a lua cheia, leria a poesia que não leu porque estava ocupado demais, iria às galerias de arte que disse que visitaria um dia, quando tivesse mais tempo e menos coisas para fazer.

Voltaria para a casa de sua infância, andaria pelas ruas que percorreu quando era uma criança de coração puro e história imaculada, irradiando alegria, grande esperança e uma inocência que eu gostaria que todos nós curtíssemos mais.

Tiraria uma soneca no domingo à tarde, pediria a melhor mesa em seu restaurante preferido e cantaria ao entrar em seu café habitual.

Sorriria para estranhos (e sustentaria o sorriso por mais tempo que o socialmente aceitável) e andaria descalço em um parque cheio de margaridas.

Passaria a maior parte do tempo com a família. E faria longas caminhadas em uma floresta sagrada enquanto a chuva cai ou o sol se põe, lançando um brilho dourado sobre as árvores.

Trataria a todos como se fosse a última vez. Porque a vida humana é muito delicada e a morte vem quando menos se espera.

O que você faria com apenas seis meses de vida para viver?

Esta é a minha pergunta para você. Portanto, viva heroicamente tudo que resta de sua importante e excelente vida.

88.

Fama e fortuna por uma inscrição em sua lápide?

Desculpe continuar insistindo na ideia da morte enquanto percorremos juntos os caminhos curtos de nossa jornada.

Mas parte de mim não lamenta...

... porque pensar na morte nos faz questionar nossas prioridades, reajusta nosso pensamento, anima nossas emoções e reorganiza nossas rotinas.

Pensar em minha morte não é deprimente, de jeito nenhum. Na verdade, é *inspirador.*

Construir mais consciência e intimidade com o fato de que meus dias estão contados — independentemente de quanto tempo a Natureza me permita viver — injeta em mim exuberância, valorização e senso de urgência para fazer o meu melhor em cada dia que se passa.

Conectar-me à minha mortalidade é uma maneira poderosa de me centrar em tudo que é mais essencial para levar uma vida atenciosa, criativa, valiosa e jubilosa.

Hoje cedo li o seguinte trecho de um livro que adoro chamado *Sobre a brevidade da vida,* do filósofo estoico Sêneca, que viveu em Roma e foi conselheiro do imperador Nero.

A passagem que li diz o seguinte:

> Portanto, quando vir um homem vestindo repetidamente o manto do ofício ou alguém cujo nome é frequentemente falado no Fórum, não o inveje: essas coisas são conquistadas à custa da vida. Para que um ano receba o nome deles, eles desperdiçam todos os próprios anos.

Para mim, essa afirmação fala do imperativo de perceber que o preço que muitos homens e mulheres, que passam as melhores horas de seus melhores dias em busca de fama, fortuna e aplausos, pagam é deixar de experimentar as verdadeiras alegrias, aventuras e preciosidades que a vida tem para oferecer.

Essas pessoas passam a vida correndo em direção a um ápice de sucesso que pouco conta no final.

Fazem tudo só para ter no calendário um ano com seu nome.

Sêneca nos incentiva a questionar, e depois a desafiar, esse estilo insubstancial e cheio de arrependimento de vivenciar uma experiência humana.

Ele acrescenta: "Alguns homens, depois de rastejar por mil indignidades até a dignidade suprema, foram assaltados pelo pensamento sombrio de que todas as suas obras foram apenas por um epitáfio."

Adoro essa frase.

Esses seres se dedicaram a correr atrás de coisas, e quando a morte se aproxima, percebem que eram apenas uma frase em sua lápide.

E não vale a pena, não é?

89.

Resista ao declínio do Titã

Depois de atingir a maestria total de seu ofício e virar uma referência em sua área, ao mesmo tempo que já leva uma vida de maravilhas, sofisticação, virtude e serviço generoso, o paradigma de aprendizagem deste capítulo o guiará pelo processo de decadência que pode infectar (e depois devastar) silenciosa e sutilmente sua maior realização. Compreendê-lo o ajudará a evitá-lo. Porque com mais consciência você se prepara para fazer as melhores escolhas que levarão a melhores resultados.

Há certa verdade na afirmação da lenda do Vale do Silício, Andy Grove: "O sucesso gera complacência. Complacência gera fracasso. *Somente os paranoicos sobrevivem.*"

A maioria dos gigantes nos negócios e nos esportes com quem trabalho tem o que descrevo como uma "paranoia otimista", pois, embora sejam gratos pelo que conquistaram e estejam certos de que as conquistas ainda não terminaram, eles sabem que poderão ser derrubados do trono a qualquer momento se tirarem os olhos do jogo. Entendem claramente que o estrelato é *efêmero.*

Antes de estudar o modelo, consideremos o termo da física conhecido como "entropia", que descreve a desordem natural e o declínio gradual que *todos* os sistemas enfrentam. A entropia explica por que pessoas outrora bem-sucedidas caem na irrelevância e empresas antes reverenciadas são destruídas. Para garantir um desempenho de elite e impacto máximo, você precisa estar obsessivamente vigilante para que suas realizações conquistadas com muito esforço não sejam degradadas pelas forças naturais que enfrenta como realizador criativo e líder excepcional que é. O sucesso que não dura não é muito sucesso, não é mesmo? "Quando os deuses desejam destruir alguém, primeiro eles o chamam de promissor", escreveu o guru literário Cyril Connolly.

Muito bem, começamos com você no ápice, um verdadeiro Titã Classe A. Bravo! Poucos alcançam o auge em sua área. Mas o cume é o lugar onde você está mais vulnerável. A maioria dos alpinistas que morrem no Monte Everest não morrem no caminho até o pico; sucumbem à morte *depois* de chegarem ao ponto mais alto da montanha. Eles caem na armadilha de pensar que, por terem alcançado o zênite, sua segurança está garantida. Esquecem que é no cume que os verdadeiros perigos aparecem — riscos como ficar sem oxigênio, cometer um erro por exaustão ou calcular errado o tempo que levarão para descer.

O mesmo vale para qualquer ser humano ou organização: *é no pico que você deve ter mais cuidado. A complacência fará com que você morra.*

A maior parte do sucesso declina logo após o auge. O nível Classe A tem uma vida útil bastante curta. Para mudar isso, é preciso entender por que a grandeza é muito delicada e, só então, avançar rapidamente para instalar uma "Arquitetura de Resistência" para que sua maestria *aumente ativamente,* enquanto sua influência e impacto aceleram.

Como você pode observar no modelo deste capítulo, a primeira pressão que enfrentará depois de chegar ao ápice de sua área é a da arrogância. Todas as vitórias que você viveu podem gerar uma tendência a pensar que sabe todas as respostas, está sempre certo e não pode ser derrotado. Uma cliente minha era, sem dúvida, a empresa de tecnologia mais famosa do planeta. Um executivo dela me disse, com franqueza, que sabia que as coisas iam piorar, pois o fundador parara de ouvir a equipe de liderança nas reuniões porque caíra na armadilha de pensar que só ele podia prever o futuro. Porque o havia previsto antes. Mas o fundador estava errado, e a empresa, agora, é um fracasso.

O DECLÍNIO DO TITÃ

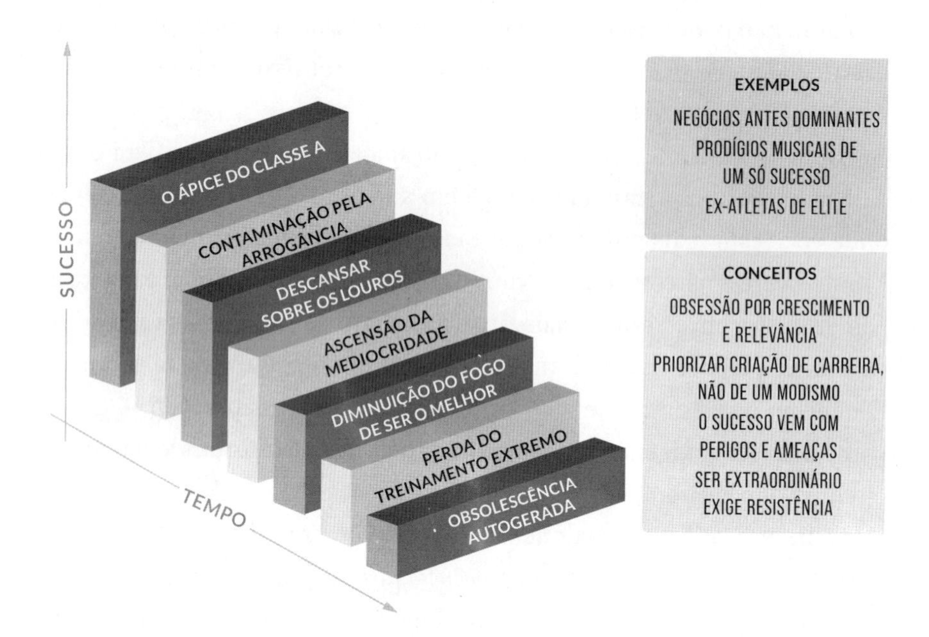

O antídoto para a arrogância é a humildade. Pratique a "Regra Anti-irrelevância": conforme você aumenta a maestria em sua área de atuação, lute ainda mais para evitar a tentação de se tornar presunçoso, orgulhoso e vaidoso. Mantenha os pés no chão, concentre-se em seu plano de missão e nos seres humanos que você tem a bênção de servir, e nunca se esqueça de que você está sempre a um passo em falso de cair da montanha se ficar arrogante demais. "Quanto maior o artista, maior a dúvida. A confiança perfeita é concedida aos menos talentosos, como prêmio de consolação", escreveu Robert Hughes.

Caso a arrogância contamine seu foco e modo de operar, o próximo estágio do processo de decomposição — como você pode ver no modelo — é uma tendência a repetir a mesma fórmula vencedora que o levou à grandeza. Você fica viciado em proteger o que tem, em vez de ser produtivo, criativo e corajoso para entregar ainda mais sua magia genuína ao mercado.

Na Grécia antiga, colocava-se uma coroa de louros na cabeça do atleta vencedor, para celebrar seu triunfo. Com o tempo, a frase "Não descanse sobre os louros" surgiu como uma advertência aos vencedores para evitar o declínio à normalidade. Eu o incentivo fortemente a achar que o seu melhor trabalho ainda esteja por vir, em vez de seguir o caminho mais fácil e tornar seu trabalho atual uma mera falsificação do sucesso que fez de você excelente. Caso contrário, você se tornará uma maravilha de um único sucesso, sem dúvida.

A próxima pressão que você enfrentará quando estiver no cume é a "ascensão da mediocridade". A metáfora que nos guia aqui é a Teoria das Janelas Quebradas. Em um subúrbio de uma cidade conhecida, alguns vizinhos permitiram que janelas quebradas de algumas casas permanecessem assim. Essa falta de cuidado simples e aparentemente inócua desencadeou partículas de apatia e negligência, transportadas pelo ar, que começaram a poluir toda a comunidade. Outros vizinhos começaram a deixar lixo em suas propriedades, uma vez que a mediocridade passara a ser aceitável. Os gramados da frente então deixaram de ser aparados e os jardins foram tomados por ervas daninhas. Esse aumento constante de padrões baixos que infectaram o bairro outrora esplêndido levou a aumentos surpreendentes na criminalidade. As gangues assumiram o controle e a violência estava por toda parte. Aplique a Teoria das Janelas Quebradas à sua área, produtividade e vida, bem como à organização que você lidera. E saiba que se não ficar *extremamente* vigilante, a mediocridade pode assumir o controle silenciosamente, sem você perceber.

O estado seguinte na queda de uma pessoa ou de um império é a perda do entusiasmo para vencer, o que chamo de diminuição do fogo de ser o melhor". Uma das principais características de um campeão lendário é que ele simplesmente não suporta a ideia de que chegará um momento em que não será campeão. A simples ideia de perder o título o aterroriza.

Com a diminuição do fogo antes abrasador de ser o melhor do mundo, o próximo passo no *Declínio do Titã* é a perda do compromisso de treinar com extremo afinco, como um peso-pesado. A alegria do artista fica corroída e sua dedicação em melhorar seus conhecimentos e habilidades se degrada.

Ele perde a criatividade, e a energia para praticar mais que todo mundo evapora. Vemos isso acontecer com algumas estrelas de Hollywood, por exemplo. Tantos anos levando seus talentos ao limite, aceitando um papel difícil no cinema, fizeram com que seu talento se esgotasse. Às vezes, a pessoa também construiu uma vida de excessos, com despesas elevadas, porque acha que uma fonte ilimitada de dinheiro está garantida. Toda essa tensão a desgasta. Então, ela começa a aceitar papéis que não exigem nenhuma maestria, só pelo dinheiro. Para ter a chance de se recuperar. É o começo do fim. A superestrela logo se torna uma caricatura de seu eu outrora glorioso.

Tudo isso, claro, leva à irrelevância e à obsolescência — lugar que você deve evitar a qualquer custo. E tenho certeza de que fará isso.

Você e sua equipe podem fazer uma Análise de Declínio do Titã para que primeiro identifiquem todos os pontos fracos e, a seguir, estabeleçam as proteções necessárias usando a planilha que uso com meus clientes. Você a encontrará em TheEverydayHeroManifesto.com/TitansDecline-Worksheet.

90.

A necessidade da impopularidade artística

O dia 3 de outubro de 1992 foi uma data importante para a musicista Sinéad O'Connor.

Incrivelmente famosa depois de uma série de sucessos como "Nothing Compares 2U", ela estava se apresentando no *Saturday Night Live*.

Mas em vez de cantar com segurança a música planejada, ela virou a apresentação de cabeça para baixo e a transformou em uma declaração política feroz contra o abuso infantil.

Depois de substituir as palavras originais da canção de protesto de Bob Marley "War" por "abuso infantil", O'Connor — com fúria no rosto e uma voz de rebelião — levantou uma foto do Papa João Paulo II e gritou: "Combatam o verdadeiro inimigo", e a rasgou ao meio. Foi uma acusação contundente do mal que a cantora alegava ter sido perpetrado contra crianças por membros do clero em seu país natal, a Irlanda.

Esse comportamento acabou com sua fama. E sua carreira foi por ladeira abaixo.

Muitos anos depois, ela revelou seus motivos: "O trabalho de um artista, às vezes, é ser nada popular. Às vezes, o trabalho de um artista é apenas criar espaço para discussões necessárias."

Um trabalho profundo, transformador e especial cativa as pessoas que o compreendem e enfurece as que não são capazes de compreendê-lo.

Se sua obra-prima *não* perturba, provoca, irrita e desperta a maioria dos cidadãos da sociedade, talvez não seja de fato uma obra-prima. É só uma obra comum.

Seu trabalho como herói cotidiano e líder artístico em sua área é ter fé em suas habilidades e coragem no coração para fazer aquilo que sabe que deve fazer para honrar a honestidade de seu eu mais original: oferecer a poesia, a música e a magnificência de seu espírito que é sua verdade absoluta, mesmo que você seja odiado ao fazer isso.

Portanto, por favor, ofereça seus dons ao nosso mundo. Precisamos deles como nunca. E faça isso *agora,* mesmo que seja odiado.

91.

A desconstrução do *troll*

A estrutura de aprendizagem que está no centro deste capítulo é um dos modelos mais amplamente adotados em minha metodologia de mentoria, por isso, quero ter certeza de que você tenha acesso a ela, pois o ajudará a bloquear as vozes hostis e o papo malicioso dos críticos que vão tentar impedi-lo de entregar seus talentos à humanidade. Você pode ouvir as pessoas que o condenam ou avançar com paixão, mas não pode fazer as duas coisas.

Trolls são criaturas que desprezam seu trabalho profundo e rebaixam a magia genuína que você coloca no mundo com sua assinatura. O primeiro passo para desconstruir os trolls e tirar deles qualquer poder que possam exercer sobre você, como pode ver no quadro, é entender que *os haters são mestres do amor disfarçados.*

É sério, são mesmo.

Qualquer pessoa que provoque sua insegurança e incite aquela parte sua que duvida de sua maestria está ajudando você. O comportamento mesquinho dessa pessoa traz à tona a fraqueza que há em você, e assim você a percebe e pode processá-la até que a cure. Maravilhoso. Agradeça a essas pessoas, pois elas deixaram você mais saudável, mais puro e melhor. Servem para sua ascensão em direção à sua grandeza inerente.

O segundo elemento da desconstrução é: *por trás do ataque está a dor.* A campanha de um crítico é alimentada pela própria falta de amor-próprio e valorização pessoal. Os pessimistas são, em sua maioria, almas desapontadas que não conseguiram fazer o que você fez, por isso, sentem-se melhor o atacando. O sofrimento sempre procura companhia. As pessoas tratam os outros da mesma maneira que tratam a si mesmas, e seres humanos que sofrem muitas dores muitas vezes machucam os outros.

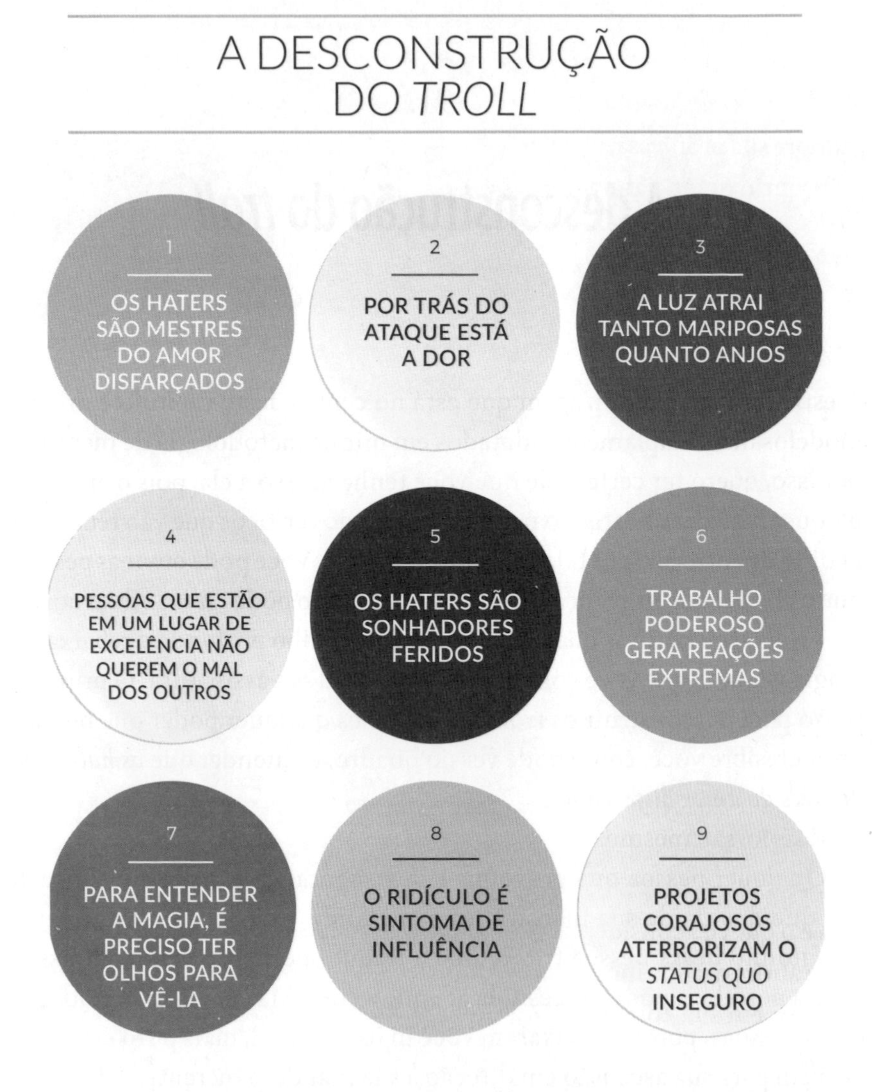

Depois, vem o terceiro ponto: *a luz atrai tanto mariposas quanto anjos.* Transmitir seu talento primordial em seu campo e diretamente em nosso pequeno planeta fará com que aqueles que saúdam seu virtuosismo sigam em sua direção. Mas saiba que permanecer na plenitude de sua glória criativa também atrairá haters invejosos. Como a luz atrai as mariposas.

O elemento número quatro é este: *pessoas que estão em um lugar de excelência não querem o mal dos outros.* Gente feliz, que se dedica a realizar suas ambições poderosas e se encontra em uma posição realmente boa na vida, não tem inclinação, energia nem tempo para caçar, atacar e condenar líderes visionários. A vida ociosa e insatisfeita é a verdadeira oficina do diabo. Pessoas entediadas e invejosas vão querer derrubá-lo enquanto você cumpre sua promessa, porque isso faz com que se sintam melhor em relação ao próprio potencial traído.

Agora, chegamos ao quinto princípio essencial para desconstruir o comportamento dos trolls, para que as flechas que atiram não minimizem sua poesia nem prejudiquem sua habilidade: *os haters são sonhadores feridos.* Cada ser vivo tem esse talento dentro de si, mas a maioria das pessoas rejeita essa riqueza, pois é muito difícil e assustador expressá-la. Porém, isso não significa que ela não esteja ali ainda. Quando crianças, temos sonhos ousados, mas, devido às mensagens negativas das pessoas em quem confiamos e à rejeição e às derrotas que enfrentamos conforme a vida passa, quase todos fechamos mente e coração aos poderes desse dom. Erguemos muros para não sofrermos mais. É muito mais fácil ficar sentado no sofá derramando bile em alguém que produz que se olhar no espelho, assumir a responsabilidade pessoal por sua condição e se dedicar ao crescimento necessário para se levantar de novo.

"Para que alguns o amem, outros devem odiá-lo", disse a bilionária autora de Harry Potter, J. K. Rowling. O sexto elemento da desconstrução do troll diz: *trabalho poderoso gera reações extremas.* Se fizer bem seu trabalho, produzir obras-primas que subvertam a forma como as coisas têm sido feitas e dominar sua área destruindo a tradição, os críticos o odiarão. Porque isso não é o que *eles* consideram uma grande arte. E como eles não têm coragem de se abrir para sua inovação, querem derrubá-lo. Assim, eles se sentem mais seguros em sua compreensão limitada e estática da forma como as coisas devem ser, e isso protege seu supostos status de "especialistas" na área. Mas saiba que quanto mais brilhante for seu produto e mais revolucionário for seu talento artístico, mais extrema será a reação deles. A crítica e o ataque são o paraíso dos covardes.

O sétimo elemento da desconstrução do *troll* é: *para entender a magia, é preciso ter olhos para vê-la.* Pense nos artistas amadores. Eles não sabem muito sobre a área; não viram as pinturas dos grandes mestres e não aprenderam o que é necessário e o que os grandes fizeram. Só o que veem é um vaso azul ou uma mulher chamada Mona. E costumam dizer: "É isso? Parece simples." E então: "Eu poderia ter feito isso."

Será? Isso me faz pensar na frase de Bob Dylan: "Não critique aquilo que você não entende." Legal, não é?

Normalmente, são necessárias décadas de prática diária e treinamento contínuo para fazer algo parecer simples. Porque a verdadeira arte tem muito mais a ver com o que o realizador decide não colocar no produto do que com o que ele coloca. É aí que reside a verdadeira genialidade. Quando você domina seu ofício, pode focar totalmente o que é mais importante, deixando toda trivialidade e superficialidade de fora.

Por isso, é uma excelente ideia não ouvir a opinião de uma pessoa que nem sequer está interessada em fazer o que você faz. Ela não sabe o que é preciso e não tem perspicácia para entender a sua arte ou o seu ofício. Porque ela não sabe de nada (apesar de achar que sabe).

O elemento oito é direto: *o ridículo é sintoma de influência.* Você sabe que está liberando talentos para o mundo quando riem de sua obra. Confie que, quando os haters debocham, condenam e o ridicularizam, você não só está no caminho certo, como também está entregando obras-primas genuínas. Bom trabalho. Você é um vencedor.

Por último, *projetos corajosos aterrorizam o* status quo *inseguro.* Sim, um trabalho corajoso, belo e imponente que resistirá ao teste dos séculos exige que você puxe o tapete das verdades em que a sociedade dominante acredita. O que acontece é que um produto realmente magistral está tão à frente de seu tempo que demora muito para ser compreendido. Leva muito tempo para que sua expertise seja compreendida também. Vincent van Gogh vendeu apenas *uma* pintura em vida: *A vinha encarnada.* Essa obra-prima foi comprada por quatrocentos francos na Bélgica, sete meses antes de ele cometer suicídio.

Não deixe que a falta de sucesso de público o impeça. Sua nobreza e busca por algo incrível imploram que você persista.

"Não importa quantos haters atravessem seu caminho."

92.

Quando conheci Muhammad Ali

Observo as cores glamourosas do outono em meu estúdio, em casa. A máquina de ruído branco que comprei para bloquear as perturbações está ligada. Portanto, tenho o som de um riacho borbulhante para me fazer companhia enquanto escrevo esta história pessoal que ainda me faz sorrir.

Eu tinha 15 anos. John Lennon havia acabado de ser assassinado. A melódica e comovente música *"Imagine"* tocava o tempo todo no rádio. Era época de Natal e eu estava em Los Angeles.

Não sou de Los Angeles, mas meus pais acharam que seria um bom lugar para passar as férias naquele ano.

Eles alugaram um Chrysler K. O carro não é mais fabricado, o que eu acho bom. Meu irmão e eu tínhamos vergonha de andar nele. Não era um Corvette (meu carro favorito disparado, naquela época; eu tinha um pôster de um 1963, com janela dividida, pendurado na parede de meu quarto com fita adesiva).

Todos os dias durante aquela viagem, mamãe comprava sanduíches e laranjas no supermercado perto do hotel de beira de estrada onde estávamos hospedados.

E nós saíamos para conhecer a cidade.

Caminhamos pela Sunset Boulevard. Fomos à Calçada da Fama de Hollywood. Rodamos por Beverly Hills no Chrysler K.

E foi aí que aconteceu...

Eu o vi primeiro. Um Rolls-Royce conversível marrom, brilhante e reluzente, descendo a avenida. Outras pessoas começaram a buzinar ao reconhecer o motorista. *Muhammad Ali.*

Bati no braço de meu irmão; ele tinha 12 anos, na época.

— É o Ali! — gritei. — Naquele carro!

Minha mãe tem percepção extrassensorial. Sempre teve, desde que a conheço. Ela ouve esquilos correndo em um bosque de um país vizinho. Vê aranhas fazendo teias em galáxias próximas. Nada acontece sem que ela perceba, se é que me entende...

— Muhammad Ali? Onde? — perguntou ela imediatamente.

— Ele acabou de passar de carro. Naquele Rolls-Royce — eu disse com entusiasmo, apontando para o carro.

Minha mãe entrou em ação como uma super-heroína pronta para salvar uma cidade em chamas. Pediu a papai que fizesse um retorno dramático no meio de uma rua movimentada, naquele Chrysler K, para ir atrás do ex-campeão mundial de boxe.

Já do mesmo lado da rua que Ali, nosso carrinho acelerou para alcançar o Rolls-Royce, que simplesmente deslizava naquele dia lindo de sol.

Meu irmão e eu olhávamos, no banco de trás. Mamãe pressionava meu pai para ir mais rápido, porque a lenda ainda estava à vista.

É sério o que vou contar agora.

Chegamos ao lado de Muhammad Ali. *Bem ao lado dele.* Um dos seus filhos estava no banco do carona e um idoso, que parecia ser seu pai, estava sentado atrás, no luxuoso banco de couro branco.

Mamãe baixou a janela.

— Sr. Ali. Olá! Olá!

A descrença tomou conta do rosto dele. Meu irmão e eu oramos, pedindo perdão aos deuses da vergonha alheia.

— Por favor, poderíamos tirar uma foto com você? — prosseguiu ela, elegante como sempre.

O Rolls-Royce desacelerou. Muhammad Ali apontou para a lateral da rua e foi indo até um lugar onde poderíamos estacionar, em frente a imensas mansões com jardins maravilhosos cheios de flores cultivadas caprichosamente.

Nós o seguimos em nosso carro bege alugado.

O que aconteceu, então, é agora um acontecimento mítico na história da nossa família.

O sr. Ali posou graciosamente para fotos comigo, minha mãe e meu irmão. Ele não poderia ter sido mais educado e foi o exemplo da humildade, para um homem de tamanha fama. Sua mão gigantesca envolveu a minha quando nos cumprimentamos.

Ele estava sem pressa. Foi extremamente gentil.

Então, veja só; vendo que papai estava tirando todas as fotos, ele sugeriu que eu tirasse uma dele e de meu pai, juntos.

Feito isso, ele nos desejou boas férias e partiu, sob o sol dourado de Beverly Hills, em seu Rolls-Royce marrom brilhante.

Conversamos sobre esse encontro durante o restante das férias, comendo sanduíches de pepino e mais laranjas. Falamos de nosso encontro com um herói e celebramos sua decência para com uma família simples e desconhecida.

Ao chegar à casa, um paciente de meu pai transformou uma das fotos em um relógio, que foi colocado na sala de TV, com seus painéis de madeira (sim, um relógio).

Todos os anos, no Natal, nós recordávamos aquele encontro com nosso boxeador favorito, o sr. Ali. E fazíamos uma oração na hora da ceia em agradecimento ao ser humano que nos mostrou como é a humildade peso-pesado.

93.

Não se preocupe com seu legado

Escrevi um livro há muito tempo chamado *Quem vai chorar quando você morrer?*.

É uma obra sobre viver uma vida da qual as pessoas falarão anos depois de seu fim. É um manual de instruções para fazer com que seu nome seja importante e deixe uma marca no mundo.

Eu tinha 34 anos quando o escrevi. Agora, depois do rápido passar de muito tempo, penso que gostaria de ter escolhido um título melhor, de verdade.

Falar sobre legado está na moda. Especialistas prescrevem que devemos praticar ações e realizar feitos que farão com que nossa família e comunidade nos honrem como heróis, e talvez até mandem erguer monumentos em reconhecimento a nós quando partirmos.

Entendo esse sentimento; eu mesmo vivia a vida de maneira a garantir que fosse lembrado com carinho, por muitos, até bem depois de minha morte.

Mas não mais.

Não compro mais o que a ideia de legado vende. Já não faz sentido para mim agora que sou um homem bem mais velho.

Agora, faço compras em outra loja, se é que me entende.

Quem se importa com o que as pessoas dizem sobre nós depois que morremos? Você será alimento de minhocas e narcisos, estará dois metros abaixo da terra. Ou vamos ser um punhado de cinzas dentro de uma urna enferrujada na estante suja de alguém. Ao lado de fotos de parentes com seus troféus.

Para mim, o mais importante não é como você será lembrado pelas pessoas que deixou para trás, *e sim como decide viver enquanto ainda está vivo.*

Você foi feliz nos dias bons e gracioso na derrota?

Foi atencioso com todos e perdoou quem o machucou?

Tratou sua profissão com o respeito que ela merecia e cumpriu seu dever de representar a supremacia em cada empreendimento?

Teve a convicção de ser você mesmo quando a sociedade o incentivou a ser como todo o restante das pessoas, bem como a sensibilidade para fazer com que os outros se sentissem mais esperançosos ao seu lado?

Aproveitou os anos de vida para desenvolver a humildade, adquirir conhecimento e aprender a trilhar o planeta com mais leveza que quando chegou?

E aprendeu a não se levar muito a sério, entendendo que a maioria dos problemas com que nos preocupamos nunca acontece, e por isso é melhor ser sempre alegre, grato e relaxado?

Hoje em dia, acredito que querer deixar um legado digno de nota é a ocupação de um ego gigantesco.

Ser um ser humano gentil, magistral, firme e nobre enquanto seu coração terno e valente ainda bate é o verdadeiro caminho do heroísmo.

94.

Um herói chamado Desmond Tutu

Desmond Tutu é um dos maiores líderes, humanitários e agentes de mudança da história.

Vencedor do Prêmio Nobel da Paz, trabalhou junto com Nelson Mandela por uma África do Sul livre e pela reparação das feridas causadas pelas injustiças do Apartheid.

Aprendi muito com Desmond Tutu ao longo dos anos.

A importância de me defender com coragem inabalável em momentos em que fui maltratado, mas com um coração misericordioso que ainda busca o que há de bom em tudo.

O profundo valor e a importância fundamental de cada ser humano no planeta, independentemente da cor de sua pele, da natureza de seu gênero, da nação de sua cidadania ou de sua posição na vida. Todo mundo é importante, foi o que Desmond Tutu me ensinou. Todos merecem ser tratados com respeito, compreensão e amor.

O caráter essencial de que cada um de nós se liberte das algemas da vitimização e faça o que for necessário para exercer seu poder humano em tempos fáceis e durante as dificuldades, transformando a incerteza em criatividade, as feridas em bravura e qualquer forma de tragédia em vitória. Temos de reconstruir o relacionamento com nosso eu maior.

Quando conheci Desmond Tutu, em uma sala silenciosa em Joanesburgo, fiquei impressionado, comovido (até em meio às lágrimas) e totalmente hipnotizado pela graça de sua presença. E pela gentileza com que esse gigante da liderança me tratou.

Com Desmond Tutu na África do Sul

Certa vez, ele disse: "Meu padrão é ser líder. Porque a natureza não permite o vácuo."

Palavras reais pronunciadas por um herói legítimo.

Em seu avanço em direção à sua causa principal e ambições mais elevadas, grave essas palavras em seu espírito. Saiba que você pode liderar sem título, inspirar sem cargo e, sem nenhuma autoridade formal, ser exemplo de virtuosismo, civilidade e ajuda a muita gente. Você tem o arbítrio para recuperar seu poder inato dado às circunstâncias que culpa, e pode deixar uma marca começando aos poucos e dedicando-se a mostrar o melhor de sua liderança, dia após dia. Você se torna especial e grande quando pratica ser especial e grande, com tanta frequência que tudo que é "antiespacialíssimo" e "antigrandeza" é eliminado de seu ser, assim como o sol da primavera lava todos os indícios de um inverno gelado e cruel.

O poder genuíno pode se revelar quando uma pessoa simplesmente se lembra de como ser plenamente humana. Porque a natureza não permite vácuo.

95.

Os arrependimentos das pessoas em seu leito de morte

Os profissionais de saúde que ajudam pacientes terminais a sofrer menos e ter um fim de vida melhor falam dos arrependimentos mais comuns que ouviram durante os últimos dias dessas pessoas.

Acho que vale a pena dar atenção a eles; assim, podemos evitá-los.

Arrependimento no leito de morte 1: Não ter olhado as coisas por outra perspectiva

Os seres humanos gastam muito tempo se preocupando com coisas que nunca acontecerão.

E mesmo quando as dificuldades aparecem, esquecemos que elas sempre acabam. Os dias felizes sempre voltam.

Tornar-se mais sábio e resiliente é manter a esperança, não importa o que aconteça, sabendo que a jornada da vida é muito rápida. Graça, maturidade e força exigem que naveguemos nossos dias com espírito de gratidão — nunca dando mais energia aos nossos fardos que às nossas bênçãos.

Há uma velha história que compartilhei em *Quem vai chorar quando você morrer?* que espero que o lembre das dádivas que você recebeu. E do valor de ser otimista.

Um dia, um homem gravemente doente foi levado a um quarto de hospital onde outro paciente descansava, no leito ao lado da janela.

Os dois foram ficando amigos, e o que estava ao lado da janela olhava para fora e distraía seu companheiro acamado com descrições vívidas do maravilhoso mundo externo.

Uns dias, ele falava do esplendor das árvores do parque em frente ao hospital e das folhas que balançavam suavemente com a leve brisa. Outros dias, entretinha o amigo repetindo passo a passo a conduta interessante e muitas vezes estranha das pessoas que passavam.

Contudo, com o passar do tempo, o homem do outro leito foi ficando ressentido por sua incapacidade de observar as maravilhas descritas por seu companheiro. Passou a não gostar dele e depois a odiá-lo, devido a toda aquela vida que ele podia ver tão facilmente.

Certa noite, durante um acesso de tosse particularmente forte, o paciente próximo à janela parou de respirar. Em vez de apertar o botão de emergência, o outro homem optou por não fazer nada.

Na manhã seguinte, o paciente que tanta felicidade havia dado ao amigo contando-lhe as cenas que testemunhava foi declarado morto.

Enquanto o corpo era retirado do quarto, o outro homem perguntou rapidamente à enfermeira se sua cama poderia ser colocada ao lado da janela. Seu pedido foi atendido. Mas ao olhar para fora, o paciente descobriu algo que o fez estremecer: a janela dava para uma parede de tijolos.

Seu ex-companheiro de quarto conjurava as histórias fantásticas que descrevia com base puramente em sua imaginação, em um gesto de amor, para tornar seus momentos um pouco melhores.

Ele agira por amor e pela decência que se conecta ao melhor de nossa humanidade partilhada.

Arrependimento no leito de morte 2: Ter se preocupado tanto com o que os outros pensam

Oscar Wilde disse [em tradução livre]: "Seja você mesmo. Todos os outros já existem."

Ah, quantos batimentos cardíacos perdemos nos preocupando demais com nossa aparência! Deixamos de correr os riscos que materializariam nossa genialidade primordial porque não queremos ser rejeitados, não gostamos de sentir vergonha e queremos que nos achem pessoas legais. Vivemos em uma cultura de pessoas que querem atenção a todo custo *versus* trabalhadores mágicos, que doam nossos melhores dias à busca desnecessária de aprovação. Peço gentilmente que você tenha em mente que, daqui a cem anos, *todo mundo* que está vivo hoje terá morrido. Por que não cumprir suas promessas e seguir seu entusiasmo para agradar pessoas que não estarão aqui no futuro?

Sua vida será maior ou menor dependendo de sua disposição a parecer tolo e de seu interesse em respeitar sua autenticidade, abraçando os sonhos mais importantes para você. Mesmo (especialmente) quando ninguém o entende.

Arrependimento no leito de morte 3: Ter perdido tanto tempo

É muito comum desejar ter mais tempo, mas desperdiçar o tempo que temos, não é? Sêneca escreveu: "Para proteger sua fortuna, os cidadãos muitas vezes são mesquinhos. Mas quando se trata de perder tempo, no caso da única coisa com a qual é correto ser avarento, mostram muita liberalidade."

Use suas preciosas horas com *responsabilidade*. Defenda-se contra qualquer ocupação que seja indigna de seus nobres dons e talentos humanos. Não cultive interesses mesquinhos que encantam as massas. Sua liderança, maestria, felicidade e serenidade não podem ser encontradas aí. Nunca.

Nesta época em que vivemos, é comum sobrecarregar nossos dias com atividades que nos fazem sentir que somos produtivos, mas que, na verdade, não têm valor algum. Nós nos tornamos mestres em coisas menores e especialistas em atividades triviais. Não faz sentido, e é uma enorme representação falsa de nossa alteza sucumbir às atrações e diversões vendidas como importantes medidas de sucesso, sendo que nossos dias estão contados e a morte é uma certeza. Sim, sinto informar, mas um dia você morrerá. Eu morrerei um dia. Todos nós morreremos um dia.

"Como foi que ficou tão tarde tão cedo?", dizia dr. Seuss.

Arrependimento no leito de morte 4: Não ter curtido mais a jornada da vida

Divertir-se é altamente produtivo. Um clima positivo é uma ótima porta de entrada para sua obra-prima e impacto máximo. Eu sei que nossa sociedade nos convence a pensar de outra forma: que a jornada deve ser difícil e cansativa. Que a vida precisa ser excessivamente séria e imensamente prática. Mas sugerir que trabalhar o tempo todo é uma atividade mais valiosa que jantar com a família e amigos, conhecer lugares interessantes e fazer coisas que nos fazem felizes é apenas um julgamento de valor, não uma verdade.

Dizer que só vivemos plena e completamente quando somos pessoas ocupadas é balela. Nem tudo que ouvimos é verdade. Reservar tempo para momentos de fascínio e beleza e divertir-se muito enquanto seu coração está totalmente vivo é a sabedoria em seu auge.

Então, sim, trabalhe bastante, mas saboreie os frutos da sua recompensa. Assim, quando estiver perto da linha de chegada, você descansará tranquilo por ter amado tudo que a vida tão generosamente lhe ofereceu.

Arrependimento no leito de morte 5: Não ter sido mais gentil e amoroso

Pessoas que estão no fim da vida sentem remorso pelos atos prejudiciais que cometeram aos outros (curioso como é comum que as pessoas maltratem os humanos que mais amam, não é?). Deixar de praticar a virtude da bondade diariamente não só faz do nosso mundo um lugar mais sombrio e miserável, como também corrói nossa consciência, destruindo assim nossa felicidade e tranquilidade.

Todos nós, como seres humanos, temos a tendência inata a tratar nossos irmãos e nossas irmãs com reverência, compaixão e amor (sim, amor). Quando não seguimos esse impulso na busca imprudente por mais fama, fortuna e aplausos (ou simplesmente porque não levamos a sério nosso crescimento e cura pessoal e nos comportamos da pior maneira), ficamos cheios de um arrependimento que não conhece limites. Porque atuamos como pessoas que nunca desejamos ser e traímos nossa natureza heroica.

Não deixe de ser a pessoa mais amorosa do mundo. Esse é um hábito de gigantes e dos verdadeiros luminares da história. Se você é bom e os outros se aproveitam disso, não é porque ser bom é ruim. É porque você permite que as pessoas se aproveitem de sua bondade.

Ganha quem mais ama. Ou, como disse o mestre da guitarra Jimi Hendrix: “Quando o poder do amor superar o amor pelo poder, o mundo conhecerá a paz”.

96.

O bem que você faz dura a vida toda

É muito comum pensar que o bem que você faz não tem valor duradouro. Que não tem importância, que não conta muito.

Quando eu era criança, minha mãe costumava fazer uma coisa incrível para mim. Uma ou duas vezes por mês, fazia batata frita caseira, levava o prato coberto com papel-alumínio à minha escola e o deixava na recepção para mim, dentro de uma caixinha com um bilhete escrito à mão que dizia que me amava muito. Esse extraordinário ato de bondade era para que eu pudesse desfrutar de sua comida e fazer uma refeição quente. E sentir seu carinho.

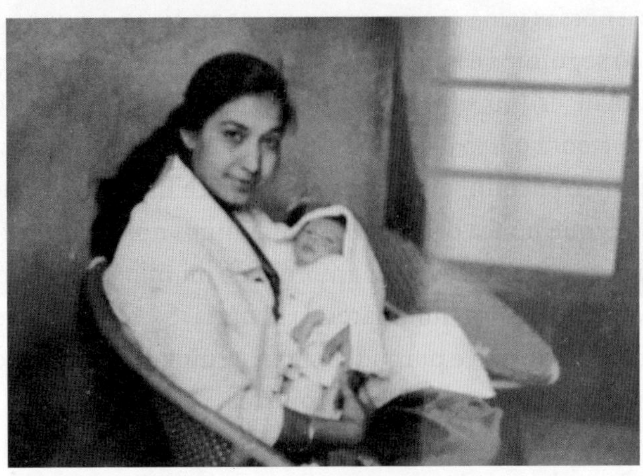

Minha mãe e eu em meu primeiro dia de vida

Agora, tantas décadas depois, após todas as experiências animadas e maravilhosas que vivi, adivinhe qual é minha lembrança favorita? Sim, o gesto simples, mas extremamente amoroso de minha mãe de levar a batata frita dourada e perfeitamente crocante à escola para mim (e a cara dos meus colegas, que passaram a negociar comigo, na grande esperança de trocar um sanduíche de atum, um pêssego em lata ou palitinhos de cenoura por pelo menos uma das minhas inestimáveis batatas fritas).

Enquanto ainda era o centro do LA Lakers, a lenda do basquete Pau Gasol participou de um dos meus eventos ao vivo.

Nós nos conhecemos naquele fim de semana, e melhor ainda em um longo e inesquecível jantar em minha casa, com minha família.

Em casa com Pau Gasol, do LA Lakers

Após o término da conferência, eu me ofereci para levar Gasol ao aeroporto. Uma vez lá, vi fã atrás de fã deixando a fila em que estavam para pedir um autógrafo ou uma foto a ele.

Embora tivesse um voo para pegar, Gasol parava para cada um, colocava um sorriso gentil no rosto, dava seu autógrafo sem pressa — acrescentando algumas palavras de inspiração — e posava para a foto (lembro que conheci um deus da guitarra em um restaurante japonês que respondeu, quando lhe pedi uma foto, com um breve "Não gosto de tirar fotos", e saiu andando).

— Gasol, você parou para *todo mundo*. Doou um tempo seu a cada fã. Você foi gentil com todos, e não mostrou cansaço nem irritação — comentei enquanto o acompanhava até seu portão de embarque.

Nunca esquecerei sua resposta, pois foi muito sábia e me ensinou muito.

— É preciso muito pouco para fazer alguém feliz, Robin.

Então, ele se inclinou, deu-me um abraço, agradeceu e seguiu seu caminho.

97.

Alegre-se por ver pessoas vivas

Eu estava na África do Sul fazendo umas palestras de liderança quando percebi que o motorista ficava muito feliz quando via outro ser humano.

Os olhos dele chegavam a brilhar, o sorriso se estendia cada vez que ele via alguém. Era surpreendente.

— Você parece gostar mesmo de gente — eu disse.

— Eu já vi muita gente morta — respondeu ele suavemente. — Por isso, quando vejo uma pessoa viva, fico muito feliz.

Fiquei em silêncio. *Atordoado.*

Imagine como seria nosso mundo se adotássemos essa filosofia. Abandonar nossos dispositivos eletrônicos, ser menos afetados pelo egoísmo, não viver sempre ocupados e aumentar nossa decência. Dar mais atenção à nossa humanidade coletiva e a cada pessoa que está à nossa frente, amiga ou estranha.

Imagine essa animação toda vez que avistamos vida humana. Ou qualquer vida, na verdade.

98.

Versos do herói cotidiano que não pode ser derrotado

Você é capaz de suportar sua tristeza sem precisar ceder às esmagadoras exigências de fazer alguma coisa?

Você é capaz de dizer o que você sabe que deve ser dito, mesmo quando decepciona seus ouvintes e irrita aqueles que discordam?

Você é capaz de trilhar o caminho difícil que poucos desejam seguir e, ainda assim, conhecer a alegria, serenidade e liberdade? Sem o desejo de se encaixar e de agradar à maioria?

Você é capaz de correr o risco de ser odiado para fazer o que é certo?

Você é capaz de estar no mundo sem fazer parte dele, de saborear os doces prazeres da solidão, do silêncio e da serenidade ficando sozinho? É capaz de se abrir para a beleza das pequenas graças e saborear as graças do comum?

Você é capaz de realizar suas visões mais elevadas, de imaginar o que poucos ousam imaginar e de marchar com passos firmes na direção de seus impulsos mais genuínos e, ainda assim, ser pacífico, caso falhe, e acolher tudo que o destino escreveu em suas estrelas?

Você é capaz de amar como só os tolos amam, rir como só o bobo da corte ri e correr o risco de ser rotulado de louco pela suposta insanidade de seus sonhos?

Você é capaz de afastar o superficial para produzir o monumental? E de deixar uma marca que o acabe tornando imortal, de seu jeito natural e original?

Isso é o que eu quero saber. Você é capaz de ser verdadeiro? Para você mesmo?

99.

Oportunidades e suas segundas chances

Em *O guia da grandeza* escrevi sobre meu "quase encontro" com a estrela de Hollywood Harvey Keitel.

Ele foi excepcional em tantos filmes e um gigante em seu ofício, mantendo sua habilidade durante muitas décadas, tornando-se um artista Classe A e um membro do Hall da Fama.

Eu estava no saguão de um hotel, em minha cidade natal, quando o vi sentado, sozinho. Esperando, acho.

Uau! É Harvey Keitel!, pensei, surpreso ao vê-lo e impressionado por ele estar ali.

Meu primeiro impulso foi ir até ele, apertar sua mão e puxar papo.

Mas antes que pudesse ser ousado e forte, fui dominado por minhas tendências mais primitivas. O medo começou a gritar mais alto que a verdade. Minhas esperanças deram lugar às minhas inseguranças. A ameaça de rejeição disse ao meu otimismo para dar um tempo.

A divagação interna foi mais ou menos assim:

"Ele deve estar esperando uma pessoa importante, é melhor não incomodá-lo."

"E se ele for hostil e cruel comigo?"

"Há muita gente aqui, vou fazer papel de idiota indo falar com essa celebridade."

Ah, as oportunidades que um universo amigável nos envia, e que perdemos por covardia, timidez e desejo de ser visto como uma pessoa descolada!

No nosso leito de morte, aquilo que *não fizemos* — as pessoas que não conhecemos, o potencial que não expressamos, os projetos que não concluímos, os encantos que não buscamos e o amor que não conseguimos entregar — é o que nos preenche de arrependimento.

E *nunca* os atos de valor que realizamos.

Então, o que eu fiz?, você se pergunta. Bem, se você leu o capítulo daquele livro que escrevi há quase duas décadas, deve lembrar que...

Não fiz nada. Absolutamente nada.

Interrompi meu entusiasmo por conhecer esse herói cinematográfico com a decisão de voltar ao meu escritório, mexer com uns papéis, fazer uma reunião ou duas, checar minhas mensagens. E assim, fui embora.

Pensei muito nessa experiência nos meses que se seguiram. Não fiquei feliz com minha timidez e fraqueza. Prometi a mim mesmo que praticaria mais a coragem.

Como escrevi naquele livro sobre essa oportunidade perdida:

> Se eu vir Harvey Keitel de novo, prometo que correrei em direção a ele. Talvez ele pense que sou um stalker, até que comecemos a conversar. Então, Keitel descobrirá a verdade: sou simplesmente um homem que aproveita as oportunidades que a vida lhe apresenta.

Uma das coisas maravilhosas sobre a vida de cada um, que eu realmente desejo que você saiba, agora que estamos chegando ao fim de nosso tempo juntos, é que *você realmente tem uma segunda chance.* Você não receberá muitas, infelizmente, mas receberá.

Assim sendo...

Eu estava em Roma anos depois, trabalhando em um novo livro. Depois de um passeio matinal de mountain bike no esplendor da Villa Borghese, o lindo parque que ficava perto da Escadaria Espanhola, voltei para o meu quarto e fiquei em confinamento solitário pelas cinco horas seguintes. Escrevendo, revisando, praticamente sem me mexer.

Depois de um trabalho intenso, decidi fazer meu passeio habitual até a Piazza Navona, minha praça preferida no mundo todo. É meu ritual na Cidade Eterna depois que escrevo. Saio para as antigas ruas de paralelepípedos e me conecto com minha energia depois de passar tantas horas no éter, tomo um pouco do sol romano e limpo a cabeça e o coração com uma fabulosa caminhada.

Ao me aproximar do Panteão e passar pela densa multidão em frente a essa lendária estrutura que o Império Romano usava como palácio da justiça, vi um homem solitário, de óculos escuros, parado ao lado. Estava casualmente vestido e era muito discreto. Estava observando o prédio, seu esplendor.

Era Harvey Keitel.

Dessa vez, agi de uma maneira bem diferente. Agi com precisão e rapidez, antes que meu ego pudesse me atrasar. Fui direto até ele, estendi a mão e disse:

— Sr. Keitel, sou seu fã. É um prazer conhecê-lo!

Ele sorriu. Colocou a plenitude de sua presença em mim. Não poderia ter sido mais simpático.

— Obrigado — respondeu.

Sentindo-me incentivado, continuei:

— Adorei seu trabalho em *Cães de aluguel.* Adorei a originalidade de Tarantino! Adorei os diálogos fantásticos. Que roteiro! Que filme! Adorei os nomes que vocês se deram. Você como o Mr. Pink! Muito bom — continuei.

Ele ficou olhando para mim pelo que pareceu uma eternidade.

— Mr. White — murmurou.

Depois de me desculpar pela confusão, perguntei à lenda se poderia tirar uma foto com ele.

— Claro.

E aqui está:

Com o luminar do cinema Harvey Keitel, no Panteão de Roma

— Bem, preciso ir — disse ele educadamente.

E foi embora, rumo à grande multidão, ao lado daquelas altas colunas, verdadeiras joias arquitetônicas, sob o sol quente de uma tarde perfeita.

Quer saber o que desejo a você? Fácil.

Quando uma oportunidade aparecer, mergulhe de cabeça, o mais rápido que puder, antes que os vilões contrários à sua genialidade e os inimigos de sua grandeza comecem a lhe dizer que não pode.

A razão destrói aquilo que poderiam ter sido muitas experiências transformadoras. Confie em seu coração; ele é muito mais sábio que sua cabeça.

Mas se, sendo humano, não conseguir, respire fundo e siga em frente, com um pouco mais de clareza, decidido a mostrar mais ousadia da próxima vez. E a próxima vez chegará.

Porque todos nós temos segundas chances. Como eu e Harvey Keitel.

100.

Não adie seus sonhos

Certa vez, fiquei preso no trânsito, atrás de um homem bem velho em um conversível.

Ele estava sorrindo. Ouvindo música. Parecia amar a vida.

"TimeForFun" estava escrito na placa de seu carro.

Hummm...

Muitos esperam até ficar velhos demais para fazer as coisas que sempre desejaram fazer.

Fazem cruzeiros quando nem conseguem andar direito.

Partem em aventuras que os cansam rapidamente.

Compram as coisas que sempre quiseram, mas dificilmente conseguem aproveitá-las.

Não estou, de forma alguma, desrespeitando os idosos; tenho imenso respeito pelos mais velhos.

E concordo plenamente que nunca é tarde para começar de novo e ser o herói do cotidiano resoluto, poderoso e inspirador que cada um nasceu para ser.

Estou só enfatizando o seguinte: *não adie os sonhos mais preciosos de seu coração.* Saiba que é mais inteligente parecer um tolo no momento, fazendo o que sabe que precisa fazer para ter a vida que procura, em vez de desonrar seu desejo e não fazer nada. E acabar com o coração partido na linha de chegada.

Quem sabe o que o amanhã nos reserva? Não presuma que o futuro será um lugar onde tudo que adiou — porque estava muito ocupado — acontecerá com facilidade, sem esforço e de uma forma excelente. Por favor.

Doenças, acidentes, guerras, recessões, pragas, desastres ambientais e ataques acontecem, com mais frequência do que queremos admitir.

Você vai mesmo adiar o que mais deseja fazer até que seja tarde demais para fazê-lo?

A vida é para ser vivida agora. O futuro é só uma pitada de fantasia, não é? Não confiemos muito nele.

101.

Uma filosofia para retornar à humanidade

Muito bem, último capítulo. Portanto, eu oro para que você abra as portas para este mundo lindo e às vezes cruel com o coração cheio de heroísmo e olhos prontos para abraçar a glória de todos os seus poderes.

Sim, algumas épocas são permeadas pelo azar e outras serão difíceis. Mas há muitas coisas boas na vida diária. Vizinhos que o valorizam, amigos que o animam e familiares que o adoram.

Quanto àqueles que desejam a você menos que suas visões elevadas, saiba que eles não sabem o que fazem. Envie a eles votos de felicidades que reflitam sua paciência, e a compreensão gentil que demonstra seu perdão sincero. É um grande ato de honra e força ter sentimentos agradáveis em relação a todos os outros.

Trabalhe com ardor e dignidade, dê mais do que recebe e produza a magia que saúda seu criador. E respeite seu excepcionalismo.

Tenha uma vida simples, pois o vício em aquisições e o desejo profundo por mais podem sufocar seu espírito e ferir seu bom coração.

Seja mais útil que necessário e trate cada pessoa que encontrar com dignidade. Esse é um caminho para a liberdade espiritual sustentada e para o sucesso exterior duradouro.

Curta a companhia de pessoas sábias, de livros inspiradores e tenha um relacionamento saudável com seu eu soberano.

Quando as massas tentarem fazer com que você goste delas, seja fiel ao seu caminho, liderando por suas virtudes e pelos valores que são mais reais para você.

Seja ousado, sabendo que os mansos e os tímidos não conhecem os voos elevados por se apoiar nos medos. Adiar a vida de seus ideais é colocar ressentimento em seus dias.

Lembre-se de que o pavor está mais próximo do triunfo que a complacência. Esse medo se torna um ato de fé quando você resolve mergulhar de cabeça nele e enfrentá-lo.

Curta as recompensas de seu trabalho e os dividendos de sua obra-prima.

Ame com compaixão, respeitando tudo ao seu redor e a Terra que o nutre.

Faça tudo isso para se unir à sua alteza e materializar totalmente o herói do cotidiano que você é.

O que vem agora em sua aventura heroica?

O final deste livro é o início de sua jornada rumo ao heroísmo cotidiano. Para ajudá-lo a integrar e sustentar a filosofia e metodologia que você acabou de aprender, Robin Sharma criou as seguintes ferramentas de crescimento, todas disponibilizadas de forma gratuita:

Masterclass Everyday Hero

Um programa digital inovador de transformação que fará você multiplicar sua positividade e produtividade, acelerar sua felicidade e ampliar seu impacto, liderando em sua área.

Desafio Everyday Hero

Você receberá vídeos de coaching extremamente práticos e ricos em conteúdo, módulos de mentoria e inspiração de nível Classe A de Robin Sharma para que mantenha seu compromisso de operar no auge de suas habilidades e maximizar suas vitórias como uma pessoa que demonstra um talento cada vez maior, e ao mesmo tempo é exemplo dos elementos da grandeza humana do dia a dia.

Meditações Everyday Hero Mastery

Para ajudá-lo a vivenciar foco profundo, criatividade aprimorada, desempenho avançado e grande tranquilidade durante o dia todo, Robin Sharma criou com todo o cuidado e calibrou meticulosamente uma série de meditações matinais guiadas exclusivas, que farão você atingir sua melhor versão como líder, realizador e pessoa. Você vai adorar.

Capítulos excluídos do original de *O manifesto do herói cotidiano*

Obtenha acesso total aos capítulos que Robin Sharma deixou de fora deste livro. Descubra insights, modelos de aprendizagem e sistemas originais para realizar seus talentos, aumentar sua arte, desenvolver uma empresa Classe A e ter uma vida pessoal maravilhosa.

Para acessar esses recursos valiosos disponibilizados gratuitamente, acesse: TheEverydayHeroManifesto.com.

O autor adora conectar-se com seus leitores no Instagram. Siga-o em @robinsharma e marque-o em uma foto sua segurando este livro. Ele repostará as mais interessantes.

Alimente sua ascensão lendo todos os best-sellers mundiais de Robin Sharma

Seja você um profissional de classe mundial no cume da montanha ou alguém que está apenas começando a escalada, a leitura é um dos hábitos dos Grandes.

Aqui está uma lista completa dos livros do autor publicados no Brasil para apoiar sua ascensão em produtividade exponencial, sua maestria total no ofício e ajudá-lo a viver da melhor forma possível — enquanto você deixa sua marca na história.

Descubra o seu destino
O Líder Sem Status
O clube das 5 da manhã
O guia da grandeza
Quem vai chorar quando você morrer?
O monge que vendeu sua Ferrari

Apêndice 1

Minha lista de 25 livros para ler antes de morrer

"Quando encontramos uma pessoa de intelecto raro, devemos perguntar que livros ela lê."
— Ralph Waldo Emerson

Cântico, Ayn Rand
O homem é aquilo que ele pensa, James Allen
Bring Out the Magic in Your Mind, Al Koran
Fahrenheit 451, Ray Bradbury
Esperança para as flores, Trina Paulus
Como fazer amigos e influenciar pessoas, Dale Carnegie
Fernão Capelo Gaivota, Richard Bach
Longa caminhada até a liberdade, Nelson Mandela
Em busca de sentido, Viktor E. Frankl
Os caminhos de Mandela, Richard Stengel
Meditações, Marco Aurélio
Minha vida e minhas experiências com a verdade, Mahatma Gandhi
Steve Jobs, Walter Isaacson
O alquimista, Paulo Coelho
Autobiografia de Benjamin Franklin, Benjamin Franklin
O apanhador nos campos de centeio, J. D. Salinger

O escafandro e a borboleta, Jean-Dominique Bauby
A árvore generosa, Shel Silverstein
Go-Getter: A história do homem que não desistiu, Peter B. Kyne
O evangelho da riqueza, Andrew Carnegie
O pequeno príncipe, Antoine de Saint-Exupéry
O poder do pensamento positivo, Norman Vincent Peale
O profeta, Kahlil Gibran
As sete leis espirituais do sucesso, Deepak Chopra
Pense e enriqueça, Napoleon Hill

Apêndice 2

Meus 25 filmes favoritos

Deixo aqui uma lista de meus filmes favoritos. Alguns moldaram minha filosofia, outros influenciaram minha criatividade, e vários simplesmente me divertiram. Curta todos eles.

No portal da eternidade
Pegando fogo
A hora mais escura
Dogman
Clube da luta
Harry Brown
Fogo contra fogo
A qualquer custo
Na natureza selvagem
Coringa
A vida é bela
Maudie
O expresso da meia-noite
Menina de ouro
Queen & Slim: Os perseguidos
Projeto Flórida
Gladiador
Guerra ao terror
O discurso do rei
Lunchbox
Matrix
O lutador
Thunder Road
Wall Street: Poder e cobiça
Whiplash: Em busca da perfeição

APÊNDICE 3

Meus 25 documentários favoritos

Eu adoro documentários. Eles alimentam minha inspiração, oferecem sabedoria de vida e proporcionam vislumbres privados da vida de pessoas fascinantes. Abaixo está uma lista de 25 que considero excelentes

Amy Winehouse
The Rolling Stones: Crossfire Hurricane
Good Fortune
Hal Ashby
I'll Sleep When I'm Dead
Iverson
Jason Becker: Not Dead Yet
O sushi dos sonhos de Jiro
O equilibrista
McConkey
Alexander McQueen
Metallica: Some Kind of Monster
Miles Davis: Inventor do Cool
Mr. Dynamite: The Rise of James Brown
Pavarotti
Quincy
Tom Petty and the Heartbreakers: Runnin' Down a Dream

Procurando Sugar Man
Senna: O brasileiro, o herói, o campeão
Em queda livre
Arremesso final
The September Issue
Williams
Wingman
Fred Rogers: O padrinho da criançada

Sobre o autor

Robin Sharma é um humanitário mundialmente respeitado e fundador de uma organização sem fins lucrativos que ajuda crianças necessitadas a ter uma vida melhor. Seu foco maior é no progresso de crianças que sofrem de hanseníase.

Considerado amplamente um dos maiores especialistas em liderança do mundo, bem como um ícone no campo da maestria pessoal, este desbravador tem como clientes muitas empresas que figuram na lista da Fortune 100, bilionários famosos, superastros do esporte, celebridades da música e membros da realeza.

Entre as organizações que contrataram Robin Sharma para ajudá-las a formar funcionários que liderem sem título, produzam um trabalho excepcional e encarem as mudanças nestes tempos complexos estão Microsoft, Nike, Unilever, GE, FedEx, HP, Starbucks, Oracle, Universidade de Yale, PwC, IBM Watson e Young Presidents' Organization.

Para saber mais sobre a disponibilidade do autor para conferências, acesse robinsharma.com/speaking.

Seus livros mais vendidos, como *O clube das 5 da manhã, O monge que vendeu sua Ferrari, O guia da grandeza* e *O Líder Sem Status,* já atingiram a marca de vendas de milhões de exemplares em mais de 92 idiomas e dialetos, tornando-o um dos escritores vivos mais influentes hoje.

Este livro foi composto na tipografia Arno Pro,
em corpo 12/15,9, e impresso em papel offwhite,
na Plena Print.